Arthur Winckler

Die deutsche Hanse in Russland

Verone

Arthur Winckler

Die deutsche Hanse in Russland

1st Edition | ISBN: 978-9-92500-015-9

Place of Publication: Nikosia, Cyprus

Erscheinungsjahr: 2015

TP Verone Publishing House Ltd.

Beschreibung der deutschen Hanse in Russland.

Die Deutsche Hansa in Rußland

von

Arthur Winckler.

Herausgegeben mit Unterstützung des Vereins für Hansische Geschichte.

Vorwort.

Seit Jahren mit den Vorarbeiten zu einer Geschichte der Beziehungen zwischen Deutschland und Rußland beschäftigt, fesselte mich die Untersuchung der Verbindungen, welche die deutschen Kauffahrer seit dem zwölften Jahrhundert mit den Russen unterhalten haben. In dem Studium der Grund legenden Arbeiten von Sartorius und Lappenberg, wie der für die hansische Geschichte so überaus werthvollen Forschungen, deren Ergebnisse Koppmann, Höhlbaum, von der Ropp und Schäfer in den Einleitungen zu den von ihnen herausgegebenen Recessen und Urkunden niedergelegt haben, fand ich die Anregung, die Beziehungen der Hansa zu Rußland auf urkundlicher Grundlage eingehend darzustellen.

In dem russischen Handel erblickten die Hanseaten den Urquell der Macht und des Reichthums ihres Bundes, und haben sie Jahrhunderte lang mit allen ihnen zu Gebote stehenden Mitteln gerungen, um sich im Besitz der ihnen von den russischen Fürsten ertheilten Freiheiten und Privilegien zu erhalten. Namentlich war Lübeck unermüdlich, seinen Bürgern, den Nowgorodfahrern, die alten Vorrechte auf den russischen Märkten zu sichern, und noch heute erinnert das alte Schifferamtshaus am Kuhberg mit seiner seit dem fünfzehnten Jahrhundert wohlerhaltenen Einrichtung an die hohe Bedeutung, die der Verkehr nach Rußland für die Lübecker gehabt hat. Die alte Vormacht der Hansa unterhält aber auch gegenwärtig noch einen sehr regen Handels- und Schiffsverkehr nach den russischen Ostseehäfen, welcher den der Schwesterstädte Hamburg und Bremen weit übertrifft.

Aus den statistischen Uebersichten, welche mir die Handelskammern von Lübeck, Hamburg und Bremen auf mein Ersuchen freundlich zur Verfügung gestellt haben, wofür ich meinen Dank an dieser Stelle abstatte, ergiebt sich, wie der Verkehr der drei Hansastädte mit dem russischen Reiche seit dem Jahre 1815 in stetem Wachsen, namentlich aber seit dem Jahre 1871 in raschem Aufschwunge begriffen ist. Es würde zu weit führen, wollte ich hier des Näheren darauf eingehen, es mögen einige Angaben aus dem Jahre 1884 genügen.

In die Trave liefen aus den russischen Ostseehäfen ein: 242 Schiffe unter lübischer, 260 unter russischer Flagge und gingen dorthin 248 unter lübischer und 272 unter russischer Flagge. Die Totaleinfuhr betrug 199 389 890 Brutto-Kilogramm im Werth von 39 935 220 Mark, die Ausfuhr 64 832 428 Kgr. im Werthe von 44 790 537 Mark.

Bremens Einfuhr von Rußland hatte einen Werth von 15 354 489 Mk., seine Ausfuhr nach dort 14 371 422 Mark.

In Hamburg liefen insgesammt 100 Schiffe aus russischen Häfen ein, davon 19 unter hamburger und 61 unter englischer Flagge, nach Rußland gingen 38 Schiffe, davon 19 unter hamburger und 19 unter russischer Flagge. Die Einfuhr aus den Ostseehäfen betrug 14 070 400 Kgr., die Ausfuhr 23 307 500 Kgr. im Werthe von 2 911 440 Mark. Hamburg unterhält einen regen Verkehr nach Russisch Asien, wohin es 1880 u. A. 106 000 Kgr. Seife und 45 600 Kgr. Lichte ausführte. 1884 betrug die Ausfuhr nach Russisch Asien 3 842 600 Kgr., nach dem schwarzen Meer 2 877 900 Kgr. im Werthe von 20 452 250 Mark, nach dem weißen Meer 308 300 Kgr. im Werthe von 301 020 Mark, die Einfuhr vom schwarzen Meer 150 889 600 Kgr., vom weißen Meer 1 502 100 Kgr.

Aus der Zeit, in welcher die Hansa die Ostsee beherrschte, fehlt es durchaus an zuverlässigen Angaben über die Größe und den Werth der Aus- und Einfuhr von und nach Rußland, doch dürfte der Gesammtumsatz dem nach London, Brügge, Antwerpen und Bergen wenig nachgegeben, ihn vielmehr zu Zeiten übertroffen haben.

Der Verein für hansische Geschichte, dem ich meine Arbeit einreiche, erkannte dieselbe als seine Zwecke fördernd an und unterstützte ihre Herausgabe durch einen namhaften Geldbeitrag, wofür ich mich ihm zu verbindlichstem Danke verpflichtet fühle.

Auch der Königlichen öffentlichen Bibliothek zu Dresden bin ich zu großem Danke verbunden für die nicht genug anzuerkennende Bereitwilligkeit, mit welcher die Herren Beamten derselben meinen Wünschen entgegenkamen.

Charlottenburg, im Januar 1886.

Dr. Arthur Winckler.

Inhaltsverzeichniß.

	Seite
Vorwort	III
Erstes Kapitel:	
Lübeck	1
Zweites Kapitel:	
Nowgorod	7
Drittes Kapitel:	
St. Petershof	15
Viertes Kapitel:	
Handelssperren gegen die Russen	25
Fünftes Kapitel:	
Das Uebergewicht der Livländer auf dem russischen Markte	35
Sechstes Kapitel:	
Die Unterwerfung Nowgorods. Iwan III. im Bündniß mit Maximilian I.	54
Siebentes Kapitel:	
Ueberfall des St. Petershofes und Gefangennahme der hansischen Kaufleute	63
Achtes Kapitel:	
Bemühungen zur Wiedereröffnung d. St. Petershofes. Wassilij IV. u. Maximilian I.	70
Neuntes Kapitel:	
Iwan IV., der Schreckliche und der Kampf um Livland	83
Zehntes Kapitel:	
Narwa, Stapelplatz für russische, deutsche und englische Güter	96
Elftes Kapitel:	
Fedor und Boris Godunow im Bunde mit Kaiser Rudolph II. begünstigen Lübeck	106
Zwölftes Kapitel:	
Des Zaren Boris Godunow großer Gnadenbrief für Lübeck	115
Dreizehntes Kapitel:	
Peter der Große und die Hansastädte	124
Vierzehntes Kapitel:	
Anknüpfung von Handelsbeziehungen zwischen Brandenburg und Rußland	130
Anmerkungen	133
Namen- und Sachregister	149

Erstes Kapitel.

Lübeck.

Der Handelsverkehr zwischen Deutschen und Russen nahm seinen Anfang in der Regierungszeit Kaiser Heinrichs II. Dieser hatte sich 1017 mit dem Großfürsten Jaroslaw gegen den Herzog Boleslaw von Polen verbündet, war aber von seinem Bundesgenossen im Stich gelassen worden, so daß er sich genöthigt sah, am 30. Januar 1018 zu Bautzen mit dem Polen seinen Frieden zu machen. Als Boleslaw unmittelbar darauf den Heerzug gegen Kiew unternahm, folgten ihm dreihundert deutsche Ritter, die mit dem Herzog am 14. August 1018 in die russische Hauptstadt ihren Einzug hielten.

Mit diesem Kriegszug ward dem deutschen Kaufmann und Handwerker der Weg zu neuem Erwerb gezeigt. Kiew, das Oleg, Nuriks Nachfolger, zur „Mutter aller russischen Städte" erhoben hatte, sollte nach dem Willen seiner Fürsten „ein zweites Konstantinopel" werden. Es zählte damals vierhundert Kirchen und acht Märkte; es war der Stapelplatz byzantinischer und morgenländischer Waaren. Die rheinischen und oberländischen Kaufleute haben dort frühzeitig ihre Verbindungen angeknüpft, um gegen deutsche Leinwand, Wollenstoffe und Metallarbeiten griechische Seiden- und Purpurgewänder, Goldstoffe und Schwertgehänge, feine Oele und Gewürze einzutauschen. Schon 1068 stellten Wechsler in Kiew Zahlungsanweisungen an Regensburger Kaufleute aus.[1]) Doch hielt sich der kaufmännische Verkehr nach dem Osten bei der Unsicherheit der Handelsstraßen in engen Grenzen. Erst die Verbindung, welche in der zweiten Hälfte des zwölften Jahrhunderts über Lübeck mit dem mächtigen Nowgorod, dem Holmgard oder Gardarike der nordischen Sagen angeknüpft wurde, eröffnete dem kaufmännischen Unternehmungsgeist ein unermeßliches Feld zur Bethätigung und eine unerschöpfliche Quelle zur Erlangung von Reichthümern, Würden und Ehren. So lange die heidnischen Slaven die südlichen und östlichen Küsten der Ostsee im Besitz hatten, konnten die Deutschen nicht wagen, nach dem Osten einen überseeischen Handel zu treiben. Dieser ward ihnen erschlossen durch die ruhmvollen Thaten des Grafen Adolf II. von Holstein und noch mehr durch die großartigen Bestrebungen Heinrichs des Löwen, dessen unermüdlicher Ausbauer und staatsmännischer Voraussicht das deutsche Volk die Wiedergewinnung der Ostseeküsten in erster Linie zu danken hat.

Lübeck war bereits zu Kaiser Lothars Zeiten der hauptsächlichste Sitz deutsch-christlicher Kultur in jenen Gegenden, aber noch gebot der Slave, der Obotrite in dem ganzen Küstengebiet, und unmittelbar nach Lothars Ableben ermuthigte der zwischen Albrecht dem Bären und Heinrich dem Stolzen ausgebrochene Kampf um den Besitz der Nordmark die slavischen Fürsten, das Christenjoch abzuschütteln. Altlübeck ward eingeäschert, Kirchen und Klöster lagen in Asche, das Land ringsum verödete. Aber sobald Graf Adolf II. von Holstein durch Uebereinkunft mit Heinrich von Badewide wieder in den rechtmäßigen Besitz Wagriens (Land der Warer, den ganzen Osten Holsteins bis zur Trave umfassend) gelangt war, begann er durch Heranziehung von Friesen, Westfalen, Holländern, die daheim ohne Grundbesitz waren, hier aber ergiebige Aecker angewiesen erhielten, die weiten unbebauten Landstrecken zu besiedeln und an Stelle des kaum noch dem Namen nach gekannten, in Trümmern liegenden slavischen Lübecks eine christlich deutsche Stadt zu erbauen.

Heinrich der Löwe erstrebte aber den Mitbesitz über den kräftig aufblühenden Ort; als der Graf sein Verlangen, ihm Hafen und Stadt abzutreten, zurückwies, entzog der Herzog als Lehnsherr Lübeck die Marktgerechtigkeit. Kurze Zeit darauf ward die Stadt durch einen verheerenden Brand heimgesucht, doch ließ sich Graf Adolf auch dadurch nicht bewegen, auf das erneuerte Anerbieten des Herzogs einzugehen. Darob ergrimmt, beschloß Heinrich, durch die Anlage einer Stadt in unmittelbarster Nähe des Travehafens des Grafen Schöpfung zu Grunde zu richten. Er nannte den neuen an der Wakenitz gelegenen Ort nach seinem Beinamen „Löwenstadt" und gewährte demselben die umfassendsten Vorrechte. Doch bald erkannte er die Unmöglichkeit, mit Lübeck einen erfolgreichen Wettstreit aufzunehmen; denn die Wakenitz war zur Aufnahme größerer Fahrzeuge zu seicht, der Hafen von Löwenstadt nicht geräumig und nicht tief genug. Der Graf hatte aber des Herzogs festen Willen erkannt, Lübeck unter allen Umständen zu ruiniren, so willigte er denn, wenn auch schweren Herzens, um seine Lieblingsschöpfung zu retten, in die Abtretung derselben an Heinrich. Sofort gab dieser „Löwenstadt" auf, übertrug alle derselben verliehenen Freiheiten auf Lübeck, dem er nun Zeit seines Lebens eine immer rege Fürsorge widmete.

Seine Bemühungen zur Hebung der alten Hafenstadt wurden wesentlich unterstützt durch den gleichzeitigen unaufhaltsamen Niedergang Schleswigs, des Hauptverkehrshafens für die Ostseeländer, und den Untergang Julins auf der Insel Wollin, des großen slavischen Handelsplatzes. Schleswigs Ruf war dahin, seitdem der vertriebene Dänenkönig Swend im Januar 1157 eine in seinem Hafen ankernde Russenflotte mit Beschlag belegt hatte, um aus ihrem Erlös den Sold für seine sächsischen Krieger aufzubringen; Julin sank im Jahre 1183 in Trümmer unter dem Wüthen der wilden Mannen Knuds VI. von Dänemark. Fortan ward der Hafen an der Trave das Ziel der dänischen, gothischen und russischen Kauffahrer; denn Heinrich der Löwe hatte Boten nach Dänemark, Norwegen, Schweden und Rußland gesandt, um den dortigen Kaufleuten verkündigen zu lassen, daß Lübeck dem Verkehr wieder ganz offen stände und Allen, die mit ihren Waaren zu Wasser oder zu Lande dorthin kämen, vollkommene Sicherheit gewährleistet würde.

Die Hauptvermittler des Handels zwischen Deutschland und dem Nordosten waren seit Alters die Kauffahrer der durch ihre Lage im baltischen Meere so außerordentlich begünstigten Insel Gotland; sie erschienen auf den großen deutschen Märkten, zumal in Bardewiek, um gegen Pelze, Wachs, Honig deutsche Waaren, namentlich Leinwand und Tuche, einzutauschen. Der deutsche Kaufmann besuchte bis zu Heinrichs des Löwen Tagen nur vereinzelt die slavischen Märkte; wollte er z. B. in Julin ungefährdet Handel treiben, so sah er sich genöthigt, seinen christlichen Glauben zu verleugnen.

Den Gothländern dagegen war es gelungen, den ganzen Handel längs der wendischen Küste in ihre Hand zu bekommen. Sie erfreuten sich dabei eines so guten Rufes, daß Kaiser Lothar sich bewogen fand, ihnen ganz besondere Vorrechte zu bewilligen. Er gewährte den „Goten", sobald sie deutsches Gebiet betraten, sicheren Frieden, Recht und Entschädigung bei jeglicher Unbill, zollfreien Handel, sowie die Hinterlassenschaft ihrer auf deutschem Boden verstorbenen Landsleute deren rechtmäßigen Erben. Bei dem regen Verkehr zwischen Gotland und den deutschen Handelsstädten war es natürlich, daß sich mit der Zeit auch Deutsche auf der Insel einfanden und sich in deren Hauptort, dem sturmsicheren Hafenplatz Wisby (Schutzort), niederließen. Ihre Zahl wuchs von Jahr zu Jahr, so daß sie sich einen eigenen Vogt wählten, der Streitigkeiten unter ihnen zu schlichten und ihre Rechte den Gotländern gegenüber zu wahren hatte und den, da die meisten von ihnen Unterthanen des Herzogs von Sachsen waren, dieser bestätigen mußte. Im Jahre 1163 brach zwischen Goten und Deutschen in Wisby ein ernster Streit aus, zu dessen Schlichtung beide Theile den Schiedsspruch Heinrichs des Löwen anriefen. Am 18. Oktober 1163 beurkundete der Herzog zu Artlenburg die Herstellung des Friedens zwischen den streitenden Parteien und bestätigte zu gleicher Zeit den Goten die ihnen von Lothar ertheilten Freiheiten, außerdem wies er Odalrich, den Vogt der Deutschen auf Gotland, an, über die Ausübung der von ihm in Bezug auf die Gotländer erlassenen Gesetze zu wachen und sie auch den Deutschen daselbst zu Gute kommen zu lassen.*)

Der herrschsüchtige Sachsenherzog hatte durch die Freund und Feind gleich verletzende und herausfordernde Art, die Grenzen seines Herzogthums zu erweitern und die ihm widerstrebenden Großen zu beugen, einen Sturm gegen sich heraufbeschworen, dem auf die Dauer zu widerstehen seine Kräfte nicht ausreichten. Zur höchsten Macht in Deutschland emporstrebend, sah er sich plötzlich in die Schlingen seiner eigenen gewaltthätigen und verschlagenen reichs- und kaiserfeindlichen Politik verstrickt, und alle Versuche, denselben zu entrinnen, scheitern.

Der Sturz seiner politischen Macht gefährdete auch den Bestand vieler segensreichen Schöpfungen Heinrichs, namentlich sah sich Lübeck auf das Ernsteste bedroht. Auf der Landseite durch das vom Kaiser in Person befehligte Reichsheer belagert, zu Wasser von der Dänenflotte eingeschlossen, schien der Untergang der von dem Grafen Simon von Tecklenburg hartnäckig vertheidigten Stadt unausbleiblich. In der höchsten Noth jedoch wandte man sich mit der Bitte an den Kaiser, er möge eine Abordnung von Rath und Bürgerschaft an den in Stade den Verlauf der Dinge abwartenden Herzog durchlassen, welche demselben die Bedrängniß der ihm zu so großem Danke verpflichteten Stadt vorstellen und seine Zustimmung zur Uebergabe erbitten sollte. Friedrich, in voller Würdigung der politischen und commerziellen Bedeutung Lübecks, bewilligte das durch den Bischof Heinrich ihm vorgetragene Gesuch und Heinrich der Löwe, die Unmöglichkeit längeren erfolgreichen Widerstandes einsehend, erlaubte der Bürgerschaft, dem Kaiser die Thore zu öffnen (1181). Unter freudiger und feierlicher Begrüßung des Volks und der Geistlichkeit zog Friedrich an der Spitze eines glänzenden Gefolges von weltlichen und geistlichen Großen in die Stadt ein, der er fortan in besonderem Grade seine kaiserliche Huld bewahrte, daher denn die lübischen Geschichtsschreiber von dieser Zeit her den Ursprung der Herrlichkeit ihrer Stadt datiren. Im September 1188 gab ihr Friedrich einen großen Freibrief, in welchem er sich auf die ihr von Herzog Heinrich von Sachsen bewilligten Freiheiten beruft und u. A. zur Hebung des Verkehrs mit dem Auslande „den Russen, Goten, Normannen und den andern Völkern des Ostens", welche um des Handels willen nach Lübeck kämen, volle Zoll= und Abgabenfreiheit bewilligte.[3])

Der überseeische Handel mit den Russen hatte seit der Mitte des elften Jahrhunderts stetig an Umfang gewonnen, so daß selbst kleinere rheinische und niedersächsische Städte sich an demselben schon betheiligten; gab doch bereits im August 1165 Erzbischof Rainald von Köln dem unbedeutenden Städtchen Medebach in Westfalen Bestimmungen über das Verfahren bei Geldvorschüssen für die nach Dänemark und Rußland handelnden Bürger.[4]) Es war vornehmlich die deutsche Colonie in Wisby, welche den Verkehr mit den Russen pflegte. Die Letzteren waren auf Gotland besonders zahlreich vertreten, hatten in Wisby ebenfalls eine geschlossene Gemeinschaft und sogar eine eigene Kirche. Die unternehmenden deutschen Kauffahrer suchten ihre russischen Geschäftsfreunde bald in deren eigenem Lande auf, um dort Handelsniederlassungen zu errichten. Ihr Hauptziel war die mächtige Freistadt am Ilmensee, von der aus das russische Reich seinen Anfang genommen hatte.

Nowgorod bildete den Mittelpunkt für den russischen Handel, hier trafen die Kaufmannsgüter aus allen Himmelsgegenden zusammen. Die Gotländer hatten lange vor den Deutschen das Recht eines eigenen Kaufhofes in Nowgorod erworben, die Gründung der deutschen Factorei erfolgte in der zweiten Hälfte des zwölften Jahrhunderts, zu derselben Zeit, da Deutsche zum ersten Male die Küste von Livland ansegelten — ein Ereigniß von weltgeschichtlicher Bedeutung, das namentlich auf die Beziehungen zwischen Deutschland und Rußland in den nächsten Jahr= hunderten folgenschwer einwirkte.

Die erste deutsche Fahrt nach der Düna, von der sich die Kunde erhalten hat, fällt in die Jahre 1164 bis 1170, und gehörten die kühnen Männer, die sie unternahmen, der deutschen Gemeinde auf Gotland an. Möglich, daß ein Sturm sie an die unwirthliche Küste verschlagen hat, wahrscheinlicher jedoch ist, daß die Erzählungen von Schweden und Russen, denen das Land der Liven, Letten und Esthen schon seit Langem bekannt war, ihnen den Antrieb gegeben haben, den Lauf ihrer Schiffe nach diesen Gegenden zu richten.[5])

Die Fürsten von Nowgorod hatten die finnischen Völkerschaften, welche das Küstengebiet besetzt hielten, wiederholt mit Heeresmacht überzogen, aber es verschmäht, sich zum Herrn der Lande zu machen; „denn — bemerkt Heinrich der Lette, Livlands ältester Chronist, — es ist eine Gewohnheit der Könige der Russen, ein Volk, das sie bezwungen haben, nicht dem christlichen Glauben zu unterwerfen, sondern nur zur Zahlung von Tribut und Geld anzuhalten." Nicht sobald aber hatte der Deutsche seinen Fuß auf livischen Boden gesetzt, als er auch die Bekehrung der heidnischen Einwohner in Angriff nahm und durch Anlegung von festen Plätzen das Land seiner Botmäßigkeit zu unterwerfen begann. Kreuz und Schwert öffneten diese unwirthlichen, von Sümpfen und düstern Wäldern durchzogenen Küstenlande deutscher Bildung und Gesittung, aber nimmer soll vergessen werden, daß der „gemeine deutsche Kaufmann" es war, welcher dem Priester und dem Ritter den Weg bahnte zu diesen entlegenen Gestaden.

Zweites Kapitel.

Nowgorod.

Im Ausgang des zwölften Jahrhunderts, da der Grundstein zu der deutschen Handelsniederlassung am Wolchow gelegt wurde, unternahm der „mercator communis Teutonicus" seine überseeischen Reisen ohne anderen Rückhalt, als den, welchen sein Gottvertrauen, seine Klugheit und Verschlagenheit, sowie seine schwertgewohnte Faust ihm boten. Erst die Gefahren, welche mit dem Handel nach dem Norden und Osten unzertrennlich verbunden waren, legten es den Handelsherren der deutschen Seestädte nahe, sich zur Wahrung ihrer gemeinsamen Interessen einander eng anzuschließen und einen Bund zum Schutz und Trutz einzugehen, der im Laufe der Zeit sich zu jenem handelspolitischen Städteverein erweiterte, welcher als „Deutsche Hansa"[1]) unter Führung Lübecks Jahrhunderte lang das Ostmeer beherrschte, Könige erhob und stürzte und dem deutschen Kaufmann das Uebergewicht auf dem russischen Markte sicherte.

Das Jahr, in welchem die ersten deutschen Kauffahrer mit ihren Waaren in Nowgorod[2]) eintrafen, läßt sich mit Gewißheit nicht angeben. Auf Grund einer Verordnung, welche Fürst Jaroslaw, Kaiser Heinrichs II. Bundesgenosse, 1023 für den Bau und Unterhalt einer über den Wolchow führenden Brücke erlassen hat, und in welcher der Ausländer, der Niemzi, Waräger, der Goten, welche in besonderen Straßen in der Nähe des Flusses wohnten, gedacht wird, gelangte die Annahme zur Geltung, daß bereits im ersten Viertel des elften Jahrhunderts Deutsche am Ilmensee ansässig gewesen seien. Doch bezeichnen die russischen Chronisten mit Niemzi nicht nur Deutsche, sondern auch Dänen, die unter Knud dem Großen (1014 bis 1036) Esthland eroberten und von Schleswig aus mit den Russen in Handelsverbindung standen.[3])

Gegen den Ausgang des zwölften Jahrhunderts besaßen aber die Deutschen schon eigene Kaufhöfe in Nowgorod. Den Mitgliedern der deutschen Kolonie auf Wisby gehörte der Nikolaushof, den sie später veräußerten. Sie traten darauf in den Mitbesitz des Hofes von St. Peter, den die Kauffahrer aus dem Reich errichtet hatten; seinen Mittelpunkt bildete die 1184 erbaute Kirche zum heiligen Petrus. In der Nähe der deutschen Niederlagen befand sich der Hof der Gotländer mit der Olavskirche, der ältesten Niederlassung von Ausländern in der Stadt.⁴)

Der Wolchow theilt Nowgorod in zwei Hälften; die auf dem rechten Ufer nannte man die Handelsseite, die auf dem linken, nach der von dem Bischof Joachim erbauten Kirche zur heiligen Sophie, Sophienseite. Die fremden Kaufhöfe lagen auf der Handelsseite in geringer Entfernung von dem Flusse; der gotische lag demselben näher als der deutsche. Beide erstreckten sich nach Nordwesten; von Westen her mündete auf sie die warägische Straße. In ihrer unmittelbaren Nähe stand die Kirche Johannes des Täufers, vor der die Deutschen und Russen ihre Streitfragen zu erörtern pflegten. Den Höfen gegenüber lag der Nowgorodsche Markt, dessen eine Seite von dem hölzernen Palast des Fürsten Jaroslaw I. begrenzt wurde, daher man ihn den Jaroslawschen Hof nannte. Hier versammelten sich die Nowgoroder zu gemeinsamer Berathung. Von diesem Hofe führte ein Weg nach der deutschen und gotischen Niederlassung, der vertragsmäßig niemals versperrt werden durfte.⁵)

Nowgorod, seit Alters her ein wichtiger Handelsplatz, war in Folge der Erhebung Kiews zur Hauptstadt sehr zurückgegangen; doch gelangte es bald zu erhöhter Bedeutung und Macht unter Jaroslaw I., der dem Opfermuth der Nowgoroder die Wiedereroberung seines Thrones verdankte, und ihnen in Anerkennung dafür umfassende Freiheiten bewilligte, welche die Grundlage der künftigen Größe der Stadt wurden.

Ihre Bürger verstanden die ihnen verliehenen Vorrechte immer mehr auszudehnen, indem sie der fürstlichen Willkür enge Schranken zu ziehen wußten, so daß die Stadt sich im Verlaufe weniger Jahrzehnte zur vollen Unabhängigkeit emporschwang, und dem Fürsten nur die Gerichtsbarkeit und der Oberbefehl im Kriege blieb.

Die Gewalt lag in den Händen der „Wetsche", der Volksversammlung, an welcher theilzunehmen jeder freie Bewohner der Stadt und ihres Gebietes berechtigt war. Seit 1136 lag bei der Wetsche auch die Entscheidung über Krieg und Frieden. In die ausübende Macht theilten sich die Großgrundbesitzer, die Bojaren, deren Familien etwa vierzig an der Zahl waren. Aus ihrer Mitte ward der Statthalter — Possadnik — und der Tausendmann — Tyssadsky — gewählt. Der Possadnik hatte die

Leitung der auswärtigen Angelegenheiten, auch stand er an der Spitze des städtischen Aufgebots; der Fürst hatte nur seiner Leibwache — Druschina — zu gebieten, welche nicht in der Stadt Quartier nehmen durfte, sondern außerhalb derselben in der am nordwestlichen Ende des Ilmensees gelegenen fürstlichen Burg Rokom lag. Der Tyssadsky war des Statthalters Stellvertreter im Krieg und Frieden; er stützte sich in der Regel auf die Volksmasse, durch die er die Wetsche beherrschte; er leitete auch, unabhängig von der Volksversammlung, von Fürst und Possadnik den Gerichtshof für Handelssachen.

Bis zum zwölften Jahrhundert zerfiel die Stadt in Hundertschaften, seitdem in Viertel, deren es fünf gab, von denen jedes einem Bojaren unterstellt war. Die Nowgoroder, ein unbotmäßiges Volk, sannen fortwährend auf die Erweiterung ihres Gebietes, und geriethen in Folge dessen häufig in Zwist mit ihren Fürsten, die sie nicht selten zum Verlassen der Stadt zwangen. In dem Zeitraum von hundert und zwei Jahren haben sie nicht weniger als 38 Fürsten und 48 Possadniks gehabt, von denen die meisten verjagt wurden; einige rief man zurück, die wenigsten blieben in Thätigkeit bis zu ihrem Ableben.[6])

Weit und breit war die Stadt gefürchtet und in allen Gefahren suchten ihre Bürger Trost in dem Ausruf: „Wer kann wider Gott und Großnowgorod." Der Freistaat hatte seine Herrschaft ausgedehnt im Norden und Osten über den Ural bis an das Eismeer, im Süden bis an die Wolga und Weliki Luki; Torschok, Beschitzk und Wologda waren die Grenzorte gegen Litthauen und die Fürstenthümer Twer und Susdal; im Westen erstreckte sie sich bis an den Finnischen Meerbusen und nach Livland; auch Pskow und Isborsk erkannten Nowgorods Oberhoheit an. Das ganze Gebiet zerfiel in Fünfschaften — Pjätinen: die Schelonische vom Lowat bis zur Luga; die Derawische bis zum Lowat; die von Beschitzk bis zur Msta, und die Obonesische vom Onegasee bis zum weißen Meere.

Nach allen Richtungen eröffneten sich von der Stadt aus zu Wasser und zu Lande verkehrsreiche Handelsstraßen. Mit der Ostsee stand sie durch den Wolchow, den Ladoga und die Newa in Verbindung; auf dem Logat gelangte man in das Gebiet der oberen Düna; durch die Msta und Twerga in die Wolga; längs der Msta, Wologda, Sheksma und Suchona entwickelte sich der Verkehr mit den nördlichen Dwinagegenden.[7])

Die Interessen des Handels wahrte die vom Fürsten Wsewolod Mstislawitsch durch Urkunde vom Jahre 1130 anerkannte Gilde zum heiligen Johannes, der die reichsten Kaufleute Nowgorods angehörten. Jedes ihrer Mitglieder zahlte bei der Aufnahme in die Genossenschaft fünfzig Mark Silber und erwarb sich hierdurch den Titel „poschti Kupez" erblicher Ehrenkaufmann. Von diesem Einstandsgeld fiel die Hälfte an die Johanniskirche, um welche die Wachshändler sich angesiedelt hatten. In dieser Kirche wurde alles in den Handel kommende Wachs von zwei Aeltesten der Johannisgilde gewogen; die dafür erhobenen Gebühren gehörten der Kirchenkasse, aus welcher der Fürst jährlich 25 Griwnen empfing; eine gleiche Summe steuerte die Kasse zur Feier des Johannisfestes am 24. Juni. In der Kirche tagte auch ein Handelsrath und der kaufmännische Gerichtshof, den zwei Aelteste der Kaufmannschaft und drei Bürgervertreter unter dem Vorsitz des Tyssadsky bildeten. Dieses Gericht leitete die Verwaltung der Johannisbrüderschaft und wahrte die Interessen des gesammten Kaufmannsstandes; auf seine Entschließungen hatten weder die Wetsche, noch der Fürst, noch der Possadnik irgend welchen Einfluß. Vor sein Forum gehörten alle kaufmännischen Rechtsstreitigkeiten und hatten auch die Deutschen, welche von den russischen Geschäftsfreunden benachtheiligt zu sein glaubten, hier ihr Recht zu suchen.

Der Fürst nahm an dem Handel Nowgorods den regsten Antheil, brachte er doch seine Roh-Erzeugnisse hierher zu Markte und fielen ihm beim Abschluß wichtiger Geschäfte Geschenke und Abgaben in reichem Maße zu. In früheren Zeiten hatte er seinen eigenen Kaufhof in der Nähe der fremden Niederlagen, doch ward er später genöthigt, denselben aufzugeben und nach Gorobitsche zu verlegen. Je mehr der Einfluß des Fürsten in der Stadt abnahm, um so höher stieg das Ansehen und die Macht des Erzbischofes, welcher frühzeitig durch Mittelspersonen mit den Fremden geschäftliche Beziehungen anknüpfte und namentlich an die Deutschen die Erträgnisse der Kirchenländereien verkaufte.[8])

Ein Gemeinwesen von solchem Umfang, solchem Unternehmungsgeist und solcher geschäftlichen Rührigkeit wie Nowgorod mußte den unternehmungslustigen, reichen Gewinn erstrebenden deutschen Handelsherrn mächtig anlocken; er trotzte den Gefahren und Beschwerden der langen Reise, setzte Gut und Blut ein, um seinen Antheil zu haben an den reichen Einnahmen, welche der Kaufschlag mit den nordischen Barbaren brachte.

Sobald die Winterstürme schwiegen und die hochbordigen Koggen wieder seefertig gemacht wurden, thürmten sich auch in den Häfen der deutschen Ostseestädte die Waarenballen der binnenländischen Händler, um nach dem Wolchow, der Welikaja und dem Dnjepr verschifft zu werden; benn bald dehnte der deutsche Kaufherr seine Fahrten über Nowgorod aus nach Pskow, Polotzk, Witebsk und Smolensk und begründete auch in diesen Städten feste Handelsniederlassungen.

Die Rußlandfahrer der deutschen Seestädte richteten den Kiel ihrer Schiffe nach dem finnischen Meerbusen, durchfuhren dann die zumeist stürmisch bewegte Mündung der Nu oder Newa und warfen zuerst bei der von den Schweden befestigten Insel Kotlin Anker. Nach kurzer Rast ging es stromaufwärts nach der ersten slavischen Ansiedelung, dem Ladoga der Slaven, der Albaigjeborg der Waräger, in welcher auch Rurik zuerst festen Fuß gefaßt, bevor er in Nowgorod seine Herrschaft begründete.

Die deutschen Koggen mußten ihres Tiefganges wegen hier liegen bleiben; nowgorodsche Fahrzeuge, deren flacher Bau sie die gefährlichen Stromschnellen des bei Ladoga in den See mündenden Wolchow leichter überwinden ließ, nahmen die Waaren auf. Bis nach dem fünfundzwanzig Meilen entfernten Nowgorod hatte man noch dreimal vor Anker zu gehen: bei Gestefeld, Willoga und Drellenburg, wo Abgaben zu entrichten waren. Zu beiden Seiten des Stromes dehnte sich ödes unbebautes Land aus; wenige Ansiedlungen der Ingrer und Karelier boten Anlaß zum Kaufschlag, wohl aber hatten die Kauffahrer bei der Vorüberfahrt hinreichenden Grund, vor feindlichen Angriffen auf der Hut zu sein.[9]

Der Verkehr auf den russischen Handelsstraßen ist immer großen Belästigungen und vielen Störungen ausgesetzt gewesen, die auf vertragsmäßigem Wege so viel als möglich zu beseitigen der deutsche Kaufmann kein Mittel unversucht ließ. Die älteste Urkunde dieser Art stammt aus dem Jahre 1199 und ist noch in der russischen Ursprache vorhanden.[10] Die Verbindung zwischen Wisby und Nowgorod war ein Jahrzehnt hindurch unterbrochen gewesen in Folge von Zusammenstößen, die zwischen Schweden, Deutschen und Russen im Winter 1188/89 auf Gotland, in Chorutscha und Nowi-Torschok erfolgt waren. Bislang hatten sich alle Bemühungen zur Wiederherstellung des Friedens fruchtlos erwiesen, da thaten endlich die Nowgoroder, welche unter dem Stillstande des überseeischen Handels am schwersten zu leiden hatten, einen entscheidenden Schritt. Fürst Jarpslaw Wladimirowitsch „schickte im Einverständniß mit dem Statthalter, dem Tausendmann und dem ganzen Nowgorodschen Volke" einen Gesandten nach Wisby, der mit den Goten und Deutschen, die auch ihrerseits dem Fürsten den Wunsch, den alten Streit geschlichtet zu sehen, zu erkennen gegeben hatten, den Frieden vereinbaren sollte.[11]

Im Frühjahr 1199 kam der Vertrag zu Stande zwischen Nowgorod und „allen deutschen Söhnen und mit den Goten und mit der ganzen lateinischen Zunge". Fortan sollten Deutsche und Goten in Nowgorod, die Nowgoroder im deutschen Lande, sowie am gotischen Ufer ungeschädigt und in Frieden leben und beim Ausbruch von Streitigkeiten unter den Russen unbehelligt bleiben. Ferner bestimmte man die Höhe der Bußen für Uebertretungen, Vergehen und Verbrechen: die Ermordung eines Gesandten, eines Priesters oder einer Geisel wird mit zwanzig Mark Silber, die Tödtung eines Kaufmanns mit zehn Mark gebüßt. Beschlagnahme von Waaren ist ohne Schiedsspruch nur für den Fall erlaubt, daß ein Nowgoroder zu seinem Rechte nicht gelangen kann, aber er darf erst nach vorhergegangener Anzeige „von dem Gaste das Seine nehmen". Kein Russe darf in deutschen Städten, kein Deutscher in Nowgorod ins Gefängniß geworfen werden.

Zwei Jahre nach Abschluß dieses Vertrages ward an der Dünamündung Riga gegründet und bald entwickelte sich die neue Pflanzstätte deutscher Kultur zu solcher Höhe, daß sie mit ihrer Mutterstadt Lübeck, von der sie ihr Recht empfangen hatte, auf dem russischen Markt in Wettbewerb treten konnte. Seit der Stiftung des mit der Bekämpfung der heidnischen Liven und Esthen betrauten Ordens der Streiter Christi oder Schwertritter, welche sich bereits 1237 mit dem Orden der deutschen Ritter in Preußen zu einheitlicher Organisation verbanden, nahm die Besiedelung der baltischen Küstenlande einen raschen Fortgang. Die häufigen Kreuzfahrten nach Livland, welche die Kirche mit ihren Gnadenmitteln dem Zuge in das heilige Land gleichstellte, brachten um so größere Schaaren deutscher Ansiedler dorthin, je mehr in Deutschland die unaufhörlichen Kriege und Fehden der großen und kleinen Gebieter den Landsassen und Bürgern das Dasein verbitterten. Unter solchen Verhältnissen gewann der Verkehr mit den Russen von Jahr zu Jahr an Ausdehnung, namentlich in Folge der Aufnahme der Handelsfahrten auf den Landwegen, die von Livland nach dem russischen Gebiete führten, aber bisher von den Eingeborenen argwöhnisch behütet, den fremden Kaufleuten unzugänglich geblieben waren.

An dem Landhandel nahm auch der Orden regen Antheil; obgleich die Päpste die Beziehungen zu den „ungläubigen Russen" nur ungern duldeten und sie gelegentlich auch mit Bann und Interdict bedrohten, standen Ritter wie Mönche mit den russischen Handelsleuten in lebhafter Geschäftsverbindung, so daß die zünftigen Kaufleute häufig genug Ursache hatten, laut Klage zu führen über die ihrem Erwerb zugefügte Beeinträchtigung durch die Concurrenz der Streiter Christi im Harnisch und in der Kutte.¹²)

Je weiter die deutschen Ritter und Ansiedler vordrangen, um so häufiger wurden die Mißhelligkeiten mit den benachbarten russischen Fürsten, welche es sich angelegen sein ließen, den Widerstand der Liven und Letten gegen ihre christlichen Bedränger nach Kräften zu schüren. Doch konnten sie andrerseits die fremden Kaufleute nicht missen, daher sie, so oft dieselben als Wiedervergeltung für erlittene Unbill ihre Fahrten nach jenen Gebieten einstellten, sich beeilten, sie durch neue Verträge zu versöhnen. So schickte im Jahre 1229 Fürst Mstislaw Dawidowitsch von Smolensk zugleich im Namen der Fürsten von Polotzk und Witebsk Gesandte nach Riga und Wisby, um den „auf beiden Seiten herrschenden Unfrieden" beizulegen und „zu beseitigen, was zwischen den Smolenskern und den Deutschen stand." Die in Folge dessen angeknüpften Verhandlungen führte im Namen der Deutschen Ritter Rolf von Kassel, im Namen der Russen ein Smolensker, Tumasch Michailowitsch. „Auf daß Eintracht zwischen ihnen walte" — so heißt es im Eingang der im Entwurf lateinisch abgefaßten Urkunde — „und daß es den russischen Kaufleuten in Riga und auf dem gotischen Ufer und den deutschen Kaufleuten im Smolensker Gebiet behage, wie Friede und Eintracht gefestigt sind, und damit er ewig währe und den Rigischen und allen Deutschen, welche das Ostmeer befahren, theuer bleibe, so haben sie ein Recht aufgezeichnet, welches als Recht gelte für den Russen in Riga und auf dem gotischen Ufer, sowie für den Deutschen in Smolensk, und beobachtet werde in Ewigkeit."¹³)

Der Vertrag umfaßte sieben und dreißig Artikel, welche Bestimmungen über die Strafen für Blutschuld und Körperverletzungen, über Borg und Schuld, über das Gottesurtheil des heißen Eisens und des Zweikampfes, welcher zwischen Deutschen und Russen nur bedingungsweise zulässig sein soll, über Waarenverkehr und Gerichtsbarkeit, über den Zahlungsmodus, über die Gewichte und endlich über die freie Schifffahrt auf der Düna enthalten. Artikel 17 bestimmt, daß, sobald der deutsche Gast in Smolensk eintrifft, er der Fürstin ein Stück Leinwand (Tuch), und dem Beamten, der den Landübergang (Wolock¹⁴) zu überwachen hat, ein Paar gotischer Handschuhe mit Fingern zu verehren habe.¹⁵)

Die Urkunde, deren Schluß jeden Russen oder Lateiner, welcher diesen Vertrag schilt, für einen „argen Mann" erklärt, ward zu Riga unterzeichnet in Gegenwart des Bischofs Johann, des Meisters der Schwertritter Volkwin und aller rigischen Bürger, welche sämmtlich ihre Siegel beidruckten, gegengezeichnet haben sie Handelsherren aus Wisby, Lübeck, Soest, Münster, Gröningen, Dortmund und Bremen. Das für die Gotländer bestimmte Exemplar ward in Wisby „von den russischen Boten und allen lateinischen Kaufleuten" ausgefertigt. Die Deutschen besaßen, wie sich aus diesem Schriftstück ergiebt, auch in Smolensk eine eigene Kirche, in welcher das Normalgewicht (Kap), mit dem die in Gebrauch befindlichen Gewichte von Zeit zu Zeit auf ihre Genauigkeit geprüft werden mußten, aufbewahrt wurde.[16] Der Vertrag von 1229 ist im Laufe der Jahre von den Nachfolgern des Mstislaw Dawidowitsch mehrfach erneuert und verschiedentlich ergänzt worden. Gewährte dieser Fürst den Deutschen volle Freiheit im Kommen und Gehen, so bestimmte 1250 Mstislaw Romanowitsch, daß der deutsche Gast, welcher aus seinem Gebiete in ein anderes zu ziehen wünschte, zuvor bei ihm die Erlaubniß nachsuchen sollte; er würde ihn dann nach seinem Rath entlassen. Ein anderer Zusatzartikel aus der zweiten Hälfte des dreizehnten Jahrhunderts bewilligt den Deutschen volle Freiheit der Verfügung über die ihnen gehörenden Häuser und Höfe, auf die der Fürst „weder einen Tartaren noch einen Boten" setzen durfte.[17]

Neben Smolensk[18] war namentlich Pskow, von den Deutschen Pleskow genannt, ein vielbesuchter Handelsplatz; die Stadt, ein „Beiort" Nowgorods, dessen Oberhoheit sie bis zum vierzehnten Jahrhundert anerkannte, hatte eine ähnliche Verfassung wie die Freistadt am Wolchow, und wurde wie diese von der Wetsche, der Volksversammlung, die den Possadnik wählte, regiert. Der deutsche Kaufhof lag in einem Vororte von Pskow am linken Ufer der Welikaja, hierher mußten die russischen Händler kommen, wenn sie mit den Deutschen kaufschlagen wollten; denn diesen war es untersagt, die nach der Stadt führende Brücke zu überschreiten. In späterer Zeit nahm Pskows Handel einen ungeahnten Aufschwung; man verglich die Stadt mit Rom, wurden doch in ihrem Gebiete 41,568 Häuser gezählt, die indeß wohl ohne Ausnahme wenig mehr als Holzhütten gewesen sein mögen; denn bis auf Peter den Großen gehörte ein aus Stein zusammengefügtes Gebäude in Rußland zu den größten Seltenheiten.[19]

Drittes Kapitel.
St. Petershof.

Wie sehr sich auch im Wechsel der Zeiten die Machtverhältnisse im Nordosten Europas verschoben, Nowgorod mußte seine gebietende Stellung gegen die andrängenden Nachbaren bis zum Ausgang des fünfzehnten Jahrhunderts ungeschmälert zu behaupten. Glück und Klugheit hatten die Stadt vor der Eroberung durch die asiatischen Horden bewahrt, während ganz Rußland dem Joche des Tartarenchans verfallen war. So blühte Handel und Wandel am Wolchow zu nie geahnter Größe empor; die deutschen Kauffahrer trafen in solchen Schaaren dort ein, daß die Häuser und Waarenlager um St. Peter die Gäste oft nicht fassen konnten und daher Viele außerhalb des schützenden Gehöftes ihren Stand nehmen mußten. Sie machten ihre Reisen in freien Genossenschaften, in denen sie das gemeinsame Band der Heimath, des Rechtes und der Geschäfts=interessen zusammenhielt, das den Einzelnen jedoch in der Freiheit der Bewegung nicht hemmte. Die Beschränkung, der jeder deutsche Kauffahrer unterworfen war, ging von den in seiner Heimathstadt geltenden Satzungen und von den Vereinbarungen aus, welche diese mit anderen Städten getroffen hatte.[1])

Als die Zahl der Besucher der deutschen Factorei am Wolchow mit jedem Jahre wuchs, machte sich auch die Nothwendigkeit eines Hausgesetzes geltend, dem Jeder, der unter dem Schutze von St. Peter Kaufschlag treiben wollte, sich unweigerlich fügen mußte.

Nach der Väter Art hielt der „gemeine deutsche Kaufmann" in der Fremde nicht minder als daheim auf strenges Recht, auf ehrbare Zucht und Sitte; diesem Geiste entsprechen denn auch die Bestimmungen, welche er zur Aufrechterhaltung von Ruhe und Ordnung im Hofe zu St. Peter traf und denen er die altgermanische Bezeichnung „Skra" gab.[2]) Die älteste bekannte „Skra von Naugarden" stammt aus der ersten Hälfte des dreizehnten Jahrhunderts; den veränderten Bedürfnissen entsprechend folgten Abänderungen und Zusätze, deren man in der Zeit von 1315 bis 1371 nicht weniger als achtzehn zählt.

Die im Archiv (Wedbelade) zu Lübeck aufbewahrte Sammlung von Bestimmungen für den Hof zu Nowgorod wird mit folgendem Denkspruch eingeführt:

<blockquote>
Desse Skra scal men lesen
Also dicke it nutte dunket wesen*)
Un scal sich na dessen dichten
To allen tiden richten.³)
</blockquote>

Sobald die Kauffahrer in der Niederlage eingetroffen waren, wählten sie aus ihrer Mitte zwei Vorsteher, gleichviel aus welcher Stadt dieselben stammten;⁴) der eine wurde Olderman des Hofes, der andere Olderman der Kirche von St. Peter. Die höchste Gewalt ward dem ersteren zuerkannt, er erhielt später die Macht „to richten an Hals vnde an Hant." Er führte den Vorsitz im Rathe, berief die Versammlungen und vertrat die Interessen des deutschen Kaufmanns vor den Russen. Zu seinem Beistand erwählte er vier „Meister"; bei Strafe durfte Niemand die Wahl ablehnen oder sich weigern, den Olderman zu den Verhandlungen mit den Vertretern Nowgorods zu begleiten.

Dem anderen Olderman war die Obhut über die Kirche anvertraut, deren Schlüssel in seiner Verwahrung sich befanden. Der heilige Petrus hatte die Geldkiste und die Urkundentruhe zu beschützen; vor seinem Altar wurden die wichtigsten Kaufgeschäfte abgeschlossen. Das ihm geweihte Gotteshaus mußte aber auch als Waarenlager dienen; rings an den Wänden standen Tonnen und Ballen, neben dem Altar, der bei einer Mark Silber Strafe frei bleiben mußte, hatten die Weinfässer ihren Platz.

Die deutschen Kaufherren, welche Nowgorod besuchten, unterschieden sich in Wasser- und Landfahrer; die ersteren, je nachdem sie in der Schneezeit am Wolchow blieben oder im Herbst die Segel heimwärts stellten, in Sommer- und Winterfahrer. Die Wasserfahrer hatten als die ältesten Besucher der Freistadt vor den Landfahrern, welche vorwiegend aus Livland kamen, gewisse Rechte voraus. Sobald sie im Hofe eintrafen, mußte der von den Landfahrern gewählte Olderman dem ihrigen Platz machen, auch der Priester jener vor dem Seelenhirten, der über See mitgekommen war, weichen.

---

*) So oft es nützlich erscheint.

Der im Schutze von St. Peter hausende Kaufmann erfreute sich einer größeren Freiheit, als seine Landsleute in den Kaufhöfen von London, Brügge oder Bergen. Die Besucher des St. Petershofes sonderten sich je nach ihrer heimathlichen oder geschäftlichen Zusammengehörigkeit in Genossenschaften oder Mascopeien, denen Meister, Knappen und Jungen angehörten; jede dieser Genossenschaften hatte einen gemeinschaftlichen Wohnraum, das Dornsen; sie bestritt auch die Kosten des Unterhalts für die Mitglieder aus den Beiträgen derselben. Eine Mascopei stand unter der Leitung eines selbstgewählten Vogtes, der zwei Beisitzer berief, den einen aus dem Kreise der Meister, den andern aus dem der Knappen oder Knechte, unter deren Obhut das Dornsen und die Trinkstube, Feuer und Licht u. a. m. standen. Der Vogt hatte über seine Genossenschaft eine gewisse Strafgewalt; jeden Sonnabend forderte er die Uebertreter der Skrabestimmungen vor seinen Stuhl und je nach der Schwere ihres Vergehens verurtheilte er sie in Strafen bis zu 15 Kunen.

Die Vertheilung der Dornsen erfolgte durch das Loos; die Wasserfahrer hatten jedoch das Recht, die ihnen genehmen Wohnräume von den Landfahrern zu beanspruchen und diese zum Verlassen derselben zu nöthigen. Nur der Olderman durfte für sich und seine Mascopei unter den Dornsen frei wählen, auch in der Winterszeit in der Allen gemeinsamen großen Stube mit seinen Gefährten, wo es ihm beliebte, Platz nehmen. Der Priester hatte sein eigenes Gemach, in welchem aber gewisse Kaufgeschäfte, wie besonders das Zuwiegen des Silbers, abgeschlossen wurden.

Das Haus mit den Dornsen war von den Waarenlagern und den Verkaufshallen getrennt, sein mächtigster Raum war das Potklet, das Speise- und Trinkzimmer der Meister; Knappen und Jungen hielten ihre Mahlzeiten in einem abgesonderten Raum, zu den großen Gelagen versammelten sie sich in der sogenannten „Kinderstube".*) Die Schlafstätten befanden sich in vier von einander getrennten Gebäuden, Kleten genannt, davon drei je vierundzwanzig Meistermännern, das vierte, in welchem der Dolmetscher wohnte, jedoch nur sechs Unterstand gewährte. In dieser Klete waren auch die Verkaufshallen, welche indeß nur zur Auslage der Proben dienten; die Waarenballen durften hier nicht aufgestapelt werden. In dem oberen Stock hielten vorwiegend die Tuchhändler feil, das untere war Denjenigen angewiesen, „be gelt hebben", d. h. den Kaufleuten, die ihre Einkäufe an Rohprodukten mit baarem Gelde bezahlten. Zuweilen

---

*) Kinderstouve.

war der Zudrang der Kauffahrer zum St. Petershof so groß, daß die Räumlichkeiten zur Aufnahme Aller nicht ausreichten; in diesem Falle erhielten die Ueberzähligen die Erlaubniß, sich außerhalb des Hofes eine schickliche Unterkunft zu suchen. Den Pelzhändlern ward in späterer Zeit ein besonderer Raum „die Griednisse" angewiesen, der ursprünglich wohl als eine Art Wachthaus gedient haben mag.

Auf dem Hofe befanden sich außer den genannten Gebäulichkeiten noch das Siechenhaus,*) die Mahlstube, der Baberaum und die Brauküche. Der letzteren ward bei der Vorliebe der Deutschen für einen guten Trunk große Sorgfalt gewidmet. Jede Mascopei braute auf gemeinsame Kosten das für die Dauer ihres Aufenthalts erforderliche Bier; jeder Genosse hatte auch dann seinen Beitrag zu steuern, wenn er abreiste noch bevor das Gebräu fertig war. Nach jedesmaliger Benutzung mußte die Brauküche gesäubert werden, wie denn überhaupt im ganzen Hofe streng auf Ordnung und Reinlichkeit gesehen wurde. Wer Stroh, das zum Packen oder als Unterlage zum Bleichen von Garn oder Leinwand gebraucht wurde, verstreut liegen ließ, wurde gebüßt, ebenso der, welcher mehr als eine Leine zum Trocknen seiner Sachen ausspannte und dadurch den Verkehr hemmte. Eine Mark Silber mußte zahlen, wer seine Waarenballen und Fässer nicht mit seinem Zeichen versehen hatte.

Der unmittelbare Verkehr mit den Russen wurde sehr beschränkt; vor Allem galt es, der russischen Sprache mächtig zu sein. Zu jeder Zeit befanden sich einige Knaben, die jedoch das zwanzigste Jahr nicht überschritten haben durften, auf dem Hofe, welche unter Anleitung von Sprachlehrern russisch lernten. Im Umgang mit den Nowgoroder Geschäftsfreunden bedurfte es großer Klugheit und Umsicht; die Art, wie sie den Kaufschlag betrieben, rechtfertigte das regste Mißtrauen. Daher durfte kein zum deutschen Hofe gehöriger Kaufmann ohne Zeugen mit einem Russen ein Geschäft abschließen; es mußten zwei Deutsche dabei zugegen sein, die jedoch weder mit ihm blutsverwandt noch seine Geschäftstheilhaber sein durften. Den Zeugen blieb es verboten, vor Ablauf von drei Tagen, nachdem sie Jenem beigestanden, ohne seine besondere Genehmigung dieselbe Waare zu kaufen, um die er gefeilscht hatte.

Das „Dobeln", das Spiel um hohen Einsatz war dem „meynen copmann" zu Naugard bei zehn Mark Strafe verboten; wer sich aber

---

*) seyk stowe.

gar verleiten ließ, in einem russischen Hause zu spielen, mußte fünfzig Mark zahlen und verlor die Rechte des Hofes.

Zur Aufrechthaltung der Sicherheit und der Ruhe waren umfassende Vorkehrungen getroffen; kein Russe durfte innerhalb der Umzäunung von St. Peter übernachten; nach Thoresschluß mußten die Lichter ausgelöscht werden und außer den Wächtern mit ihren Hunden durfte sich Niemand im Hofe mehr zeigen. Tag und Nacht machten Gesellen die Runde um das Gehöft; namentlich ward die Kirche streng behütet, jede Nacht hatten dort zwei Mann, welche weder Brüder, noch Geschäftstheilhaber, noch Gesellen eines Meisters sein durften, die Wache; hinter ihnen ward jeden Abend die Kirchenthür abgeschlossen, deren Schlüssel dem Olderman abgeliefert wurde. Vor dem Portal stand noch ein anderer Posten, der darauf zu achten hatte, daß kein Russe sich der Kirche näherte und war es aus Argwohn gegen die Nowgoroder selbst verboten, den Kirchenschlüssel so zu tragen, daß ihn Jedermann sehen konnte.

Zur Kirchenwacht war verpflichtet, wer sich zu St. Peter hielt, mochte er auch außerhalb des Hofes seinen Aufenthalt nehmen. Die Wache traf der Reihe nach Jeden; den Anfang machte die oberste Klete und kamen in jeder Klete zuerst die unten Wohnenden, „de gelt hebben" daran. Zur Essenszeit erhielt die Ablösung die Weisung, sich bereit zu machen. Jeder Besucher von St. Petershof hatte eine Abgabe zu entrichten, welche zur Erhaltung der Baulichkeiten, sowie zur Bestreitung anderweitiger Ausgaben diente. Die Winterfahrer steuerten von je hundert Mark einen „Verdhinc" *), ebensoviel jeder Meister für Hausmiethe. Der Sommerfahrer zahlte dagegen nur einen halben Verdhinc und eine Mark Kunen [6]) Miethe. Jeder durch Nowgorod Reisende aus einem Lande, „das sich zu deutschem Rechte hält", mußte St. Peter einen halben Schoß erlegen, dem Fürsten der Stadt war ein „coningesshot", ein Königsschoß, bestimmt.

Der Kassenüberschuß wurde „nach alter Sitte und der Willkür der gemeinen Deutschen aus allen Städten" nach Gotland abgeführt, um in dem St. Peterskasten der Marienkirche zu Wisby aufbewahrt zu werden. Die vier zum Kasten gehörenden Schlüssel wurden der Obhut je eines Oldermans von Wisby, Lübeck, Soest und Dortmund anvertraut. [7])

Die Berufung in allen zweifelhaften Rechtsfragen hatte von Seiten des Hofes an den Rath der Deutschen auf Gotland zu erfolgen; waren

---

*) Eine Viertelmark.

es doch Mitglieder dieser Gemeinde gewesen, welche den Grundstein zu dem blühenden Handelsverkehr mit Nowgorod gelegt hatten. Aber nach wenigen Jahrzehnten empfanden es Lübeck und die nach seinem Recht lebenden Städte als eine Zurücksetzung, daß ihre Kauffahrer Wisbysches Recht suchen sollten. Im Oktober 1293 faßten daher die zu Rostock versammelten Sendboten von Lübeck, Stralsund, Greifswald und Wismar „um des Friedens willen und zum Nutzen der gemeinen Kaufleute" einen Beschluß, dem auch die sächsischen und wendischen Städte beitraten, laut welchem fortan die Berufung von St. Peter nicht mehr nach Gotland, sondern nach Lübeck zu erfolgen habe, und ward ohne weiteres die entsprechende Bestimmung in die „Skra van Naugarden" aufgenommen.[8] Doch waren mit diesem Beschluß die älteren Städte, welche eigenes Recht hatten, nicht einverstanden, wie Hamburg, Bremen, Osnabrück, Soest und Münster; sie erklärten sich zu Gunsten „von Vogt und Rath der Deutschen zu Wisby" und ließen die neue Bestimmung in der Skra ausmerzen. Dagegen erkannten in Lübeck „gleichsam ihr Haupt", wie es in dem Sendschreiben von Zwolle heißt[9], vierundzwanzig an dem russischen Handel betheiligte Städte, welche nach und nach ihre Zustimmung zu der in Rostock beschlossenen Neuerung gaben, darunter befanden sich: Magdeburg, Halle, Braunschweig, Kiel, Danzig und Riga. Das letztere, welches einen besonders lebhaften Handel nach Rußland betrieb und bestrebt war, sich der Bevormundung durch die Vormächte zu entziehen, hatte anfänglich die Partei Wisbys genommen, sich jedoch später, weil es den Beistand Lübecks in dem Kampfe wider die Uebergriffe der Ordensritter nicht entbehren konnte, anders entschieden; 1297 sprach der Rigische Rath den Lübeckern in einem Schreiben sein Bedauern aus wegen der Tilgung der neuen Bestimmung der Skra, und versicherte, dem Wortlaute derselben folgen zu wollen.[10] Lübeck hatte sich den Dank vieler Städte vornehmlich dadurch erworben, daß es alte in Vergessenheit gerathene Satzungen, die eine Concurrenz zwischen Ostsee- und Nordseefahrern verhüten sollten, wieder in Erinnerung brachte und auf deren Befolgung drang.

Gereichte es doch „allen seefahrenden Kaufleuten des römischen Reichs zum Nutzen, daß weder Friesen noch Flandern die Ostsee und Gotland, die Goten nicht die Westsee befahren durften."[11]

Wisby suchte sein Vorrecht mit allen ihm zu Gebote stehenden Mitteln zu wahren. Die Berufung nach Lübeck, erklärt es in einem Schreiben an Osnabrück[12], widerspreche der alten Freiheit, welche von seinen Vorfahren in ältester Zeit nach Nowgorod verpflanzt und dort wie in Gotland bis auf die Gegenwart gewahrt worden sei. Es hofft mit Hülfe der Städte des Ostens die beabsichtigte Minderung der Freiheiten abzuwehren.

Lübeck konnte der Opposition gegenüber den Rostocker Beschluß in seinem vollen Umfange nicht durchsetzen; es lenkte ein und ließ durch seine Vertreter auf dem in seinen Mauern 1298 abgehaltenen Städtetage die Erklärung abgeben, daß es nur wünsche, in zweifelhaften Fällen Belehrung zu geben und das Recht zu weisen.[13]) Diesen Rückzug suchte die Vormacht an der Trave aber zu decken und wett zu machen, indem sie Wisby von einer anderen Seite beizukommen wußte. Der sich zeitweilig auf Gotland aufhaltende deutsche Kaufherr hatte das Siegel der deutschen Gemeinde, welches das zuerst von Soest übernommene Sinnbild der Tapferkeit und der Keuschheit, den Lilienbusch darstellte, häufig als Bundessiegel benutzt, obwohl die Hansa kein gemeinsames Siegel führte. Bis dahin war dies unbeanstandet geblieben, nunmehr ward aber auf Antrag Lübecks beschlossen, der Wisbyer Gemeinde zu untersagen, ein Siegel des gemeinen Kaufmanns zu führen, damit sie nicht den Städten Unliebsames untersiegele; jede Stadt habe sich fortan ihres eigenen Siegels zu bedienen.[14]) Auch wirkte Lübeck darauf hin, daß der Kassenüberschuß von St. Peter, der nach Verordnung der ältesten Skra in der Marienkirche zu Wisby aufbewahrt werden sollte, in Zukunft seiner Obhut anvertraut wurde.

Obwohl die Spannung zwischen den beiden Vororten fortdauerte, so einigte man sich doch, um dem Drängen der livländischen Städte, namentlich Rigas, nach Mitherrschaft über die Niederlage am Wolchow entgegentreten zu können, dahin, über den Hof zu St. Peter eine gemeinsame Controle auszuüben, durch welche der Freiheit des gemeinen Kaufmanns immer engere Grenzen gezogen wurden. Waren anfangs die Olderleute des Hofes nur nach ihrer Tüchtigkeit ohne Rücksicht auf ihre Herkunft gewählt worden, so hatte sich nach und nach der Brauch eingebürgert, diese Aemter abwechselnd mit einem Lübecker und einem Wisbyer zu besetzen. Diese Bevorzugung ihrer Bürger ward nun 1346 von beiden Städten als ihr unbestrittenes Recht in Anspruch genommen; auch sollte die Wahl nicht mehr durch die Meister des Hofes, sondern durch besondere Sendboten der Städte erfolgen. Der Olderman des Hofes, nur noch den beiden Vormächten Rechenschaft schuldig, ward unumschränkter Gebieter über die sich zu St. Peter haltenden Deutschen. Mit seinem Amtsantritt erloschen alle bisherigen Bestallungen: die Olderleute der Kirche, deren es jetzt zwei gab, überreichten ihm die Schlüssel und waren damit ihres Amtes ledig. Nach seinem Belieben gab er ihnen Nachfolger, jedoch nur Bürger von der Trave oder von Gotland; nur für den Fall, daß weder Lübecker noch Wisbyer anwesend waren, durfte er sich aus den Meistern anderer Städte seine Gehülfen wählen, die aber ohne Weiteres weichen mußten, sobald Kauffahrer aus einem der beiden führenden Orte eintrafen. Auch der Priester des Hofes mußte ein Angehöriger Lübecks oder Wisbys sein.

Nicht ohne Widerstreben der Bundesglieder gelangten diese Neuerungen zur Annahme; aber nur Riga konnte seine Stellung neben den beiden Vormächten behaupten. Seine Beschwerde über die ihm widerfahrene Unbill, daß kein Rigischer Bürger mehr zum Olderman gewählt würde, hatte den Erfolg, daß der 1363 zu Lübeck abgehaltene Städtetag beschloß, Riga zu einem Drittel an der Controle über St. Petershof theilnehmen zu lassen; auch sollte in Zukunft der erste Olderman, der jetzt für unabsetzbar erklärt wurde, wieder aus dem Kreise der Meister aller in der Hansa vertretenen Städte gewählt werden.[15]) Dieser Erfolg Rigas war um so bedeutender, als die Stadt nach langen und schweren Kämpfen im ersten Viertel des vierzehnten Jahrhunderts ihre Unabhängigkeit an den Orden verloren und ihren Wohlstand eingebüßt hatte. Den Muth, sich trotz aller Drangsale und Niederlagen den beiden Vororten als ebenbürtig an die Seite zu stellen, schöpfte sie aus dem schnellen und unaufhaltsamen Niedergange Wisbys.

König Waldemar III. von Dänemark hatte 1361 die Mauern der gotländischen Hauptstadt, in der, wie er seinen Kriegern verkündete, „die Schweine aus silbernen Trögen fräßen," gebrochen und eine ungeheure Beute an Gold, Silber und köstlichen Waaren mit sich fortgeschleppt. Von diesem Schlage konnte sich Wisby nicht wieder erholen. Bald ward es Standquartier der Seeräuber, die, seitdem sie von den mit Margarethe von Dänemark in Fehde liegenden Städten Rostock und Wismar den Auftrag erhalten hatten, die Länder der Königin zu pfänden und das von den Dänen bedrohte Stockholm mit Lebensmitteln (Victualien) zu versorgen, unter dem Namen der „Vitalienbrüder"[16]) ein Schrecken des gemeinen deutschen Kaufmanns wurden; sie beherrschten die baltische See und nur unter dem Schutze von Kriegsschiffen konnte der Kauffahrer sich auf das hohe Meer wagen, wenn er seine Koggen nicht als gute Prise von diesen Brüdern aufgebracht sehen wollte. Swen Sture, das gefürchtete Haupt der Vitalienbrüderschaft, hatte Wisby zu einem gefährlichen

Raubneſt gemacht, daher ſein Hafen der Kauffahrtei verſchloſſen blieb. Wenn er auch, nachdem der deutſche Orden 1398 die Seeräuber vertrieben und Gotland in Pfandbeſitz genommen hatte, dem deutſchen Kaufmann wieder zugänglich geworden war, ſo konnte Wisby doch nie mehr derart zu Kräften kommen, um den Wettſtreit mit Lübeck und Riga von Neuem aufzunehmen.

Die Vormacht an der Trave hatte unmittelbar nach der Eroberung Wisbys durch Waldemar den Verſuch erneuert, die deutſche Gemeinde auf Gotland in den Hintergrund zu drängen, indem ſie die anderen Städte wieder zur Mitwirkung an den Angelegenheiten des Hofes zu Nowgorod einlud. Wisby ſprach ihr darob in herber Weiſe ſeine Verwunderung aus: nur ihnen beiden ſtehe das Regiment über den Hof[17]) zu. Auch die Frage wegen der Berufung war durch die Lübecker Sendboten wieder zur Sprache gebracht worden, aber die Städte, namentlich Riga, Dorpat und Reval gingen darauf nicht ein und erklärten im Juni 1366, die Ent= ſcheidung in dieſem zwiſchen Lübeck und Wisby ſchwebenden Streit auf eine ſpätere Zeit verſchieben zu wollen.[18]) Die anderen Beſchlüſſe[19]) dieſes Städtetages ſchärften den Kaufleuten ein: Niemand dürfe Nowgorod be= ziehen, der nicht dem Rechte der deutſchen Hanſa zugehöre; Olderleute und Meiſter von St. Peter hätten bei unnachſichtiger Ahndung ſich zu hüten, ohne Vorwiſſen Lübecks und Wisbys, ſowie der anderen Städte, große, gewichtige und vielumfaſſende Einrichtungen zu treffen.[20])

Während Wisbys Einfluß auf die Niederlage am Wolchow immer mehr zurückging, gewann Riga ſtetig an Bedeutung. Der Handel dieſer Stadt mit Rußland hatte ſich von Jahr zu Jahr erweitert: Die Ruſſen, durch Deutſche, Schweden und Dänen vom Meere verdrängt, ſuchten mit Vorliebe den rigiſchen Markt auf. Ihr Haupthandelsartikel und vor= nehmſtes Tauſchmittel war Wachs, das vorwiegend an der Geiſtlichkeit einen vermögenden Käufer fand; weiter brachten ſie zum Verkauf: Getreide, Salz, Hanf, Holz, Felle und Fette aller Art.[21]) Die Rigaer gewährten den ruſſiſchen Gäſten freundliche Aufnahme, daher ſich viele von dieſen dauernd in der Stadt niederließen. Um die Mitte des vierzehnten Jahr= hunderts finden wir in Riga bereits eine ruſſiſche Straße, eine ruſſiſche Kirche nebſt Begräbnißplatz, eine ruſſiſche Gildeſtube und ruſſiſche Häuſer= beſitzer; vor einem ſeiner Thore lag ein ruſſiſches Dorf. So lebhaft hatte ſich der Verkehr mit Ruſſen und Litthauern entwickelt, daß in dem älteſten Schuldbuche der Stadt unter zweitauſend von 1266 bis 1339 vor dem Rath eingetragenen Schuldverſchreibungen bei einzelnen Buchſtaben russische und litthauische Namen den britten Theil bilden.²²) In Folge dieser geschäftlichen Verbindungen konnte Riga bei allen Kämpfen mit den Rittern und dem Domcapitel auf den Beistand aus Rußland und Litthauen rechnen: eine Bundesgenossenschaft, die der Stadt von dem Orden wie von der Geistlichkeit oft zum schweren Vorwurf gemacht, jedoch häufig genug von beiden ebenfalls gesucht wurde.²³)

Viertes Kapitel.
Handelssperren gegen die Russen.

Für die Städte der Hansa blieb der Hof zu Nowgorod der Mittelpunkt des russischen Handels und trotz unaufhörlicher Bedrohung und Beraubung, welcher sie auf dem Wege dorthin von Seiten der Schweden und Russen ausgesetzt waren,[1]) kehrten die deutschen Kauffahrer doch immer wieder an den Wolchow zurück. In dem Zeitraume von 1288 bis 1335 wurden ihnen Güter im Werthe von 7600 Mark geraubt und fünfzehn Gefährten getödtet.[2]) Aber auch die Bürger der Freistadt wollten, so sehr sie die Gäste oft bedrückten, den Verkehr mit den Deutschen nicht aufgeben, hatten sie doch deren werkthätiger Hülfe in der furchtbaren Hungersnoth von 1230, der an fünfzig Tausend Menschen zum Opfer fielen, und wo Nowgorod nach den Worten seines Chronisten im Verscheiden war, ihre Rettung vom Untergange zu danken. Sie führten, „weniger auf den Gewinn bedacht, als um der Barmherzigkeit willen," reichbeladene Getreideschiffe über See nach dem Wolchow und thaten der Noth und dem Elend Einhalt.[3])

Nur allzuoft unterbrachen auch die Kriege zwischen Schwertrittern und Russen den Handelsverkehr. Selten verging ein Jahr ohne blutige Fehde; die Ritter dehnten ihre Streifzüge bis in die Nähe von Nowgorod aus und nahmen die Waaren der auf der Fahrt begriffenen russischen Kaufleute als gute Beute mit. In ihrer Bedrängniß wandten sich die Nowgoroder hülfeflehend an den Sohn des Großfürsten Jaroslaw, den Fürsten Alexander, der erst vor Kurzem im Unmuth über ihre Ruhelosigkeit und Anmaßung die Stadt verlassen hatte. Er ließ sich erbitten und empfanden die Ritter bald den Rückschlag des Glückes. Alexander, der nach seinem im Jahre zuvor über die Schweden an der Newa erfochtenen Siege den Beinamen Newski erhalten hatte, schlug sie Ende 1241 bei Koporje und das Jahr darauf bei Pskow; viele geriethen in Gefangenschaft, wurden nach Nowgorod gebracht und dort hingerichtet. Der Sieger drang bis vor die Thore Rigas; schon rief der Ordensmeister den Beistand des dänischen Königs an, aber plötzlich kehrte Alexander Newski um, große Beute und zahlreiche Deutsche als Gefangene mit sich führend. Nunmehr schlossen die Nowgoroder ohne den Fürsten zu befragen, mit dem Orden, dem Bischof von Dorpat und den dänischen Vasallen Esthlands Frieden, nachdem die Deutschen ihre Ansprüche an die Russen aufgegeben hatten.⁴)

Sehr oft waren es Rechtshändel, welche der tägliche Verkehr zwischen Kaufleuten so häufig hervorruft, die zum Abbruch aller Verbindung mit Rußland führten; so geschah es 1259, wo Alexander Newski und sein Sohn Dimitri im Einverständniß mit Nowgorod den Streit schlichtete und in feierlicher Verbriefung „den alten Frieden" bestätigte.⁵)

In den bürgerlichen Unruhen, welche den Freistaat nicht selten heimsuchten, nahmen die deutschen Kaufleute nur ausnahmsweise Partei, sie zogen es in solchen Fällen vor, St. Petershof nicht zu verlassen, dessen Umfriedigung kein Russe zu überschreiten wagen durfte. Alexanders thatkräftige Oberherrschaft ertrugen die Nowgoroder nur murrend; seinem Nachfolger verweigerten sie die Huldigung so lange, bis er die ihm vorgelegten Bedingungen zur Wahrung ihrer Freiheiten beschworen und gelobt hatte, Alexander in seinen Willkürhandlungen nicht nachahmen zu wollen. Jaroslaw Jaroslawitsch küßte darauf zwar das Kreuz, erspähte jedoch die Gelegenheit, um der Stadt sein Joch aufzuerlegen.

Wieder war es zum Kriege zwischen den Rittern und den verbündeten Städten Nowgorod und Pskow gekommen; beide Theile hatten in der für den Orden ungünstigen Schlacht bei Wesenberg (18. Febr. 1268), die Deutschen unter Führung des Ordensmeisters Otto von Rodenstein und des Bischofs Alexander von Dorpat, tapfer gestritten und schwere Verluste erlitten, die Russen ihre sämmtlichen Heerführer, die Deutschen u. A. den Bischof Alexander verloren. Nach diesem Kampfe ward über Nowgorod die Handelssperre verhängt; der Ordensmeister ersuchte die Lübecker, sowie die gesammte Kaufmannschaft, den Russen in diesem Jahre (1268) keine Waaren zuzuführen. Das Gesuch ward bewilligt unter dem Beding, daß, sobald der Friede geschlossen, auch das alte Recht für die Hin= und Rückfahrt den Lübeckern und dem gemeinen deutschen Kaufmann gewährleistet würde; außerdem ward erklärt, daß nur bei einem allgemeinen Kriege der Lateiner gegen die Russen der Handelsverkehr abge=

brochen werden solle, dagegen bei den Fehden Einzelner der Handel ungehindert bleiben müsse.

In der Zwischenzeit hatte der Ordensmeister Otto ein Heer von 27000 Mann versammelt, um Pskow zu züchtigen, doch zog er sich vor den heranrückenden Nowgorodern zurück. Beide Theile einigten sich nun auf Grundlage des Vertrages von Mstislaw Dawidowitsch über einen vorläufigen Frieden. Lübeck und die Bundesstädte wurden aber von dem Meister ersucht, nicht früher den Verkehr nach Rußland wieder aufzunehmen, bevor sie nicht Boten nach Riga gesandt hätten, die mit den Vertretern des Ordens und der livländischen Städte die frühere Gerechtsame der Deutschen in den russischen Plätzen, welche in dem zu vereinbarenden Frieden gewahrt bleiben müsse, feststellen sollten; so lange könne keinem Kaufmann die Fahrt nach Nowgorod gestattet werden.

Lübeck entsandte seinen in auswärtigen Angelegenheiten bewährten Rathsherrn Heinrich Wullenpundt, Gotland Ludolf Dobricike und Jacob Curing nach Riga. Es ward ein Vertragsentwurf vereinbart, den die drei Städteboten im Winter 1269 nach Nowgorod überbrachten.

Die darin aufgestellten Bedingungen zeugen von einem Bewußtsein der Ueberlegenheit den Russen gegenüber, welches der Selbstverblendung nahekommt: einem in offener Schlacht überwundenen Feinde konnten härtere Zumuthungen kaum gemacht werden. Der Entwurf[8]) lautet im Wesentlichen:

Der König, der Herzog und der Burggraf von Nowgorod haben sowie die Stadtvorsteher und alle Bürger bei Ankunft der Sommerfahrer zum Zeichen des Friedens und der Eintracht das Kreuz zu küssen. Sobald die Kauffahrer das Gebiet Nowgorods erreicht haben, haftet die Stadt für jeden ihnen zugefügten Schaden. Zögert der russische Richter, einen Dieb an deutschen Waaren zur Strafe zu ziehen, so steht den Gästen das Recht der Selbsthülfe zu.

Bei den Stromschnellen des Wolchow oberhalb von Alt-Ladoga, welche „Vorsch" genannt wurden, müssen die „Vorschkerle", die Führer der Leichterschiffe — die tiefgehenden deutschen Koggen konnten diese Schnellen nicht passiren — bereit stehen und die Güter gegen einen festen Lohn in Marderköpfen ohne Verzug weiter befördern. An der im Wolchow gelegenen Insel Gostinopole, Gestevelt, darf nur ein mäßiger Zoll von Waaren wie Mehl und Malz, aber nicht von Lebensmitteln erhoben werden.

Der deutsche Hof bietet eine Freistatt und darf kein russischer Gerichtsdiener, Schalk oder Birig[10]) genannt, zur Haftnahme des Verfolgten St. Peters Umfriedung überschreiten; nur dem fürstlichen Boten wird Einlaß gewährt.

Streitigkeiten zwischen Russen und Deutschen werden auf dem Johannishof in Gegenwart des Herzogs und des Tausendmanns, sowie des deutschen Oldermans und seiner Beisitzer geschlichtet.

Betritt ein Russe den Hof von St. Peter mit Waffen in der Hand, so macht er sich des Todes schuldig; entkommt er, so hat er nach Gerichtsspruch doppelt zu büßen; ist er zahlungsunfähig, muß die Gemeinde die Buße für ihn erlegen.

Wer Steine oder Pfeile in den Hof schlendert, die Umzäunung beschädigt, wird um 10 Mark Silber gebüßt.

Die Russen dürfen nicht verhindert werden, bei den Gästen zu kaufen; die Gäste dürfen ihre „Kinder" in das Land, wohin sie wollen, zur Erlernung der russischen Sprache schicken.[12])

Der Hof und die Begräbnißstätte der Deutschen dürfen nicht eingebaut werden.

Den Gästen bleibt freier Verkehr zu Wasser und zu Lande, auch wenn Nowgorod sich mit seinen Nachbarn im Kriege befindet.

Der Deutsche geht bei Schuldforderungen dem russischen Gläubiger voran; der zahlungsunfähige Russe kann nach Belieben des Gläubigers mit Weib und Kind als leibeigen fortgeführt werden, falls beim öffentlichen Aufgebot sie niemand auslöst.[13])

Großfürst Jaroslaw Jaroslawitsch, der Possadnik und der Tyssadsky weigerten sich, wie erklärlich, diesen Vertrag anzunehmen, aber die deutschen Unterhändler ließen von ihren Forderungen nicht nach und so scheiterten die Verhandlungen. Wullenpundt und seine Begleiter kehrten im April 1269 nach Lübeck zurück mit einem Schreiben des Ordensmeisters Otto, in welchem dieser dem Rath bekundet, daß die Gesandten „ihre Botschaft in ehrenvoller und nicht genug anzuerkennender Weise ausgerichtet haben."[14]) Dem Wunsche des Meisters entsprechend wirkten sie dahin, daß auch für das laufende Jahr die Handelsfahrten nach dem Wolchow verboten wurden.

In Nowgorod empfand man das lange Ausbleiben der deutschen Kauffahrer schwer; Handel und Wandel stockte. Der Unmuth der Bürger entlud sich gegen den Großfürsten und gegen seine Günstlinge, die hingerichtet wurden, weil man ihnen Schuld gab, die Ausländer verscheucht zu haben, „die noch bei Menschengedenken (1230) durch eilige Zufuhr die Stadt von Hungersnoth erlöst hätten."

Jaroslaw suchte zu unterhandeln, aber die Nowgoroder drohten, ihn zu verjagen, wenn er nicht freiwillig die Stadt verlasse. Er bewarb sich nun um den Beistand des Tartarenchans Mengu Temur,[15]) aber dieser ward durch Wassilij, Bruder des Jaroslaw, für Nowgorod günstig gestimmt. Er schickte zwei Gesandte mit der Weisung an den vertriebenen Fürsten, er solle die Stadt nicht weiter beunruhigen und den Bürgern von Riga, den Gästen und Jedermann freien Verkehr in seinem Fürstenthum gewähren. Jaroslaw fügte sich dem Gebot und machte selbst den Rigaern von dem Befehl des Chans Mittheilung, indem er ihnen zugleich die Herstellung des alten Friedens zusicherte. Ehe ihn die Nowgoroder wieder in ihre Mauern einließen, mußte sich Jaroslaw unter Kreuzkuß verpflichten, die alten Rechte der deutschen Niederlassung nicht anzutasten: „Im deutschen Hofe — erklärten ihm die Abgesandten der Stadt — hast Du, Fürst, nicht anders Handel zu treiben als durch unsere Brüder, und darfst Du diesen Hof nicht verschließen und durch keinen Aufseher bewachen lassen".[16])

Im Jahre 1270 nahmen die Deutschen endlich die Fahrten nach dem Ilmensee und in das Innere Rußlands wieder auf, nur die Düna blieb gesperrt, da die Fehde der Ritter mit Pskow noch fortbauerte. Die Feindseligkeiten zwischen Livländern und Russen wurden nur durch kurze Waffenstillstände unterbrochen, daher kam es, daß ungeachtet aller Verbriefungen und Beurkundungen der Handel nach den russischen Märkten fortwährend schwer gefährdet war. Nur selten verging ein Jahr, in welchem nicht bald gegen Nowgorod, bald gegen Pskow, Witebsk oder Smolensk die Handelssperre anbefohlen wurde.

Im Jahre 1277 ersuchten die livländischen Handelsherren, der Bischof Friedrich von Dorpat, der dänische Statthalter und die rigischen Bürger die gesammte deutsche Kaufmannschaft wegen der den Deutschen von den Nowgorodern wiederholt zugefügten Schädigungen an Leib und Gut den Markt von Rußland nach Livland und Esthland zu verlegen. Diesem Gesuche entsprechend beschloß der nächste Städtetag zu Lübeck[17]) (1278): „Jedermann die Nowgorodfahrt bei Strafe des Lebens, des Gutes und der Ehre" zu verbieten. Für diese Fahrt bereits erworbene Güter dürfen nicht weiter verfrachtet werden; der Handel mit russischen Waaren ist strengstens untersagt, jeder russische Kaufmann mit seinem Gute abzuweisen. Alle durch Uebertretung dieser Verbote beschlagnahmten Waaren wurden zu Gunsten des St. Petershofes veräußert.[18]) Im Februar 1279 ergingen dieser Beschlüsse wegen aus Riga Dankschreiben an Lübeck und die Gesammtheit der deutschen Kaufleute, in welchen der Erzbischof, der Ordensmeister, die Bischöfe von Oesel und Dorpat, sowie der dänische

Hauptmann von Esthland versprechen: „Niemand vom bevorstehenden Osterfest ab weder zu Wagen noch zu Schiffe zum Handel nach Rußland zu lassen".¹⁹)

Die bei dieser Gelegenheit sich kundgebende Einigkeit zwischen dem Orden, der Kirche und den Städten war nicht von langer Dauer. Die Uebergriffe der Ritter in die Gerechtsame der Geistlichkeit und der Bürger nöthigte diese zu Gegenmaßregeln, so daß die drei Körperschaften in steter Spannung und Zwietracht lebten, welche den auf friedlichen Erwerb gerichteten Interessen des Kaufmanns nicht förderlich waren.

Die andauernde Gefährdung der Kauffahrtei nach Rußland bewog Lübeck 1280 mit den Deutschen in Wisby ein Schutzbündniß, dem später auch Riga beitrat, abzuschließen wider alle Diejenigen, welche den Handel auf der Ostsee von der Trave und Noresund bis Nowgorod erschweren und beeinträchtigen würden.²⁰) Später bewarben sich die Städte um einen sicheren Handelsweg durch schwedisches und dänisches Gebiet, da die Fahrten durch Livland in Folge der dort herrschenden Wirren immer unsicherer und beschwerlicher wurden. Im Oktober 1294 bewilligte ihnen König Erich Menwed von Dänemark sichere Fahrt durch Esthland und Wierland bis zur Narowa und zum Wolchow. Einige Monate später, im März 1295, gewährte ihnen auf Verwendung Adolfs von Nassau auch der Schwedenkönig Birger auf die Dauer eines Jahres Sicherheit für die Reise nach Nowgorod an Wiborg vorüber unter der Bedingung, daß sie an Waffen, Eisen und Stahl nur soviel als sie an eigenem Bedarf benöthigten, mit sich führten. Nachmals erneuerte König Albrecht von Nürnberg aus dem König Birger die Bitte, er möge die Lübecker frei durch seine Länder und Gewässer ziehen lassen.²¹)

Auch auf den russischen Märkten selbst waren die deutschen Kauffahrer vor willkürlicher Beschlagnahme ihrer Waaren nicht sicher, namentlich hatten sie über die Nowgoroder erneute Beschwerde zu führen, da dieselben im Jahre 1290 in den St. Petershof eingebrochen waren und die Lagerräume ausgeraubt hatten. Lübeck, Wisby und Riga schickten 1291 aus diesem Anlaß Abgesandte an den Fürsten Dimitri Alexandrowitsch, die jedoch abgewiesen wurden. Die fürstlichen Räthe erklärten den deutschen Sendboten auf deren Bitten um Gehör bei dem Fürsten, das sei unnöthig; denn sie seien des „Herrn Königs Augen, Ohren und Mund". In Nowgorod mißtraute man Dimitri, der schon einmal die Stadt hatte verlassen müssen, und die Bojaren fürchteten, sie könnten zur Herausgabe der gestohlenen Güter angehalten werden. Der Fürst ließ den deutschen

Gesandten insgeheim melden, daß die Waaren von dem Nowgoroder Raubgesindel gestohlen seien, er von denselben nichts besitze und gern bereit sei, den alten Frieden mit den Deutschen und Goten aufrecht zu erhalten.[22]

Ohne Erfolg kehrten die Boten nach Dorpat zurück, um hier ihren Bericht an die Städte über den ungünstigen Verlauf ihrer Sendung ab=abzufassen. Nach einigen Jahren suchte Dimitris Nachfolger Andrei Alexandrowitsch mit den Deutschen in Verbindung zu treten und zwar in Folge des siegreichen Vordringens der Schweden unter Thorkul Knutson, der 1299 an der Newa das feste Schloß Landskrona erbaut hatte. Im Frühjahre 1300 wandte sich Andrei in einem Schreiben mit der Bitte an Lübeck, es möge durch eine Botschaft dem Könige von Schweden wegen der Beschränkung der Fahrt auf der Newa und der Anlage von Landskrona Vorstellungen machen lassen.[23] Die Städte wollten aber zuvor die alten Verträge erneuert haben, zu welchem Zweck Lübeck, Wisby und Riga im Auftrage aller Kaufleute „lateinischer Zunge" abermals drei Boten nach Nowgorod abordneten. Andrei ertheilte ihnen in seinem und der Stadt Namen einen Geleitsbrief, in dem es u. A. heißt: „Wir geben ihnen drei Landwege durch unser Gebiet und einen vierten auf den Flüssen. Die Gäste sollen unbeschwert ziehen unter Gottes Hand und derjenigen des Fürsten und ganz Nowgorods. Sollte aber der Weg auf den Flüssen nicht rein sein, so wird der Fürst seinen Mannen gebieten, die Gäste zu geleiten".[24]

Die drei Sendboten, der Lübecker Johann Witte, der Wisbyer Adam und der Rigaer Heinrich Holste kamen wohlbehalten in Nowgorod an, aber ihre Bemühungen blieben im Wesentlichen ergebnißlos; denn Andrei hatte inzwischen Landskrona erstürmt und zerstört. Ueber Livland traten sie die Heimreise an; ihre Anwesenheit am Wolchow hatte nicht ver=hindern können, daß wiederum mehrere deutsche Kaufleute auf der Fahrt von Narwa nach Nowgorod überfallen und beraubt worden waren.

Die russischen Handelsleute zeigten sich in dieser Zeit gegen die deutschen Gäste in besonders hohem Grade verstimmt, vornehmlich wohl wegen eines Zusatzartikels zur Skra, den Lübeck im Jahre 1300 hatte aufnehmen lassen, und der dem deutschen Kaufmann verbot: Güter von den Russen zu borgen; mit denselben ein Theilhabergeschäft einzugehen; ihnen als Vermittler oder Verfrachter zu dienen. Nun wurden die Klagen der Russen über die schlechte und verfälschte Waare, namentlich Leinwand, die ihnen die Deutschen lieferten, immer lauter: man werbe in Zukunft, drohten sie, solche Waaren mit Beschlag belegen und die Verkäufer von dem russischen Markte ausschließen.[25]

Schon die älteste Skra hatte bestimmt, „daß der Fälscher oder Verkäufer von gefälschtem Leder, gefälschtem oder zu knapp gemessenem Tuch, oder wer irgend ein Gut aus seiner Art bringt, mit welcher Kunst und Behendigkeit es auch geschähe", zehn Mark Buße an St. Peter zu zahlen habe, und das „verwandelte Gut" verbrannt werden solle. Dieser Strafbestimmung ungeachtet füllte sich der russische Markt doch mit gefälschten und zu knapp gemessenen Gütern; wohl machten es die Russen nicht besser: sie lieferten gefälschtes Wachs und Pelzwerk — aber da die Nowgoroder gegen die Fälscher mit scharfen Maßregeln vorzugehen drohten, so sahen sich die Meister von St. Peter genöthigt, ebenfalls den Verfertigern und Verkäufern gefälschter Tuche strenge Strafen anzudrohen. Es ward bestimmt, „daß Tuche, die außerhalb eines Ortes, wo es keine obrigkeitliche Aufsicht und Vorschrift über deren Bereitung giebt, verfertigt werden, nicht nach Nowgorod gebracht werden dürfen."[26] Jedermann könne aber einführen: vlamländische „lakene" aus Dixmuiden, Ypern und lange märkische, auch „cappe lakene", Tuche für Geistliche und Mönche, welche vornehmlich in Köln angefertigt wurden. Verboten aber ward die Einfuhr aller minderwerthigen Tuche, welche den ächten nachgemacht, wie diese gefaltet und geschoren seien; jeder solle sich vor diesen Sachen hüten, damit er nicht zu schaden komme „sines Gudes vnde oc sines Geldes." In den folgenden Jahren schärfte man ein, in die Ballen nicht schlechtere Tuche als die zur Probe und Besichtigung aufgelegten, zu verpacken. „Wantfinder" und „Wachsfinder" wurden angestellt, die den gefälschten und schlecht gewogenen Waaren nachzuspüren hatten; der Strafe verfiel, wer den Wachswieger zu bestechen versuchte. Die ächten Tuche wurden mit Bleimarken, das unverfälschte Wachs, nachdem es gewogen, mit dem Stempel versehen. Aber die Klagen über unredlichen Handel hörten auf beiden Seiten nicht auf.

Im Sommer 1335 überbrachte Heinrich von Bocholt aus Nowgorod nach Lübeck wieder eine Reihe von Beschwerden über die russischen Geschäftsfreunde. Er beschuldigte sie des Gebrauchs falscher Maaße, Gewichte und Waagen, verfälschter Waaren, willkürlichen Preisaufschlages, Verhinderung des Marktes, Begünstigung von Dieben und anderen Uebelthätern.

Das fürstliche Gericht verfahre — lautet eine andere Klage — ungerecht gegen die Deutschen, denen auch, wenn sie bei Ausbruch eines

Krieges abreisen wollten, Hindernisse in den Weg gelegt würden. Nicht selten waren meuchlerische Ueberfälle; setzten sich die Deutschen zur Wehr und schlugen die Angreifer zurück, so machte man die ganze deutsche Gemeinde dafür verantwortlich.²⁷) Am Martiniabend 1331 kehrten einige deutsche Meister mit ihren Knappen vom St. Petershof, wo sie „ein Bier gekocht" hatten, nach dem Gotenhofe zurück; sie wurden von Russen überfallen und übel zugerichtet. Auf ihren Hülferuf liefen die Deutschen mit Knitteln und Schwertern hinzu, auf beiden Seiten gab es Verwundete, ein Russe blieb auf dem Platze. Am nächsten Morgen strömte das Volk nach dem Jaroslawhof, wohin die Leiche des Erschlagenen gebracht worden war, und verlangte die Auslieferung des Mörders. Die Deutschen forderten Gericht nach den unter Kreuzeskuß beschworenen Bestimmungen, aber davon wollte die aufgeregte Menge nichts wissen. „Die Zeit ist gekommen — rief man ihnen zu — da ihr allzumal sterben sollt." St. Peters Umfriedung ward eingerissen; Alle drängten nach den Kleten, deren Waarenlager geplündert wurden. Die Deutschen hatten sich in die Kirche ihres Schutzpatrons geflüchtet und standen bereit, ihr Leben zu vertheidigen. Endlich erscheint ein fürstlicher Beamter zu ihrer Rettung. Nach einigem Weigern liefern sie den Schuldigen aus; damit aber ist das Volk nicht mehr zu beruhigen: fünfzig deutsche Männer verlangt es als Opfer seiner Rache. In dieser höchsten Noth gelingt es den Bedrängten, ein ansehnliches Geldgeschenk dem Statthalter einhändigen zu lassen; er vermittelt und überredet die Angehörigen des Erschlagenen, sich mit einer Buße von achtzig Stück Silber zufrieden zu geben. Das Volk verwirft dieses Abkommen; abermals empfängt der Possadnik ein Geschenk von zwanzig Mark Silber und zwei Scharlachkleider, und er vermittelt von Neuem. Nach langem Feilschen über die Höhe des Lösegeldes wird ein Ausgleich vereinbart, der Todtschläger freigegeben und allen an dem „Slachtinge" betheiligt Gewesenen eine Buße von 180 Mark Silber auferlegt.²⁸)

Wenige Jahre später führte ein ähnlicher Fall zur Sperrung des deutschen Kaufhofes. Im November 1337 hatte ein gewisser Velebracht auf der Newa einen russischen Schiffer erschlagen und beraubt. Auf die Kunde von diesem Morde rotten sich die Nowgoroder vor St. Petershof zusammen, plündern die Lagerräume und bedrohen die Eingeschlossenen mit dem Tode. Drei Monate lang blieben die Deutschen von jedem Verkehr mit der Außenwelt abgeschlossen; endlich gab man auf die ernstlichen Vorstellungen der Städte Narwa, Reval, Fellin und Dorpat, daß die Kaufleute an der That des Velebracht unschuldig seien, St. Petershof wieder frei.²⁹) Aber der Verkehr nach Nowgorod wurde wegen dieser Vergewaltigung sobald nicht wieder aufgenommen. Im April 1338 versammelten sich zu Dorpat unter dem Vorsitze des Bischofs Bevollmächtigte Lübecks, Gotlands, des Großfürsten, Nowgorods und des Ordensmeisters, um in dieser Sache eine gütliche Einigung herbeizuführen. Nach längerer Berathung kamen sie überein: den Deutschen sei an dem Todtschlag keine Schuld beizumessen; ihre Güter müssen ihnen zurückgegeben werden; die Sippe des Erschlagenen habe sich wegen Entschädigung an die Verwandten des Thäters zu halten. Ueberhaupt müsse sich jeder Verletzte an seinem Gegner schadlos halten und dürfe man die Kaufleute für Todtschlag und anderen Schaden nicht verantwortlich machen. Weiter ward beschlossen, daß in allen Kriegsfällen die russischen und deutschen Kaufleute zu Wasser und zu Lande einen freien ungehinderten Weg haben sollten.³⁰) Die Verhandlungen erstreckten sich auch auf die Herstellung eines Vergleichs wegen aller Schäden, die inner- und außerhalb Nowgorods und Pskows Menschen und Gütern zugefügt worden wären, aber man konnte über diesen Punkt zu einem Einverständniß nicht gelangen. Der in Dorpat vereinbarte Vertrag ward kurz darauf in Nowgorod angenommen und beschworen; nunmehr erging an die deutsche Kaufmannschaft die Anzeige, daß die Fahrt nach Rußland wieder freigegeben sei.

Um diese Zeit erwarb Erzbischof Wassilij für die Kirche der heiligen Sophia „um hohen Preis" ein herrliches Kunstwerk aus Deutschland: die berühmten Broncethüren,³¹) welche unter Erzbischof Wichmann, dem vielgenannten Anhänger Kaiser Friederichs I., zu Magdeburg von den Erzgießern Richwin, Awram und Weismuth angefertigt worden und durch reichen figürlichen Schmuck und viele lateinische Inschriften bemerkenswerth sind. Die Nowgoroder haben es aber vorgezogen, den deutschen Ursprung dieses Kunstwerks zu verschweigen und dasselbe für eine Siegesbeute aus dem von den Russen 988 eroberten Cherson auszugeben, daher diese Thüren bis auf den heutigen Tag die Chorssunschen — die Chersonesischen — genannt werden.

Fünftes Kapitel.
Uebergewicht der Livländer auf dem russischen Markte.

Die den deutschen Kaufleuten von den Königen von Schweden und Dänemark ertheilten Freibriefe für die Fahrt nach Nowgorod gereichten den livländischen Handelsplätzen zum erheblichen Nachtheil; denn der Kauffahrer gab fortan dem Wege durch schwedisches und dänisches Gebiet den Vorzug vor dem durch Livland, in welchem ein selten unterbrochener Kriegszustand Leib und Gut gefährdete. Die Livländer bildeten in der deutschen Niederlage am Wolchow die Mehrzahl, konnten sie doch die russischen Märkte in so viel Tagen, als ihre Landsleute aus dem Reich in Wochen und Monaten, erreichen. Es war ihnen daher nicht schwer, im Hofe von St. Peter ihren Wünschen entsprechende Bestimmungen durchzubringen. Auf ihre Vorstellung beschlossen nun im Februar 1346 der Olderman und die „Weisesten" des Hofes: Niemand dürfe mit Gut „um Land", weder durch Preußen, Rußland oder Schweden reiten, noch den unerlaubten Wasserweg nach Kurland oder Oesel nehmen. Jeder habe von Riga, Reval oder Pernau auszusegeln; wer gegen diese Gebote frevle, habe Leib und Gut verwirkt. Eine andere Verordnung bestimmte: fortan dürfe Niemand mehr als einmal im Jahre mit Gütern nach Nowgorod kommen, daselbst nicht mehr als für Tausend Mark Waaren, gleichviel ob als Eigenthümer, Theilhaber oder Beauftragter stapeln, bei Verlust des Gutes an St. Peter. Wer gekünsteltes Pelzwerk — außer Herbstfelle — in Nowgorod, Pskow, Polotzk oder wohin sonst Russen zu fahren pflegen, aufkauft, geht seines Gutes verlustig und büßt an zehn Mark Silber. Die Kaufleute, welche bei Schlittenbahn kommen, sollen auch zu Schlitten abfahren, für den Fall unvermeidlicher Hinderung aber mit dem ersten Wasser. Wer zu Schiffe kommt, hat auch auf diesem Wege zurückzukehren.[1])

Später ergingen Verbote wider den Ankauf von „Overleyischen" oder „berbenterischen Tuchen", die in Flandern den in Comines und Verviers angefertigten ächten nachgemacht würden; wer solche flandrische Waaren nach Gotland, Livland oder Rußland ausführe, habe Verlust zu erwarten, da die Russen solche Tuche zurückwiesen.²) Die deutschen Kaufleute in Flandern wurden beauftragt, darauf hinzuwirken, daß die Tuche wieder nach der alten Art zubereitet würden. Die Flanderer beschwerten sich dagegen bei dem Olderman und den Meistern von St. Peter über die Livländer, welche ihnen Marder- und Zobelfelle ohne Köpfe und Pfoten zuschickten.

War den überseeischen deutschen Kauffahrern in Nowgorod die Mit= bewerbung der livländischen schon sehr unbequem, so erwuchs ihnen jetzt in den preußischen Städten ein neuer leistungsfähiger Mitbewerber auf dem russischen Markt. Seitdem die Ordensstädte durch eine enge Verbin= dung unter einander zu größerem Ansehen gelangt waren, verlangten sie Gleichberechtigung mit Lübeck und Wisby in den Höfen zu Nowgorod und Pskow, aber ohne Erfolg. Sie wurden mit ihren „polnischen" und einheimischen „oberländischen" — Marienburger — Tuchen in die deutschen Niederlagen nicht eingelassen, weil nach der Erklärung der Vorsteher von St. Peter die Einführung verschiedenartiger Tuchsorten dem Absatze des flandrischen Tuches in Rußland schädlich sein würde, wodurch sich jedoch, wie die Preußen hervorzuheben nicht ermangelten, die Lübischen Kauf= herren nicht abhalten ließen, polnische Tuche in Nowgorod feil zu bieten.³)

Der Verkehr mit den Russen erlitt in dieser Zeit häufiger denn vormals lange währende Unterbrechungen vornehmlich in Folge der anhaltenden Streitigkeiten der Ordensritter mit den russischen Machthabern. Hatten die Ritter zeitweilig die Oberhand, so hielten sich die Russen an den deutschen Kaufmannsgütern schadlos, belagerten wohl auch die Kaufhöfe und gaben die eingeschlossenen Handelsleute erst nach langen Unterhand= lungen gegen schweres Lösegeld frei, wie es 1362 zu Pskow⁴) und kurze Zeit nachher in Nowgorod geschah.

Um 1370 ward St. Petershof von den Deutschen wegen gegen sie verübter Gewaltthätigkeiten geschlossen. Die Urkundentruhe und der Geld= kasten wurden nach Dorpat gebracht, wo Sendboten aus Lübeck und Wisby anlangten, um neue Vereinbarungen für den Handel mit Rußland zu treffen; zugleich hielt man es für angezeigt, die alte „Skra von Nau= garden" den veränderten Verhältnissen entsprechend umzuschreiben.⁵)

Der Versuch, mit Nowgorod einen neuen Vertrag abzuschließen, mißlang, weil sich die Vertreter des Freistaats weigerten, **allen** lateinischen Kaufleuten zu Lande und zu Wasser freie Fahrt zu verbriefen; womit sie vornehmlich die livländischen und esthländischen Städte zu treffen meinten.

Die überseeischen Kauffahrer hatten auch wenig Veranlassung, sich um deren Zulassung besonders zu bemühen, denn die Livländer waren schon seit lange bestrebt, die Kaufleute aus dem Reiche von dem unmittelbaren Kaufschlag mit den Russen auszuschließen. Riga, Reval, Dorpat, Pernau befanden sich aber jetzt in großer Bedrängniß; denn ihre Speicher waren in Folge der Handelssperre gegen Rußland mit Waaren überfüllt und hatten die Vormächte das Verbot ergehen lassen, daß Niemand aus den livländischen Häfen russisches Gut verfrachten dürfe.[6]) Auf dringendes Ersuchen der Livländer fand im Jahre 1371 zu Neuhausen eine Zusammenkunft mit Sendboten Nowgorods statt, die jedoch nur zu einem Waffenstillstande führte, welcher indeß auf Anrathen Lübecks später verlängert wurde. [7])

Lübeck beobachtete in dieser Angelegenheit eine große Zurückhaltung; es waren beim lübischen Rath durch einen Abgesandten des Hofes von St. Peter, den Johann Niebur, vielerlei Beschwerden über das Gebahren der Livländer vorgebracht worden: Einige hätten trotz der Sperre mit den Russen Kaufschlag getrieben; selbst Sendboten der Städte hätten versucht, auf eigene Rechnung Geschäfte zu machen. Gegen diese Ungebühr waren die Meister des Hofes eingeschritten, und sie hatten die Genugthuung, daß die zur Untersuchung der Anklagen an Ort und Stelle entsandten Boten von Lübeck, Wisby, Riga, Dorpat und Reval ihr Verhalten billigten. In der Folge erging das Verbot: Kein nach Nowgorod geschickter Städtebote darf weder für sich noch für die Seinigen Kaufmannschaft treiben; niemand darf sich Briefe auswirken, durch welche der deutsche Kaufmann beschwert werden könnte. Sodann ward die Anstellung eines zweiten Oldermans für den Hof beschlossen gegen die Stimme Rigas, dessen Vertreter die Ernennung von drei Olderleuten, davon einer rigischer Bürger sein sollte, beantragt hatte.[8])

Die Livländischen Städte waren mit diesen, von Lübeck und Wisby begünstigten Beschlüssen sehr unzufrieden, und nahm ihr Mißvergnügen erheblich zu, als sie die Mahnung erhielten, die Kosten der auf ihren Antrag erfolgten Sendung der lübischen und gotländischen Sendboten zu erlegen. Sie mußten, da sie nicht zahlen konnten, 1381 an Lübeck eine Schuldverschreibung in Höhe von tausend Mark ausstellen,[9]) und als sie die Einlösung derselben hinausschoben, empfingen sie nach zwei Jahren einen dringenden Mahnbrief.¹⁰)

Im Jahre 1385 wurden Pskow und Nowgorod von furchtbaren Feuersbrünsten heimgesucht; am Wolchow ward die ganze Handelsseite mit allen Waarenlagern in Asche gelegt, auch St. Petershof nicht verschont. Was die Flammen nicht zerstörten, fiel den Dieben in die Hände, welche namentlich die Deutschen ausplünderten. Da diese ihre Habe mit Nachdruck vertheidigt hatten, geriethen sie in der Folge mit den Stadtbehörden in Unfrieden, zu dessen Ausgleichung es jahrelanger Verhandlungen bedurfte. Die Hansa ließ den Nowgorodern erklären, daß, wenn die ihren Kaufleuten ertheilten Freiheiten und Vorrechte nicht fortdauern könnten, der Handel vom Wolchow nach Dorpat verlegt werden würde;¹¹) diese Drohung verfehlte ihren Zweck. Die Russen weigerten sich, für die bei dem Brande gestohlenen Güter vollen Schadenersatz zu leisten: in Folge dessen verwarf der Städtetag zu Dorpat 1389 eine von den beiderseitigen Bevollmächtigten 1388 zu Nowgorod getroffene Vereinbarung und verbot die Fahrt nach Rußland, namentlich aber die Ausfuhr von Gold und Silber dorthin.¹²) Ein Kaufmann, der diesem Verbot zuwider auf dem Landwege Silber über die russische Grenze gebracht hatte, wurde der hansischen Rechte für verlustig erklärt.

Die Russen hätten sich mit den überseeischen Städten gern ausgesöhnt, konnten sich aber mit den livländischen nicht verständigen. Auf dem im September 1389 in Lübeck abgehaltenen Städtetage erstattete der Sendbote Dorpats, Albert Oltbrekenvelt, Bericht über den Stand der Sache und die Versammlung erklärte,¹³) man werde sich weiter äußern, wenn sich die Russen bereit finden ließen, den Livländern für die erlittene Schande und zugefügten Schaden Genugthuung zu geben. Noch zwei Jahre vergingen, bevor es zu einem Einverständniß kam. Im October 1391 versammelten sich zu Isborsk Bevollmächtigte der Hansa und Nowgorods und vereinbarten namentlich unter dem Einfluß des inzwischen zum Bürgermeister von Lübeck erwählten Johann Niebur, einen Friedensvertrag, der 1392 in Nowgorod von beiden Seiten unterzeichnet wurde.¹⁴) Im Wesentlichen enthielt derselbe nur die Bekräftigung der früheren Verträge; beide Theile waren übereingekommen, das Geschehene als nicht geschehen zu betrachten.

Die preußischen Städte, welche nicht als Mitglieder der Hansa, sondern als Unterthanen des Ordens an den Verhandlungen mit den Russen theilnahmen, stimmten dem Vertrage nicht zu,¹⁵) weil man sie nicht als Gleich=

berechtigte in Nowgorod aufnehmen wollte. Zwar hatte der Städtetag zu Stralsund 1385 erklärt, daß Jedem, der zur Reise gehöre, in St. Peter gleiche Gunst widerfahren solle, aber dessen ungeachtet beschlossen die Städteboten zu Lübeck am 1. Mai 1388: die preußischen Kaufleute könnten zwar nach Nowgorod kommen, dürften aber weder Güter eines geistlichen oder weltlichen Herrn mit sich führen, noch mit Geldern von Nichthansen Handel treiben. Als nun Lübeck die Zustimmung der Preußen zu den von der Hansa verfügten Maßregeln wider die Russen verlangte, machten jene dieselbe davon abhängig, daß ihnen am Rechte in Naugard gleicher Antheil, wie den anderen gewährt und ohne ihr Wissen und Willen daselbst kein Gesetz und Gebot erlassen würde; „nur ein so vereinbartes Gebot — erklärten sie — wollen wir halten". Sie mißtrauten den Lübeckern derart, daß sie der officiellen Mittheilung, in Isborsk sei die Gleichberechtigung der Preußen anerkannt worden, keinen Glauben schenkten. Die Ordensstädte verlangten Abschrift der neu erworbenen Privilegien, sowie der Skra, außerdem unbedingte Annahme der drei von ihnen schon so oft gestellten Forderungen: das Recht sowohl, einen eigenen Olderman wie einen Priester, die an allen Berathungen theilnehmen könnten, in Nowgorod einzusetzen; auch zu Lande dorthin Handelsfahrten unternehmen, und endlich gleich den Lübeckern polnisches Tuch einführen zu dürfen. Der Hochmeister erklärte seinerseits: er werde den Frieden nur dann genehmigen, wenn seine Diener, die des Ordens Güter verkauften, in Nowgorod das Kaufmannsrecht genössen. Lübeck ging auf diese Bedingungen nicht ein; die preußischen Kaufleute erlangten nichts weiter als die Erlaubniß, im Hofe von St. Peter Kaufschlag treiben zu dürfen, von der Verwaltung der Niederlage blieben sie ausgeschlossen, wie auch die handeltreibenden Diener des Ordens die Kirche von St. Peter nicht betreten durften.[16])

Der Vertrag von Isborsk sollte den hanseatischen Kaufleuten insofern theuer zu stehen kommen, als die Städte durch ihre Sendboten in Dorpat beschlossen, zur Bestreitung der Unkosten für die Reise der dazu Bevollmächtigten jedem Besucher des Nowgoroder und Pleskower Kaufhofes einen Schoß aufzuerlegen, der bei dem ersten Wasser und zu Martini an die livländischen Städte entrichtet werden sollte.[17]) Die Olderleute und Meister lehnten sich aber gegen diese Besteuerung auf und erklärten, den Schoß nicht eher abzuführen, bis die St. Peterskirche wieder unter Dach sei. Die Wiederherstellung der durch den Brand von 1385 zerstörten Gebäude nahm viele Jahre in Anspruch, in der Zwischenzeit hatten die

Deutschen sich in dem von seinen Eigenthümern nur noch spärlich besuchten Gotenhofe niedergelassen.[18] Die Gotländer aber scheinen damit nicht ganz einverstanden gewesen zu sein; auf Anregung Lübecks sandten Livland und Nowgorod Abgeordnete nach Wisby, welche sich mit dem dortigen Propst und dem Domcapitel über die Benutzung des Gotenhofes verständigen sollten, „damit derselbe nicht denen von Gotland oder den deutschen Kaufleuten abhanden komme." Am 24. Juni 1402 wurde folgende Uebereinkunft getroffen: Die Deutschen bleiben noch zehn Jahre im Besitz des Hofes, wollen die Goten ihn dann wieder abnehmen, so haben sie und die deutschen Kaufleute je zwei Deutsche und je zwei Russen zu wählen, um durch diese acht Personen die von den Deutschen aufgeführten und in Stand erhaltenen Gebäude abschätzen zu lassen und den abgeschätzten Preis dafür zu bezahlen. Gotischen Kaufleuten, die sich im Nowgorodschen Gebiet niedergelassen haben, wird gestattet, schon innerhalb dieser zehn Jahre in dem Hofe ihren Stand zu nehmen.

Im Jahre 1414 bestätigte Olaf Thomassen, Bevollmächtigter der Goten und von ganz Gotland, dem Revalschen Rathe den Empfang von vierzig Mark rückständiger Miethe für den Gotenhof, auch schloß er mit dem Rathe einen neuen Vertrag, welcher dem „gemeinen deutschen Kaufmann" die Benutzung des Hofes um fünf Mark jährlichen Zinses zusicherte.

Die Russen hatten sich seit Jahrhunderten nicht mehr an der Kauffahrtei über See betheiligt, um so begreiflicher war das Befremden der Deutschen, als sich wieder russische Schiffe an den baltischen Küsten zeigten. In Preußen besonders konnte man sich der Besorgniß über die unliebsamen Ankömmlinge nicht entschlagen; im December 1398 erging vom Hochmeister des deutschen Ordens das Ersuchen, den Russen, „welche gegen ihre frühere Gewohnheit mit ihrer Waare zur See zu fahren beginnen," die preußischen Häfen zu verschließen, dasselbe werde auch mit den livländischen geschehen, „um Verluste des deutschen Kaufmanns zu verhüten."[20] Sobald die Nowgoroder von dieser Maßregel hörten, bedrängten sie zur Widervergeltung die deutschen Besucher ihres Marktes und trieben, wie die Pskower, Kaufschlag, ohne sich an das „Kaufmannsrecht" zu kehren. Um 1400 erging daher von Livland aus ein Verbot an alle Hansen, bei Leib und Gut, im Großen und im Kleinen, jeden Handel mit den Russen zu vermeiden.[21] Derartige Verordnungen hatten jedoch ihre Wirkung längst eingebüßt, seitdem sich immer mehr herausstellte, daß dieselben zumeist im alleinigen Interesse der Livländer erlassen waren. So hatten die preußischen Kaufleute, denen Lübeck und sein Anhang die Schifffahrt auf jede Weise erschwerte, nach Herstellung friedlicher Zustände in Litthauen durch den Großfürsten Witowt, auf dem Landwege den Verkehr mit Rußland zu unterhalten; sie waren über Memel und Polangen am Strande nach Riga und von dort nach Nowgorod gezogen, oder hatten auch, ohne Livland zu berühren, über Wilna die russischen Märkte zu erreichen gewußt. Diese Fahrten wurden ihnen jetzt von den Livländern untersagt, angeblich wegen Begünstigung der Einfuhr verbotener Waaren nach Rußland und weil sie dem herkömmlichen Tauschhandel zuwider ihre Einkäufe mit Gold und Silber bezahlten. Wurden hansische Güter auf dem Landwege betroffen, nahmen sie die Livländer in Beschlag.

Alle Versuche, auf gütlichem Wege die Aufhebung dieser Beschränkungen zu erzielen, blieben erfolglos; die preußischen Kaufleute sahen sich daher genöthigt, auf die Landfahrten nach Nowgorod und Pskow zu verzichten, was später zur Folge hatte, daß der unternehmungslustige russische Kaufmann nach Preußen kam und seine Einkäufe machte. Danzigs verschlagene Bürger wußten die hansischen Sperrmaßregeln mit Hülfe ihrer Geschäftsfreunde in den schwedischen Hafenplätzen zu umgehen und betrieben auf diese Weise einen gewinnbringenden Schmuggelhandel mit Nowgorod. Der vortheilhafteste Verkehr mit Rußland eröffnete sich jedoch für Danzig, seit der von dem Großfürsten Witowt begünstigten Errichtung des Kaufhofes zu Kowno (Kauen) in Litthauen, wo die Danziger lange Zeit ohne jeden erheblichen Mitbewerb blieben.[22])

Im Jahre 1406 war die Lage der Deutschen am Wolchow wieder derart gefahrdrohend, daß Dorpat es für gerathen hielt, die Vorsteher des Kaufhofes anzuweisen, den Kirchenschatz einzupacken und nach Reval in Sicherheit zu bringen.[23]) Um die Russen zu täuschen, wurden „sankte Peters gesmide" in eine Tonne gepackt, sie enthielt: 6 silberne Schalen, 4 silberne Becher, 1 goldene Dose, 16 Stück Silber, 6 Nobel, 1 Dronard, 4 Goldgulden, 1 rheinischen Gulden, 1 vergoldete „Busse" vom heiligen Leichnam, 1 vergoldeten Kelch, 1 Chorkappe, 1 weißseidenes Chorgewand, 1 blauseidenes Chorgewand, 1 neues Goldgewand, 1 altes Chorgewand, 2 Ellen weiße Seide, 10 Kirchenbücher, 1 deutsches „Denkebok", 1 Briefbuch, 1 russisches „Denkebok", 1 Rechenschaftsbuch, 1 St. Petersbuch; 1 Schrein mit Briefen[24]) von den Städten; die beiden Siegel St. Peters.

Die „besonderlichen leven Brunde" werden gebeten, Alles zu „trever Hand to des Kopmanns behof" aufzubewahren, bis der Kaufmann es wieder begehrt, damit es nicht „verbistert", zerstört werde. Nach kurzer Zeit warb das Siegel und die Skra von Dorpat zurückverlangt, doch während die Stadt noch mit Reval über dieses Verlangen Briefe austauscht, trifft schon die Nachricht ein, der Kaufmann habe den Handel mit den Russen abgebrochen, weil der Salzkauf in Nowgorod verboten worden sei wegen des in Livland üblichen schlechten Gewichts. Nicht lange darauf nahmen die Russen den Deutschen 11 Tonnen Pelzwerk weg und brachten sie in der Johanniskirche in Sicherheit; wegen dieser Gewaltthat verhängten die Städte die Handelssperre, mußten aber zu ihrem Verdruß erfahren, daß sich die Beschädigten, ohne Rücksicht auf die hansische Verordnung zu nehmen, mit den Russen verglichen hatten. Nun hielten es die Olderleute und Meister des Hofes an der Zeit, St. Peters Geschmeide von Dorpat zurückzufordern.[25])

Der für den Orden so unglückliche Ausgang der Schlacht bei Tannenberg (15. Juli 1410), in welcher die Blüthe der deutschen Ritterschaft der Uebermacht von Polen, Litthauern und Russen erlag, wirkte auch im hohen Grade nachtheilig auf den Handel nach den slavischen Ländern ein.[26]) Seit jenem Tage hatte der deutsche Kaufmann mehr denn je zuvor unter der Anmaßlichkeit und Wortbrüchigkeit der russischen, litthauischen und polnischen Händler zu leiden. Nowgorod hatte sich zwar, entgegen einer früheren Uebereinkunft mit dem Großfürsten Witowt, an dem Zuge nach Tannenberg nicht betheiligt, — es ward deßwegen von Witowt mit Krieg bedroht, verständigte sich mit ihm jedoch gütlich, wobei es sich ausdrücklich die Freiheit, nach eigenem Ermessen über Krieg und Frieden zu entscheiden, vorbehielt — aber dennoch merkten die Deutschen bald, daß die Niederlage des Ordensheeres auch den nationalen Hochmuth ihrer nowgorodschen Geschäftsfreunde mächtig gesteigert hatte.

In diese Zeit fällt eine bedeutsame Neuerung in dem deutsch-russischen Handelsverkehr. Obwohl die Russen schon seit den Tagen Ruriks den Werth des Metallgeldes kannten, und, neben mohamedanischen und byzantinischen Münzen, auch Kiewer und Nowgoroder Griwnen, sowie Viertelgriwnen, Rubel genannt, im Umlauf waren, so hielt das Volk doch mit Zähigkeit an dem uralten Ledergeld fest, daher denn die Prägung von Metallgeld auf lange Zeit unterblieben zu sein scheint. Erst im Jahre 1411 erhielten die Nowgoroder Kaufleute die Erlaubniß, **deutsches** Geld anzunehmen, und neun Jahre später ließ die Stadt wieder eigenes Metallgeld prägen, welchem Beispiel Pskow nach vier Jahren folgte. Aber auch dieses neue Zahlungsmittel sollte dazu beitragen, den Haß der Russen gegen die Deutschen noch zu schüren. Einige Jahre nach seiner Einführung ward von Livland aus die Pest nach Rußland eingeschleppt, welche besonders Nowgorod und Pskow schwer heimsuchte. Die schnelle Verbreitung der Seuche ward dem Verkehr mit baarem Gelde zugeschrieben. Das Volk verweigerte die Annahme solcher Münze und forderte die Beibehaltung des Ledergeldes, welches dann auch bis auf Peter den Großen im Umlauf blieb, der durch Ukas vom 8. März 1700 seine fernere Verwendung untersagte.[27]

Der durch die Einführung des neuen Zahlungsmittels verschärfte Unfriede zwischen den beiden Nationen führte 1417 zu neuem Abbruch aller Verbindungen; die Versuche, dieselben wieder herzustellen, scheiterten und 1418 untersagte die Hansa den Livländern streng, auf eigene Hand den Verkehr mit Rußland wieder aufzunehmen, „weil die Russen die Deutschen in Nowgorod nicht leiden wollten, sollte auch in livländischen Städten bei Strafe von hundert Mark kein Russe geduldet werden."[28] Im folgenden Jahre ward endlich an den Ufern der Newa zwischen dem livländischen Ordensmeister und dem Statthalter von Nowgorod der Friede auf Grund der alten Vereinbarungen geschlossen. Die Narowa sollte fortan die Grenze zwischen dem deutschen und russischen Gebiet bilden; jenseits des Flusses war es den Deutschen verboten, Holz zu fällen oder Gras zu mähen; sie mußten sich verpflichten, weder Korn aus Wiborg und Reval zu Lande nach Rußland einzuführen, noch den schwedischen Truppen den Durchzug zu gestatten; den russischen Kaufleuten ward für die Reise und den Handel nach Livland „ein reiner Weg bewilligt."[29]

Aber kaum war in Nowgorod die Vertragsurkunde ausgewechselt worden, als auch die Russen schon wieder zu neuen Gewaltthaten schritten. Da hansische Kaper ein russisches Schiff „wegen gewohnheitswidriger Segelation" aufgebracht und nach Wismar geschleppt hatten, überfielen die Nowgoroder St. Petershof, warfen einige Meister in Fesseln und nahmen deren Waaren in Beschlag.[30] Ihre Wuth war diesmal so hochgradig, daß sie einen der Ihrigen, der sich erboten hatte, einen Brief des Kaufmanns Hans von Sundern nach Deutschland zu befördern, an den Thürpfosten des deutschen Hofes aufknüpften.[31] Wieder vergingen einige Jahre bevor der Streit geschlichtet wurde; im Februar 1424 traf eine hansische Gesandtschaft am Wolchow ein, welcher von Seiten Nowgorods gegen die Herausgabe der in Wismar zurückgehaltenen russischen Güter die Freilassung der eingekerkerten deutschen Kaufleute, sowie Abhülfe der vorgebrachten Beschwerden zugestanden wurden.[32]

Ungeachtet dieser beständigen Gefahren und Hindernisse, denen der

Handel nach Rußland ausgesetzt war, wachten die Hansen mit eifersüchtigen Blicken über die Aufrechthaltung ihres Monopols. Keine andere Nation sollte zur See mit den Russen in Verbindung treten; besonders aber waren sie bestrebt, die Holländer von der Küste Livlands fern zu halten. Auf den Städtetagen von 1425 und 1426 ward beschlossen, daß kein Niederländer auf einem hansischen Contor zugelassen, Keinem derselben in Livland die russische Sprache gelehrt, kein hansisches Schiff mit holländischem Gut befrachtet und das letztere in den Bundesstädten nicht verkauft werden dürfe.[33]) Diese Beschlüsse entsprachen aber durchaus nicht den Interessen der Livländer, die nach Holland einen lebhaften Verkehr unterhielten,[34]) den Lübeck indeß mit allen Mitteln zu unterbinden suchte, indem es sich auf die alten Verbote berief, welche den ostseeländischen Kaufleuten die Fahrt über die Trave hinaus durch den Sund untersagten. So verschärfte sich die Rivalität zwischen der Mutterstadt und den Töchterstädten von Jahr zu Jahr; im Bewußtsein, daß ohne ihre thatkräftige Mitwirkung die hansischen Vorrechte auf dem russischen Markte nicht behauptet werden konnten, lehnten sich Riga, Dorpat, Reval immer entschiedener gegen die Bevormundung durch Lübeck und seinen Anhang auf. An der Trave mußte man sich, wenn auch widerstrebend, in die Nothwendigkeit fügen, den Livländern größere Befugnisse einzuräumen; denn man konnte sich der Einsicht nicht länger verschließen, daß die Eintracht mit den kriegsgerüsteten Ordensrittern, deren Meister für die Rechte des deutschen Kaufmanns den Russen gegenüber so oft eingetreten waren und mit den livländischen Städten die erste Vorbedingung für die Bewahrung des alten Uebergewichts auf dem russischen Markte sei. Bei den veränderten Machtverhältnissen im Osten bedurfte es jetzt schnellerer Entschlüsse und rascheren Handelns als ehedem, und, wer war besser dazu geeignet, dem deutschen Kaufmann am Wolchow und an der Welikaja[35]) im rechten Augenblick mit Rath und That zu Hülfe zu kommen als die livländischen Bundesstädte, die in wenigen Tagereisen von Nowgorod oder Pskow zu erreichen waren? Die Livländer hatten in dieser Zeit vorwiegend die Unterhandlungen mit den Russen zu führen, fehlte es doch bereits 1435 in Lübeck an Rathsherren, die mit der Titulatur der nowgoroder Würdenträger bekannt waren.[36]) Auf dem in diesem Jahre abgehaltenen Städtetage erhielten die livländischen Städte den Auftrag, mit Nowgorod wegen eines neuen Vertrages in Verbindung zu treten; doch sandte Riga seinen Vertragsentwurf an Lübeck mit der Bitte, denselben durchzusehen und zu verbessern.[37]) Nicht lange darauf übertragen aber die zu Stralsund versammelten Rathssendboten die oberste Leitung der Nowgorodschen Angelegenheiten in aller Form der Vormacht an der Trave, welche indeß im Jahre 1442 in richtiger Würdigung der allgemeinen Verhältnisse an die Olderleute und Meister von St. Peter die Weisung ergehen läßt: den gemeinsamen Anordnungen der Bundesstädte Riga, Reval und Dorpat unbedingte Folge zu leisten, in allen bringlichen Fragen aber die Meinung des Rathes von Dorpat einzuholen.[38])

Die Livländer säumten nicht, die ihnen solchergestalt eingeräumte bevorzugte Stellung zu ihrem Nutzen nach besten Kräften zu verwerthen. Auch ohne Vollmacht trafen sie im Namen der dreiundsiebzig Städte Vereinbarungen mit den Russen, die vorwiegend ihrem Sonderinteresse entsprachen, schlossen und öffneten sie den Handel nach Rußland, ohne Rücksicht auf die überseeischen Hansen.[39]) Die Folge war eine fortdauernde Spannung zwischen den livländischen und den wendischen Städten, die von Zeit zu Zeit in schweren gegenseitigen Beschuldigungen nach Außen hin zum Ausdruck kam. Sie überbieten sich in Warnungen und Geboten wegen des Handels nach Rußland; Lübeck erneuert sein von den Livländern so oft außer Acht gelassenes Verbot, bei Leibesstrafe nur baar gegen baar mit den Russen zu handeln.[40]) Bald jedoch sahen sich die Städte genöthigt, ihren inneren Hader fahren zu lassen und Schulter an Schulter gegen die Russen Front zu machen.

Die Nowgoroder gebärdeten sich in diesen Jahren herausfordernder denn jemals allen Fremden gegenüber und zwangen durch ihre Anmaßlichkeit und Ruhelosigkeit die benachbarten Fürsten zu kriegerischen Gegenmaßregeln.[41]) Wie weit sie in ihrem Uebermuth zu gehen wagten, zeigten sie dem König Erich VII. von Skandinavien, von dem sie die Herausgabe aller von seinen Vorfahren den Russen abgenommenen, zum Christenthum bekehrten Länder forderten; weigere er sich dessen und schlösse kein Bündniß mit Nowgorod, so habe er den Krieg zu gewärtigen.

Als Prinz Eberhard von Cleve 1438 von Livland aus durch Rußland nach Palästina ziehen wollte und mit Empfehlungen des Hochmeisters an den Fürsten der Stadt sich Nowgorod näherte, zwang man ihn durch Beleidigungen und Drohungen zur schleunigen Rückkehr nach Riga. Im nächstfolgenden Jahre rottete sich das Volk vor dem Gotenhofe zusammen, weil der Knecht des Hofes bei Ausbesserung der Umzäunung die Thürpfosten einen halben Schuh breit über die Grenze gerückt hatte: der Aermste wird, weil er „ihnen auf schmähliche Weise die Erde abgestohlen", ergriffen, um an dem Pfosten aufgehängt zu werden, als die Olberleute aus der Michaelerstraße sich seiner annahmen und ihm das Leben retteten, doch durfte er Monate hindurch sich ohne starke Bedeckung nicht über die Straße wagen.⁴²)

Durch zehnjährige Theuerung zur Verzweiflung getrieben, empörte sich das Volk im Jahre 1442; mit wahnsinniger Grausamkeit begannen die Unglücklichen gegen Jeden zu wüthen, der ihnen den geringsten Verdacht an ihrem Elend schuld zu sein einflößte. Viele wurden der Mordbrennerei angeklagt und ohne Verhör zu qualvollem Tode verurtheilt: ersäuft, gesteinigt oder lebendig verbrannt. „Wehklagen und Jammer, schreiben die Chronisten, ertönten auf den öffentlichen Plätzen und auf den Straßen. Wer es noch vermochte, ging, um dem Hungertode zu entfliehen, nach Litthauen, Livland oder Pskow und verkaufte sich, um Brod zu haben, in die Sklaverei. Kein Recht ward mehr gehandhabt, weder in den Gerichten, noch in der Stadt. Rechtsverdreher, falsche Zeugen, Räuber standen auf; unsere Aeltesten verloren ihre Ehre und wir wurden den Nachbarn zum Spott."⁴³)

Die deutschen Kaufleute hatten ebenfalls die Volkswuth erfahren, die Höfe wurden ausgeplündert und ihre Bewohner gefangen gesetzt. Das wirksamste Mittel, die Nowgoroder wegen der an den Deutschen verübten Gewaltthätigkeiten zu strafen, wurde nun zur Anwendung gebracht. Der Ordensmeister Vincke, welcher noch die dem Prinzen von Cleve widerfahrene Unbill zu rächen hatte, verständigte sich mit der Hansa, und es erging ein strenges Verbot, nach Nowgorod Korn einzuführen, auch jede Art von Kaufschlag mit den Russen zu unterlassen.⁴⁴) Bald knüpften die Nowgoroder mit dem Orden Friedensverhandlungen an, die sich jedoch zerschlugen, da jene die Aufnahme der dreiundsiebzig Hansastädte in den Frieden verlangten, was der Unterhändler des Ordens, der Comtur von Reval, nicht zugestehen wollte, da ihm die Vollmacht dazu fehlte. Der Ordensmeister hatte die Städte um ihren Rath wegen der Friedensbestimmungen ersuchen lassen, erhielt jedoch eine ausweichende Antwort, denn man wollte die Angelegenheiten der Städte nicht mit der Ordenssache vermengen⁴⁵) lassen.

So kam es 1444 zu einem zweijährigen Beifrieden zwischen dem Orden und Nowgorod, der Vincke jedoch nicht abhielt, alle nach Rußland führenden Straßen zu sperren gegen den Wunsch der Livländer, die das Verbot der Pskowfahrt für unthunlich und schädlich erachteten. Der Meister hatte sich aber des Beistandes von Dänemark, Schweden und Norwegen zu versichern gewußt, so daß der Freistadt am Wolchow auch von diesen Ländern jede Kornzufuhr vorenthalten blieb; Lübeck billigte Vinckes Maßregeln in Anbetracht, daß „dieselbigen Großnowgarter itczunt großen Hunger, smacht, Kommer und gebrech Kornes halber leben" — und sich daher um so eher fügen werden.⁴⁶) Indeß sah man sich in dieser Erwartung betrogen; denn das Jahr 1447 brachte einen erbitterten Krieg zwischen dem Orden und Nowgorod. Der Hochmeister wandte sich mit der Bitte an den Papst: er möge den Kampf zur Demüthigung des ungläubigen Volkes mit dem im Ordenslande gesammelten Ablaßgelde unterstützen.⁴⁷) In Deutschland wurden Fürsten und Ritter zum Heerzuge wider „die gotlosen Abtrünnigen an den Ufern des Wolchow" aufgeboten. In allen Conventen des Landes wurden feierliche Gebete und Umzüge veranstaltet, „auf daß Gott durch solch inniges Gebet gesanftmüthiget den Seinen wider die abgeschnittenen Russen und des Kreuzes Christi Feinde seinen göttlichen Sieg verleihe." Aber noch bevor die Hülfe aus dem Reiche kommen konnte, waren die verbündeten Livländer, Preußen und Schweden überfallen und aufgerieben worden.⁴⁸)

Dieser unglückliche Ausgang des mit so großen Hoffnungen eröffneten Krieges ließ dem Hochmeister bereits keinen Zweifel mehr, „daß Livland sich allein gegen Rußland nicht werde halten können."⁴⁹) Am 25. Juli 1448 ward der Frieden zwischen dem Orden, Nowgorod und Pskow auf fünfundzwanzig Jahre geschlossen; die Hansastädte hatten an den Verhandlungen nicht theilgenommen, weil sie durch unmittelbar mit den Nowgorodern und Pskowern geführte Unterhandlungen größere Vortheile für sich zu erlangen hofften. Aber der von den livländischen Städten von Narwa aus gemachte Versuch, zu einem Einverständniß mit den Russen zu gelangen, scheiterte; in Folge dessen ward das Verbot der Nowgorodfahrt erneuert. Lübeck, welches das Vorgehen der Livländer gebilligt hatte, nahm jetzt aber die Verhandlungen selbst in die Hand. Unterm 9. November 1448 richtet es ein Schreiben an den Burggrafen, Herzog, Rath und Gemeinde zu Großnowgorod, in welchem es als „een hovet der tvende und sewentid stede" unter Hinweis auf „de guden olden, de dat cruce gekusset habben" sich beklagt, daß der deutsche Kaufmann ungeachtet aller Kreuzküssung in Nowgorod niemals mehr Schirm und Schutz gefunden habe. Falls Nowgorod den „dutschen copmann bii der olden crutzenkussing vnde vryheyden laten wolle", erklärt sich Lübeck bereit, Rathssendboten nach Livland zu schicken, die dort im Einvernehmen mit den livländischen Städten mit Abgeordneten Nowgorods unterhandeln und das Kreuz von Neuem küssen sollen. Mit diesem Schreiben ward der Bote Hartwig an den Wolchow gesandt; er überbrachte zugleich eine Abschrift davon dem Erzbischof von Nowgorod, den der Rath in einer besonderen Zuschrift vom 28. Oktober 1448 bat, er möge dem Ueberbringer einen Dollmetscher zu der Unterredung mit den Vertretern der Stadt mitgeben und die Antwort derselben auf das Lübische Anschreiben übersetzen⁵⁰) lassen. Dieses Hervortreten Lübecks mißfiel aber den Livländern; ihre zu Wolmar versammelten Sendboten gaben die Erklärung ab, daß nach ihrer Erfahrung — na guder vorfaringe be wir darinne hebben — die in Aussicht genommene Gesandtschaft keinen Erfolg haben werde, wenn nicht Vorbesprechungen stattfänden. Lübeck möge Nowgorod anzeigen, daß es um schwerer Fehde willen keinen Gesandten ausfertigen könne und die livländischen Städte mit den Verhandlungen betraut habe.⁵¹) Und wirklich ertheilt Lübeck an Riga, Dorpat und Reval die erbetene Vollmacht, von der es auch den Erzbischof von Nowgorod in Kenntniß setzt.⁵²) Im Jahre 1450 vereinbarten die livländischen Sendboten⁵³) einen nicht allzugünstigen Beifrieden auf 7 Jahre mit den Nowgorodern, und treffen die Städte Anordnungen, um den neu eröffneten Handel mit Rußland in die alten gesetzlichen Bahnen zu lenken. Im nächstfolgenden Jahr verständigt sich auch Lübeck mit den Livländern wegen der Nowgoroder Verhältnisse, namentlich in Betreff der nie aufhörenden Klagen von Russen und Deutschen über Lieferung gefälschter und zu schlecht gewogener Waaren; an den Kaufmann ergeht die Weisung: die ergangenen „Ordinancien" streng zu beobachten.⁵⁴) Im Jahre 1453 wurden beide Höfe, der von St. Peter und der von St. Olav durch Feuer zerstört und ward eine Besteuerung der Einfuhr zur Bestreitung der Kosten des Wiederaufbaues beschlossen und an die bei der Rettung von St. Peters Kleinodien betheiligt Gewesenen eine Spende von fünfzig Stück Silber gezahlt.⁵⁵)

1457 lief der Beifriede ab und drängten daher die Livländer um Entsendung von Abgeordneten nach Nowgorod, „möge sie kosten, was sie wolle"; denn sonst werde der Hof geschlossen. Die Gesandtschaft, der zugleich aufgetragen wurde, das Verbot des Dobbelspiels in die Skra einrücken zu lassen, erreichte nur die Verlängerung des Friedens um ein Jahr. Am 6. Februar 1458 erging in Folge dessen die Weisung an den Hofknecht Gottschalk von Harden, er möge die Kaufleute auf den zu Johannis erfolgenden Ablauf des Beifriedens heimlich aufmerksam machen und sie anhalten, daß sie Nowgorod, ohne Aufsehen zu erregen, verlassen;

das nach Ostern ankommende Gut soll er in der Kirche bis zur Ankunft städtischer Gesandten bergen.⁵⁶)

Es bedurfte abermals langer Zeit, bevor sich die Städte wegen der Entsendung neuer Boten nach Nowgorod einigten; Lübeck stellte die Regelung der Angelegenheit den Livländern anheim und so beschloß der Städtetag zu Wolmar, daß die in Riga befindlichen russischen Vertragsurkunden von den durch Dorpat und Reval zu stellenden Dolmetschern verdeutscht werden sollen.⁵⁷) Die Beziehungen zwischen den Livländern und den überseeischen Hansen wurden von Neuem getrübt, als Riga ein Verbot erließ gegen den unmittelbaren Kaufschlag zwischen Gast und Gast, also verhinderte, daß die Kaufleute aus dem Reich in Livland mit den Russen ohne Vermittelung der Livländer Geschäfte machten. Lübeck verlangte die Zurücknahme der Verordnung, aber Riga lehnte eine solche Zumuthung entschieden ab und hielt das Verbot allen Einwendungen zum Trotz aufrecht.

So trat der Widerstreit der Interessen zwischen den livländischen und den überseeischen Hansen wieder einmal offen zu Tage; Riga, Reval und Dorpat hielten die Zeit für gekommen, wo der Handel mit Rußland ihnen als ihr ausschließliches Monopol zufallen mußte. Aber von Moskau aus begann sich eine Umwälzung der staatlichen Verhältnisse innerhalb der russischen Grenzen zu vollziehen, welche auch dem Handel andere Bahnen wies und die deutschen Kaufhöfe an dem Wolchow und der Welikaja auf immer veröbete.

Sechstes Kapitel.

Die Unterwerfung Nowgorods. Iwan III. im Bündniß mit Maximilian I.

Die Tage der Unabhängigkeit Nowgorods waren gezählt, seit Iwan III. Wassiljewitsch den Thron Ruriks bestiegen hatte. Diesem Fürsten, der als Gemahl einer Nichte des letzten Griechenkaisers sich den Zarentitel beilegte und den Doppelabler als Reichswappen annahm, verdankt Rußland seine Befreiung vom Joche der Tartaren, seine Einheit, sein geschriebenes Recht — und seine Knute; dieses Zähmungsmittel war bis dahin dem russischen Volke unbekannt geblieben, es rächte sich für das Geschenk an dem Geber, indem es ihm den Beinamen des „Furchtbaren" (grosnij) anheftete. Durch List, Verschlagenheit und unbeugsame Härte erreichte er sein Ziel; seine Machtgier kannte keine Grenzen, alle seine Brüder und Verwandten schlug er in Fesseln und ließ sie im Gefängniß verschmachten.

Schon im zehnten Lebensjahre seinem Vater Wassilij Wassiljewitsch, der von einem seiner Neffen überfallen und geblendet worden war, als Mitregent beigegeben, übernahm Iwan nach dem Ableben Wassilijs 1462 im Alter von zweiundzwanzig Jahren die Regierung. Anfangs zeigte er Milde und Mäßigung, aber nach seinem ersten kriegerischen Erfolg über den Chan von Kasan begann er die Maske abzuwerfen. Zunächst traf sein Zorn das stolze Nowgorod, dem er schon einige Jahre zuvor einen Schlag versetzt hatte, als er die Losreißung Pskows von dem Freistaat begünstigte. Jetzt forderte er die Nowgoroder auf, ihm zu huldigen: seine Vorfahren hätten den Titel „Großfürsten von Wladimir, Nowgorod und ganz Reußen" geführt, daher habe sich ihm die Stadt zu unterwerfen.

Die Bürger lehnten diese Zumuthung entrüstet ab und beschlossen, die Oberherrschaft über den Freistaat Kasimir, dem König von Polen und Großfürsten von Litthauen zu übertragen.

Dieser nahm ihren Antrag an und verpflichtete sich, „nach den

Grundsätzen der alten bürgerlichen Freiheiten" zu regieren und unterzeichnete einen Vertrag, der auch folgenden Artikel enthielt: "Litthauische Kaufleute dürfen nur durch Nowgorodsche mit den Deutschen Handel treiben. Der deutsche Kaufhof ist Dir nicht unterworfen, Du darfst ihn nicht schließen." Iwan III. ließ die Stadt nochmals zur Unterwerfung auffordern, sein Gesandter kehrte aber mit dem Rathe zurück: nicht Worte und Briefe, sondern das Schwert allein könne die Nowgoroder bemüthigen.

Beide Theile rüsteten zum Kriege, am 14. Juli 1471 kam es an der Schalona zur Schlacht, in der die verbündeten Moskauer und Pskower Sieger blieben. Nowgorod ergab sich nach kurzem Widerstande auf Gnade und Ungnade; es mußte achtzig Pud Silber zahlen, sich zu einer Abgabe an den Großfürsten — "Kopf- oder schwarze Steuer" genannt — verpflichten, die Verbindung mit Kasimir abschwören, die Volksgerichte aufheben und sich der Gerichtsbarkeit des Moskauer Herrschers unterwerfen. Noch blieb ihnen ein Rest von Unabhängigkeit, aber auch dieser erschien Iwan vom Uebel. 1475 begab sich der Großfürst nach dem Wolchow, um über die Nowgoroder Bojaren ein furchtbares Strafgericht abzuhalten. Mit Gold und Schätzen reich beladen kehrte er nach Moskau zurück, durch kluge Unterwürfigkeit hatten die Bürger den ihnen drohenden Sturm noch einmal abgewendet. Aber als 1477 die Wetsche und der Erzbischof Gesandte an Iwan schickten, wurden diese durch Versprechungen und Geschenke dazu vermocht, den Großfürsten statt mit dem seit Alters gebräuchlichen "Gospodin, Herr" mit "Gossudar, Herrscher" von Nowgorod anzureden. Kaum hatte Iwan diese Anrede vernommen, als er auch einen Bojaren an die Nowgoroder mit der Botschaft entsandte, sie möchten, nachdem sie ihm den Titel "Gossudar" gegeben hätten, ihm nun auch als unumschränkten Gebieter, Richter und Gesetzgeber den Eid der Treue leisten. Nach stürmischer Berathung beschlossen die Bürger eine Adresse an den Großfürsten folgenden Inhalts: "Wir grüßen Dich, unsern **Herrn** und Großfürsten, aber Herrscher nennen wir Dich nicht. Du kennst die, welche Dir vorschlugen, Herrscher von Nowgorod zu sein, züchtige sie für den Trug. Wir strafen hier gleichfalls die treulosen Verräther. Vor Dir aber, Herr, werfen wir uns nieder, daß Du uns halten mögest nach alter Sitte, nach dem Kreuzkuß."

Des Großfürsten Antwort war eine Kriegserklärung; bereits am 27. November 1477 stand er vor den Thoren der Stadt, deren Bürger die umfassendsten Vorkehrungen zur Vertheidigung trafen. Die Bürgerschaft war aber in sich gespalten, während die Einen riefen: "In den

Kampf! Laßt uns sterben für die Freiheit und die heilige Sophie!" verlangten die Anderen Zeit zur Verhandlung mit Iwan. Diese behielten die Oberhand. Nach mehrwöchentlichen Unterhandlungen unterwarf sich die Stadt bedingungslos und war das Volk bereit, das Kreuz zu küssen, „Alles erwartend von dem Herrscher, wie Gott es ihm ins Herz giebt und schon kein anderes Vertrauen mehr nährend." Der Großfürst, froh, ohne Schwertstreich Groß=Nowgorod unter seinen Willen gebeugt zu haben, hielt ein mildes Strafgericht und kehrte mit einer Beute im Werthe von vierzehn Millionen in seine Hauptstadt zurück. Nowgorods Kraft war für immer gebrochen. Jeder Versuch, das großfürstliche Joch abzuschütteln, ward im Blute seiner Urheber erstickt. Die Zähmung ihres Widerstands= geistes vollendete die zwangsweise Massenübersiedelung ihrer Bürger in das Innere des Reiches; ihre Güter wurden an Moskauer Bojaren, Krieger und Kaufleute vertheilt.[1]

Die Bewohner der deutschen Kaufhöfe hatten in diesen Jahren schwere Drangsale zu erdulden gehabt; als Iwan vor Nowgorod lagerte, wurden sie ihres Eigenthums beraubt und in den Höfen eingeschlossen. Der Ge= danke, den die Livländer faßten, sich an dem in Narwa aufgestapelten russischen Gut für die geraubten Waaren schadlos zu halten, mußte auf= gegeben werden in Rücksicht auf die noch in Nowgorod festgehaltenen Kaufleute. Aller Handel nach Rußland ward aber untersagt und die Insassen von St. Peter und St. Olav erhielten von Dorpat die Weisung, Nowgorod zu verlassen, wozu Narwas Beihülfe erbeten wurde.[2]

Man erwartete einen Angriff des Großfürsten auf Livland, gegen welches er große Erbitterung zeigte, trotzdem es sich der Orden wie die Städte hatten große Summen kosten lassen, um seine ihm in Rom ange= traute Gemahlin auf der Reise durch Deutschland, in Lübeck und Reval, mit fürstlichen Ehren zu bewirthen. Aber sobald er die im Innern seiner Herrschaft widerstrebenden Kräfte niedergeworfen hatte, beschäftigte ihn der Gedanke, die Grenze seines Reiches bis an die baltische Küste auszudehnen. Der Orden rüstete bei Zeiten und rief die Hansastädte zum Beistand auf; sie sollten ihm 2000 Mann Kriegsvolk stellen, be= willigten ihm statt dessen aber nur ein Prozent vom Kaufmannsgut auf Kriegsbauer, doch nicht über fünf Jahre. Die livländischen Städte sannen indeß auf ein anderes Mittel, die fehlenden Kriegsleute aufzu= bringen: sie beschlossen, daß die in Livland sich aufhaltenden hansischen Kauffahrer aus dem Reiche zur Vertheidigung gegen die Russen aufge= boten werden sollten.[3]

1480 beauftragte Lübeck die Livländer, in Nowgorod wegen eines zwanzigjährigen Friedens zu unterhandeln, in den aber der Großfürst von Moskau mit eingezogen werden soll. 1482 ward zu Narwa eine zehnjährige Waffenruhe zwischen Livland und den Russen vereinbart; da aber die Sicherheit des deutschen Kaufmanns durch diese Vereinbarung nicht genügend gewahrt zu sein schien, unternahm es Reval auf eigene Hand, den Frieden zwischen dem Kaufmann und Nowgorod herzustellen. Das lange Ausbleiben der Deutschen machte sich den Nowgorodern doch empfindlich bemerkbar, und erhielt daher Dorpat auf sein an die Nowgorodsche Kaufmannschaft gerichtetes Ersuchen: sie möge den deutschen Kauffahrer, seinen Hof und seine Kirche unter ihren Schutz nehmen — eine bereitwillige Zusage; denn so sei es altes Herkommen.[4])

Im März 1487 endlich kam ein zwanzigjähriger Friede zwischen den Hansestädten und dem Zaren (Keyser der Ruffzen) Iwan Wassiljewitsch und seinem Sohn Iwan Iwanowitsch zu Stande, den Namens der Hansa der Bürgermeister Tidemann Harke und Rathmann Johann Hacke von Dorpat, der Bürgermeister Johann Retert und Rathmann Ludwig Kruft von Reval unterzeichnet haben. Der Vertrag enthält die Bestimmungen des hansischen Verkehrs mit den Russen nach den alten Verbriefungen; neu ist die Bedingung, daß Russen und Deutsche ihre Güter gemeinschaftlich auf einem Schiffe verfrachten dürfen.[5])

Der großfürstliche Statthalter in Nowgorod legte jedoch dem Abkommen kein großes Gewicht bei; denn bereits im December 1487 meldete Dorpat an Reval, daß er sich weigere, die Deutschen in alter Weise kaufschlagen zu lassen. Der Hofknecht Hans Hartwig ward darauf mit den entsprechenden Geschenken im Frühjahr 1489 nach Moskau entsendet, wo ihm der Großfürst geneigtes Gehör lieh und die Zusicherung gab, daß der deutsche Kaufmann nach altem Rechte am Wolchow sein Geschäft betreiben dürfe; er werde demnächst selbst nach Nowgorod kommen und die beiderseitigen Klagen anhören.[6])

Iwan hatte in dieser Zeit seine Aufmerksamkeit dem Westen zugewendet. Die Erzählungen seiner Gemahlin und einiger Griechen aus ihrer Umgebung von den Fortschritten der Künste und Wissenschaften in Europa regten seinen lebhaften Geist mächtig an; dazu kam, daß seit seiner Vermählung mit der griechischen Kaisertochter die europäischen Herrscher die Verbindung mit dem Fürsten im „mitternächtigen Moskowien" suchten. Der erste, welcher sich um Iwans Gunst bewarb, war Matthias Corvinus, der sich zum Kriege gegen Kaiser Friedrich III. rüstete. Der

Großfürst ging bereitwilligst auf des Ungarnkönigs Anerbieten ein, denn er hoffte auf diese Weise hinter das Geheimniß der Erfolge des großen Bezwingers der Türken, der Polen und des Kaisers kommen zu können. Zunächst sandte er seinen Staatsschreiber Fedor Kirizin nach Ungarn mit dem Auftrage, des Königs Politik zu studiren, und seine Verbindungen mit dem Sultan, mit dem Kaiser, mit den Königen von Böhmen und Polen zu erforschen. Er sollte weiter den König ersuchen, ihm Geschützgießer, Ingenieure, Baumeister und Bergverständige zu schicken. Matthias erklärte sich zu Allem bereit und es kam ein Vertrag zu Stande, in dem Iwan sich verpflichtete, den König von Polen in Schach zu halten.[7]) So wurde es dem Ungarnkönige leicht, den Kaiser mit vernichtenden Schlägen zu treffen; Friedrich III. verließ in schimpflicher Flucht seine Erblande und 1485 fiel Wien in des Siegers Hände.

Diese Erfolge des Gegners glaubte man am kaiserlichen Hoflager vornehmlich dem Bündnisse desselben mit dem Zaren zuschreiben zu müssen und es lag nahe, den Versuch zu machen, den Moskowiter auf die Seite des Kaisers zu ziehen. Zunächst galt es, die Verhältnisse am russischen Hofe zu erkunden; eine hierfür geeignete Persönlichkeit fand sich in dem der slavischen Sprachen kundigen schlesischen Ritter Nicolaus Poppel, einem Mann von riesiger Körperkraft und umfassender Bildung, der England und Frankreich, Spanien und Italien bereist hatte und in diplomatischen Geschäften erprobt war.[8])

Mit einem kaiserlichen Geleitsbrief versehen, erschien Poppel, nur von zwei Dienern begleitet, im Winter 1486 in Moskau und erklärte den erstaunten Bojaren, daß ihn allein die Wißbegierde zu der weiten Reise getrieben habe. Dadurch machte er sich aber bei ihnen erst recht verdächtig; sie witterten in ihm einen Sendling der Polen und hielten das kaiserliche Handschreiben für gefälscht. Er ward genöthigt, in ihrer Gegenwart die Namen der Reichsfürsten aufzuschreiben, damit sie erkennen könnten, ob seine Schriftzüge mit denen des Geleitsbriefes übereinstimmten. Die Probe befriedigte sie aber nicht und Poppel ward, nachdem er zweimal im Kreml empfangen worden war, jedoch ohne Iwan vorgestellt zu werden, genöthigt, Moskau zu verlassen; schon im März 1487 treffen wir ihn wieder am kaiserlichen Hoflager.[9])

Poppel wurde in Nürnberg von dem Kaiser und dem römischen Könige Maximilian auf das Beste empfangen. Er mußte ihnen während der Tafel Bericht erstatten und erhielt den Auftrag, abermals an den großfürstlichen Hof zu gehen, diesmal jedoch als beglaubigter Kaiserlicher

Gesandter. Diese Reise verzögerte sich aber durch eine gefährliche Krankheit Poppels um funfzehn Monate; endlich genesen, machte sich der Ritter im December 1488 auf den Weg. Das ihm von Friedrich III. und Maximilian ausgestellte Beglaubigungsschreiben datirt aus Ulm 26. December 1488. Da die Sendung durchaus geheim bleiben sollte, gestattete der Kaiser dem Gesandten nur ein kleines Gefolge, dem Poppel erzählte, daß er durch das Land der Tartaren nach dem heiligen Grabe pilgern wolle. Erst in Nowgorod erfuhren seine Begleiter das wahre Ziel der Reise, die überaus schnell von statten ging; denn bereits gegen Ende des Januar traf man in der russischen Hauptstadt ein.

Schon nach wenigen Tagen wurde er im Kreml von drei Bojaren empfangen, ihnen gegenüber rühmte sich der Ritter, vor dem Kaiser Iwans große Eigenschaften mehr gepriesen zu haben, als es einer der großfürstlichen Diener hätte thun können.

Als ihm der Staatssekretär Fedor Kirizin bemerkte, es solle ihn ein zarischer Gesandter an den Kaiserlichen Hof begleiten, entgegnete Poppel: er könne mit dem Gesandten in Deutschland nicht sicher reisen, auch wolle er den Rückweg über Schweden nehmen, da er bei dem Könige von Dänemark Geschäfte zu besorgen habe.

Bei dem zweiten Empfange redete Iwan den Ritter persönlich an. „So Gott will — sagte der Zar — werden wir unsere Gesandten an den Kaiser schicken, wir wünschen in Freundschaft und Liebe mit ihm zu stehen, daß Gesandte zwischen uns verkehren und von unserem gegenseitigen Befinden Kenntniß nehmen."

Durch diese Ansprache ermuthigt, trat Poppel nun mit den besonderen Anträgen, die ihm der Kaiser an den Großfürsten mitgegeben, hervor. Sie entsprechen ganz der von Friedrich III. begründeten österreichischen Hauspolitik, welche Matthias Corvinus so treffend gekennzeichnet hat in dem Distichon:

> Bella gerant alii! Tu felix Austria nube!
> Nam quae Mars aliis dat tibi regna Venus.

Der Kaiser bat um die Hand einer Tochter Iwans für seinen Neffen Albrecht von Baden; Poppel verlangte, die Prinzessin sehen zu dürfen, ward aber abgewiesen. Sodann entledigte er sich eines Auftrages des livländischen Ordensmeisters Freitag von Löninghof, welcher die von Pskow dem Orden abgenommenen Gebiete zurückverlangte; der Zar ließ ihm sagen, daß seine Vaterstadt sich den Rittern gegenüber durchaus im Recht befinde. Nun rückte der Gesandte mit seinem letzten Antrag heraus, durch den er sicher hoffte, Iwans Zuneigung zu gewinnen. Er sprach dem Staatssekretär den Wunsch aus, mit dem Großfürsten allein ohne Zeugen sprechen zu dürfen. Iwan ließ ihn rufen und gewährte ihm Gehör — abseits von den Bojaren, doch so, daß Kirizin Poppels Rede vernehmen konnte, die er aufzeichnen sollte, da der Ritter sich geweigert hatte, durch Vermittelung eines Dolmetschers zu sprechen. Friedrich III. ließ dem Zaren den Königstitel anbieten; der Papst, von dem Iwan sich vor Jahren diesen Titel erbeten habe, könne denselben nicht verleihen, das stehe nur bei des römischen Kaisers Majestät. Doch möge der Groß= fürst in dieser Sache das größte Geheimniß bewahren, da sonst der König von Polen alles hintertreiben werde, der fürchte, daß, wenn Iwan den Königstitel erhalte, die zu Polen gehörenden russischen Provinzen ihm zufallen würden.

Iwan antwortete durch Kirizin, daß er eine solche Erhebung nicht begehrt habe und auch jetzt nicht begehre. Poppel brachte ohne Weiteres wieder die Heirathsangelegenheit zur Sprache: der Großfürst habe zwei Töchter, wolle er die eine nicht dem Markgrafen von Baden geben, so möge er sie dem Prinzen Johann von Sachsen vermählen, die andere dem Markgrafen Sigismund von Brandenburg.[10] Diesmal blieb die Antwort aus; damit war Poppels Sendung beendet. Im März 1489 trat er über Dänemark und Schweden die Rückreise an. Nach wenigen Tagen folgte ihm der Grieche Georg Trachaniotes, den Iwan als Gesandten an den Kaiser schickte. Der nahm seinen Weg über Narwa und Reval zur See nach Lübeck, wo er mit dem Ritter zusammen= treffen wollte.[11] Der Zar hatte ihm Empfehlungsschreiben an die Bürger= meister der genannten Städte, außerdem zur Bestreitung der Reisekosten achtzig Zobel= und breitausend Eichhornfelle (Grauwerk) mitgegeben, die er in Deutschland verkaufen sollte. Da Poppel in Lübeck in schwere Krankheit verfiel, mußte Trachaniotes allein an das Hoflager des Kaisers gehen. Er wurde in Frankfurt am Main von Friedrich und Maximilian mit ungewöhnlicher Auszeichnung empfangen. Er hielt in italienischer Sprache eine Anrede, in welcher er auf Poppels Anträge Bezug nahm und bemerkte, daß der Zar gern dem Sohne des Kaisers die Hand seiner Tochter geben würde. Zum Schluß bat Trachaniotes um die Erlaubniß, in Deutschland gute Künstler, Baumeister und Bergleute für den groß= fürstlichen Dienst anzuwerben.

Die Erlaubniß ward ihm nicht versagt; Kaiser und König ver= abschiedeten den zarischen Boten huldvollst, indem sie ihm die Hand

reichten. Am 16. Juli 1490 verließ er Frankfurt in Begleitung Georg
v. Thurns, der, des Slavischen kundig, in Moskau die Verhandlungen
weiter führen sollte.¹²)

Am 6. April 1490 war in Wien Matthias Corvin gestorben, Maxi=
milian wünschte sich die Stephans=Krone auf das Haupt zu setzen und zu
diesem Zweck ein Bündniß mit Iwan zu schließen. Thurn sollte dem
Zaren den Besitz des südlichen Litthauens zusichern, wenn er durch
kriegerische Unternehmungen die Söhne Kasimirs von Polen, den Prinzen
Albert und den König Wladislaw von Böhmen von der Bewerbung um
den ungarischen Thron abhalten würde. Um den Moskowiter diesem
Antrage geneigter zu machen, ließ der römische König durch Thurn für
sich um die Hand einer Tochter des Großfürsten werben.¹³)

Diese Werbung entsprach so ganz der gewissenlosen Politik Maxi=
milians; denn er konnte gar nicht im Ernst an eine Vermählung mit
der russischen Prinzessin denken. Im März 1490 hatte er seinen Be=
vollmächtigten nach der Bretagne gesandt, mit der Herzogin Anna einen
Ehecontract abzuschließen, deren Eid entgegenzunehmen und Alles zu voll=
bringen, was der König als Gegenwärtiger thun könne jusques à la con-
sommation du dit mariage.¹⁴)

Iwan und seine Gemahlin nahmen Thurns Werbung voller Huld
an, erklärten aber, daß, bevor in dieser Angelegenheit weiteres geschehen
könne, der römische König sich schriftlich verpflichten müsse, seiner Gemahlin
die Ausübung des griechischen Glaubens gestatten zu wollen. Auf Thurns
Entgegnung, daß er zur Abgabe einer solchen Verpflichtung nicht ermächtigt
sei, ward diese Frage nicht weiter berührt.

Der Bundesvertrag kam dagegen ohne Schwierigkeit zu Stande; am
16. August 1490 erfolgte die Unterzeichnung. Das Schriftstück, auf
Pergament mit dem goldenen großfürstlichen Siegel versehen, ist die erste
Urkunde, welche zwischen Oesterreich und Rußland ausgetauscht wurde.
Iwan und Maximilian schwören sich ewige Liebe und Eintracht und
gegenseitigen Beistand: Wie der Zar dem Könige beistehen wird, sobald
er Kunde davon erhalten, daß der König von Polen und dessen Kinder
ihn „um seines Erbes willen" bekriegen, so wird der König dem Groß=
fürsten „von Herzen ohne Trug" beistehen, sobald ihn dieser benachrichtigt,
daß er nach dem Großfürstenthum Kiew und den anderen Ländern, die
Litthauen beherrscht, zu trachten beginne.

Die Freude Iwans über den Abschluß dieses Vertrags gab sich be=
sonders kund in den reichen Geschenken, mit denen er Thurn auszeichnete:

„er machte aus ihm einen Goldträger" bemerkt der zarische Geheimschreiber.

Drei Tage nach der Unterzeichnung kehrte Maximilians Gesandter nach Deutschland zurück in Begleitung von Trachaniotes und des Staatssecretairs Kuleschin, in deren Gegenwart der römische König die Urkunde bei Kreuzeskuß unterzeichnen und beschwören sollte.

Die Nachricht von dem Abschluß eines Bündnisses zwischen dem künftigen Kaiser und dem Moskowiter, dessen Heere das deutsche Ordensland bedrohten, erregte in Deutschland, namentlich aber in Livland und Polen, großes Mißvergnügen. Iwan hatte an den Rath von Narwa und den von Reval seinen Boten Fedor Tschirka Surmin gesandt mit einem Schreiben, in welchem die Bürgermeister ersucht werden, die Gesandten Trachaniotes und Kuleschin sicher weiter zu befördern. Als sie aber in Lübeck glücklich angekommen waren, mußten sie dem Zar zu berichten, daß der König von Dänemark und die deutschen Fürsten auf Mittel und Wege gesonnen hätten, sich ihrer zu bemächtigen und daß sie nur durch Thurns Bemühungen sicher in der Trave gelandet wären.[15])

Am 22. April 1491 vollzog Maximilian zu Nürnberg den Vertrag in der von Iwan gewünschten Weise.

Die Heirathsangelegenheit durften die Gesandten nicht mehr zur Sprache bringen; denn sie erfuhren, daß der König im December des vergangenen Jahres die Ehe mit Anna von Bretagne durch den Marschall Wolfgang von Polheim habe vollziehen lassen, der in Gegenwart des Hofes das festlich geschmückte Hochzeitslager bestiegen hatte, um symbolisch den rechtlich erforderlichen Vollzug der Vermählung anzudeuten.[16])

Die beiden Gesandten trafen im August 1491 in Moskau wieder ein, und schon im November desselben Jahres erschien auch Georg von Thurn abermals vor dem Zaren. Maximilian hatte die Nothwendigkeit erkannt, sich bei Iwan wegen der ihm gespielten Komödie zu entschuldigen; daher Thurn beauftragt war, dem Großfürsten ein Mährchen zu erzählen, dem zufolge sich in Deutschland das Gerücht verbreitet haben sollte, Thurn sei mit seiner Begleitung bei der Seefahrt ertrunken; der König hätte nun angenommen, der Großfürst habe von seiner Bewerbung noch nichts erfahren, daher er dem dringenden Wunsche des Kaisers und der Reichsfürsten, sich mit der Herzogin von Bretagne zu vermählen, nachgekommen sei.

Als Thurn diese Erzählung dem russischen Herrscher vortrug, war Maximilians Ehe bereits durch den Papst für ungültig erklärt und gelöst worden; am 6. Dezember 1491 feierte Anna zu Longeais in Touraine ihre Vermählung mit Karl VIII. von Frankreich.¹⁷) Iwan nahm die Entschuldigung des Königs schweigend an, um so eifriger hörte er auf die Eröffnungen über Maximilians geheime Anschläge gegen Polen, die ihm der Gesandte im Auftrage seines Herrn zu machen hatte.

Der römische König hatte, um Polen von einer bewaffneten Theilnahme an der Bewerbung um die Stephanskrone abzuhalten, den Meister des deutschen Ordens aufgefordert, das Lehnsjoch der Polen abzuschütteln; aber sowohl der Hochmeister als auch der Meister von Livland erklärten sich dazu nur unter der Bedingung bereit, daß der König ihnen den Beistand des Großfürsten von Moskau zusichern könnte. Thurn ersuchte nun den Zaren, er möge dem Orden einen ewigen Frieden gewähren und ihn in seinen Schutz nehmen.

Iwan traute jedoch Maximilian nicht mehr, seitdem er auf Umwegen erfahren hatte, daß dieser den ungarischen Thron an Wladislaw abzutreten willens sei. Er habe selbst, äußerte er zu dem Gesandten, das Roß zur Unterstützung des Königs besteigen wollen, doch da dieser sich mit seinem Gegner ausgesöhnt, bleibe ihm nichts mehr zu thun übrig. Den Ordensstaat wolle er in seinen Schutz nehmen, doch könne er in den Wunsch des Meisters von Livland, welcher in den Verträgen das Wort „Fußfall" durch „Flehen" ersetzen wolle, nicht willigen; habe man doch früher das freie Nowgorod „fußfällig" gebeten, warum wolle man jetzt ein anderes Wort gebrauchen, wo der Meister mit zarischen Statthaltern, angesehenen Männern, unterhandle.¹⁸)

Nach dem letzten unglücklichen Kriege gegen die Pskower, denen Iwan seinen ersten Feldherrn Daniel Chulmskij mit einer ansehnlichen Heeresmacht zu Hülfe geschickt, hatte der Meister von Livland einen Frieden auf zwanzig Jahre mit den Russen vereinbart, der im Jahre 1493 ablief. Iwan hatte in Rücksicht auf diesen Zeitpunkt 1492 Narwa gegenüber eine steinerne Veste mit hohen Thürmen anlegen lassen, die er zur großen Besorgniß der Livländer nach sich Iwangorod nannte; dieselbe fiel zwar bald darauf den Schweden in die Hände, welche sie dem Orden abtreten wollten, aber da dieser aus Furcht vor dem Großfürsten das Anerbieten ablehnte, verließen die Schweden den Ort, den die Russen sofort wieder in Besitz nahmen.

Schon vorher hatte der Ordensmeister die Erneuerung des Friedensvertrages von 1484 nachgesucht und um die Abänderung jener Ausdrücke gebeten, deren Iwan in seiner Unterredung mit Thurn gedacht. Wohl in Rücksicht auf sein Bündniß mit Maximilian willigte der Zar in die Verlängerung des Friedens auf zehn Jahre.

Die Verbindung mit dem deutschen Kaiser und römischen Könige hatte seinen Ehrgeiz mächtig angefacht. Kaum war Thurn im April 1492 nach Deutschland zurückgekehrt, als ihm auch schon wieder Trachaniotes mit dem Djäk Jaropkin folgte. Iwan sandte beide mit dem Auftrage, sich über Maximilians Politik zu unterrichten und sich nach einem geeigneten Fürsten für die zarische Tochter umzusehen: er warf sein Auge auf Maximilian selbst, auf dessen Sohn Philipp, auf den Kurfürsten Friedrich von Sachsen, jeder von diesen dreien schien ihm eine passende Partie zu sein. Dabei vergaß er aber nicht, seinen Boten einzuschärfen, für ihn tüchtige Handwerker in Deutschland anzuwerben. Dem Kurfürsten Friedrich übersandte er vierzig Zobelfelle zum Geschenk und ließ ihn ersuchen: er möge seinen Unterthanen gestatten, sich in Rußland anzusiedeln, wofür der Großfürst bereit sein werde, ihm mit Allem zu dienen, was sein Land erzeugt.

Trachaniotes und Jaropkin konnten den Aufenthaltsort Maximilians — der König lag gegen Karl VIII. zu Felde, um ihn dafür zu strafen, daß er Anna von Bretagne zum Treubruch verleitet und sich mit ihr vermählt hatte — nicht erfahren und mußten daher einige Monate in Lübeck liegen bleiben. Sie ließen hier die ihnen mitgegebenen Schreiben und Instruktionen in's Deutsche übersetzen und durch den Buchdrucker Bartholomäus Ghotan, der sich eidlich verpflichten mußte, ihren Inhalt an Niemand zu verrathen, in Druck legen.[19]) Endlich erhielten sie die Nachricht, daß der römische König in Kolmar sei. Sie eilten dorthin, fanden aber nicht die erwartete Aufnahme; denn für den an politischen Ideen und Entwürfen unerschöpflichen Erben der Kaiserkrone war die Combination, in welcher er dem russischen Großfürsten eine ausschlaggebende Rolle zugewiesen, bereits gegenstandslos geworden. Iwans Gesandte hatten mit diplomatischem Spürsinn sich über Maximilians Stellung zu England, Schottland, Spanien, Portugal, sowie zu den Reichsfürsten unterrichtet, den geheimen Fäden seiner Politik nachgespürt und ihrem Herrn über Alles Gesehene und Gehörte umständlich Bericht erstattet. Die an ihre Sendung geknüpften politischen Hoffnungen waren zwar nicht in Erfüllung gegangen, dagegen war es ihnen gelungen, geschickte Handwerker und Bergleute für den Zaren anzuwerben.

Von der Thätigkeit der Letzteren versprach sich Iwan besonders viel, und zwei derselben entsprachen auch seinen Erwartungen im vollen Maße.

Johann und Victor, nur ihre Vornamen haben die russischen Annalen aufbewahrt, waren in Begleitung zweier Russen an die Ufer der Petschora gezogen, um Silber zu suchen; was sie hier nicht fanden, trafen sie dreihundert Werst südwestlich an der Zylma, einem Nebenflusse der Petschora. Auf einem Flächenraum von zehn Werst entdeckten sie eine Silber- und eine Kupfermine, deren Erträgnisse den Großfürsten bald in den Stand setzten, aus heimathlichem Silber Münzen schlagen zu können, während er bis dahin die Edelmetalle vom Auslande bezogen hatte.[20]

Sobald die Kunde von dieser Entdeckung sich verbreitete, trafen aus Europa abenteuerlustige Reisende in Moskau ein, die hier jedoch ihre Rechnung nicht fanden. Auch Erzherzog Sigismund von Tyrol sandte 1492 Michael Snups mit Empfehlungsschreiben Maximilians an Iwan: der Zar möge dem Ueberbringer erlauben, die russische Sprache zu erlernen und das Land bis an den Ob — dessen hier zum ersten Mal Erwähnung geschieht — zu bereisen. Die Erlaubniß ward aber nicht ertheilt, Snups mußte vielmehr nach kurzer Zeit Rußland auf demselben Wege verlassen, auf dem er gekommen war; er durfte weder durch Polen, noch durch die Türkei zurückkehren — man hielt ihn für einen Kundschafter.[21]

Nachdem das Bündniß mit dem Kaiser und Maximilian für Iwans Wünsche ohne Ergebniß geblieben, zeigte sich der Großfürst den Livländern um so feindlicher gesinnt; Trachaniotes, der bei ihm in hoher Gunst stand, ermüdete nicht in seiner Schilderung von der unfreundlichen Gesinnung, welche die Ritter wie die Städter wegen der Verbindung des römischen Königs mit dem russischen Herrscher kundgegeben hätten, und von den Schwierigkeiten, die namentlich in Reval den zarischen Gesandten in den Weg gelegt worden wären. Iwan wartete auf die Gelegenheit, die Deutschen seine Ueberlegenheit fühlen zu lassen. Sie bot sich ihm bald. Er stand mit dem König Johann von Dänemark — der einige Jahre später mit russischer Hülfe den schwedischen Thron bestieg — in Unterhandlung wegen des Abschlusses eines Bündnisses zur Vertreibung der Schweden aus Finnland.

Johann, ein erbitterter Gegner der hansischen Kauffahrer, wußte sich geschickt Iwans Abneigung gegen die Livländer zu bedienen, um der Hansa einen empfindlichen Schlag beizubringen. Er machte den Abschluß des Bündnisses von der Bedingung abhängig, daß den Deutschen der russische Markt verschlossen und sie aus Nowgorod vertrieben würden. Am 3. November 1493 kam der Vertrag zu Stande, den geheim zu halten die Verbündeten sich verpflichteten.[22]

Die Revaler boten bald darauf dem Zaren den erwünschten Vorwand, seiner Verbindlichkeit gegen Johann nachzukommen und zwar mit der ihm eigenen Verschlagenheit und Hinterlist. Der Revalsche Rath hatte dem Gesetze gemäß zwei Russen, den einen wegen widernatürlicher Unzucht, den andern wegen Falschmünzerei dem Feuertode überantwortet. Als einige Landsleute der Verurtheilten über die Härte der Strafe Beschwerde führten, soll die Antwort erfolgt sein: „Wir würden auch euren Fürsten verbrannt haben, hätte er bei uns dasselbe gethan." Iwan zerbrach auf die Kunde von dem Vorgang im wildem Grimm seinen Stock und rief, die Stücke zur Erde werfend: „Gott entscheide meine Sache und strafe die Frechheit." Er forderte die Auslieferung der Revaler Richter; sie ward verweigert.

Siebentes Kapitel.

Ueberfall des St. Petershofes und Gefangennahme der hansischen Kaufleute.

Die Hansa, welche wieder einmal Ursache gehabt, über die ihren Kauffahrern in Rußland zugefügten Kränkungen und Belästigungen Beschwerde zu führen, hatte in dieser Zeit beschlossen, eine Gesandtschaft an den Großfürsten abzuordnen.[1]) Am 11. August 1494 trafen ihre Sendboten in stattlichem Zuge in Nowgorod ein und stiegen im Hofe St. Peters ab. Der Statthalter, obwohl sie ihn mit Geschenken reich bedachten, ließ sie scharf bewachen und ihnen alle ihre Papiere und Instruktionen abnehmen. Drei Wochen mußten sie am Wolchow liegen bleiben, bevor sie den erbetenen Geleitsbrief nach Moskau erhielten. Sie zogen am 17. September in die Hauptstadt ein, spendeten an Jwans Räthe reiche Gaben, so daß es ihnen gelang, bereits am 2. Oktober von dem Großfürsten empfangen zu werden. Der Gruß, mit dem sie ihm nahten, war vorher mit den Bojaren festgestellt worden; er lautet: „Durchlauchtigster, hochgeborener Großfürst Jwan Wassiljewitsch, ein weißer Kaiser und Herr über alle Russen. Unsere Aeltesten, die Bürgermeister und Rathmannen der dreiundsiebzig Städte jenseits der See und auf dieser Seite der See lassen Dich sehr grüßen und begehren Deine Gesundheit zu vernehmen."

Ihre erste Bitte betraf die Freilassung eines Dolmetschers, den man ihnen „abgefangen" hatte. Sie wünschten mündlich mit dem Zaren zu unterhandeln und sollten ihre Uebersetzer den Wortlaut der Unterredung ins Russische, beziehentlich ins Deutsche übertragen. Dieses Ansinnen ward kurz abgelehnt: er habe selbst Dolmetscher, antwortete Jwan; sie sollten ihre Beschwerde schriftlich einreichen. Darauf stellten die Gesandten achtzehn Klagepunkte auf; sie betrafen die den Verträgen zuwiderlaufenden Neuerungen und Beschränkungen im Salz-, Honig-, Wachs- und Pelzhandel; die ungerechte Inanspruchnahme des Hofverwalters (Knechts) bei allen Gelegenheiten, wenn Russen geschädigt zu sein glaubten; die rechtswidrige Einkerkerung und Einschätzung von Deutschen durch die Statthalter; die Unterschlagung von Briefen an den Zaren durch die letzteren; die Beraubung gestrandeter Schiffe in der Narowa durch russische Bauern und noch vielerlei Unbill, welche theils einzelne Deutsche, theils die Gesandten selbst auf ihrer Reise erfahren hatten.

Nach Verlesung dieser Beschwerdeschrift erfolgte die Uebergabe der Geschenke: die Städte spendeten drei Ballen englischen Tuches; der Revaler Rathsherr Gottschalk Remmelingrode gab in seinem Namen zwei silberne reich vergoldete Becher von schöner Arbeit, ein Ohm Wein und eine große Lade Zuckerwerk, etwa vierzig Pfund an Gewicht; ein anderes Mitglied, Matthias Hinkelmann, überreichte englisches Tuch, einen Spiegel und zehn Körbe Feigen; der Bote Dorpats endlich Scharlachtuch, ein Ohm Wein und fünf Liespfund Datteln. Als Gegengeschenk des Zaren empfingen die Gesandten zu ihrem Unterhalt: ein Rind, zwei Schafe, zwanzig Hühner, zwei Tonnen Meth, trockenen Lachs und Stör, vier Fuder Heu und Hafer. Für sich persönlich empfing jeder über viertausend Stück Felle, sogenanntes Schonenwerk im Werthe von etwa tausendundzwanzig Mark. Auch erhielten sie eine Einladung zur großfürstlichen Tafel.

Im Verlaufe der Verhandlung trug der Staatssekretär Fedor Kirizin die Beschwerden der Russen vor, deren Verlesung mehrere Stunden in Anspruch nahm; sie handelten vornehmlich von der Schätzung der großfürstlichen Gesandten und der Ermordung russischer Leute. Die Städteboten erklärten zur Erledigung dieser Klagen nicht bevollmächtigt zu sein, doch würde die Entsendung einer Gesandtschaft an die Städte sicherlich den gewünschten Erfolg haben.

Am 5. Oktober hatten sie zum zweiten Male Empfang bei Iwan, der seinen Dank für die Geschenke wiederholte und bemerkte, von ihrem Anliegen Kenntniß genommen zu haben; seine Statthalter in Nowgorod, die von ihm benachrichtigt worden seien, würden ihnen Antwort und Recht nach den durch Kreuzkuß besiegelten Verträgen geben, ein gleiches erwarte er von den Städten. Mit dem Versprechen, daß sie einen Geleitsmann erhalten sollten, wurden sie verabschiedet.

Im Begriff Moskau zu verlassen, wurde die Gesandtschaft von zwei Griechen angehalten, welche angeblich auf ihrer Reise nach Deutschland in Reval unerhörte Unbill erlitten hatten und dafür Schadenersatz und zwar in solcher Höhe verlangten, daß die Baarschaft der Städteboten dazu nicht ausreichte. Zwei an der Moskwa ansässige Deutsche, die

Meister Albrecht und Stephan Hillebecke streckten ihnen die Summe vor, hatten jedoch dafür auf ausdrücklichem Befehl des Großfürsten so viel Unterpfand zu nehmen, daß selbst die von Iwan zum Geschenk erhaltenen Pelzwaaren dazu dienen mußten. Erst nach Ablauf von sechs Wochen konnte die Gesandtschaft die Heimreise antreten, welche aber kurz vor Nowgorod eine gewaltsame Unterbrechung erlitt. Sechs Meilen jenseits der Stadt wurden die Gesandten von einer Schaar Nowgoroder aufgehalten, ihrer Güter beraubt und die Vertreter Revals in Gewahrsam genommen. Jeder Widerstand erlahmte bei der Nachricht von einer schandbaren Gewaltthat, welche großfürstliche Beamte auf Iwans Befehl gerade zu der Zeit an den Bewohnern von St. Petershof verübt hatten, in welcher der Großfürst den hansischen Boten zu Moskau die beruhigende Zusicherung machte, daß sie in Nowgorod auf die von ihnen vorgebrachten Beschwerden Antwort und Recht erhalten würden.

Am 5. November 1494 überfiel unter Leitung des soeben aus der Hauptstadt eingetroffenen zarischen Geheimschreibers Wassilij Shuk und des Daniel Manyrew eine wilde Rotte den deutschen Kaufhof und den Gotenhof, nahm „ganz ungewarnt und wider alle Billigkeit" sämmtliche Bewohner derselben fest, neunundvierzig Deutsche, Kaufleute, Sprachlehrer und Knappen aus Lübeck, Hamburg, Greifswald, Lüneburg, Münster, Dortmund, Bielefeld, Unna, Duisburg, Eimbeck, Duderstadt, Reval und Dorpat; man „zog ihnen die Hosen und Schuhe aus" und warf sie in „faule Thürme"; ihre Waaren, eine Million Gulden an Werth, wurden mit Beschlag belegt.

Auch den Führer der hansischen Gesandtschaft, den Rathsherrn Revals, Gottschalk Remmelingrode, traf das gleiche Schicksal als Wiedervergeltung für die über jene beiden Russen von den Revalern verhängte Strafe. Die an den Kaufleuten verübte Gewaltthat geschah, wie der Statthalter im Namen des Zaren den übrigen Städteboten am 17. November mittheilte, „weil die Russen in Reval und in ganz Livland beschatzt, geschlagen, beraubt und ertränkt würden"; man denke ihnen den Schaden zu ersetzen mit dem in der deutschen Kirche lagernden Gute. Der Vertreter Dorpats ließ kein Mittel unversucht, das Loos der ihrer Freiheit Beraubten zu erleichtern; vergebens bat er um eine Unterredung mit ihnen, bot er Bürgschaft für ihre Freilassung bis zur Ankunft einer neuen Gesandtschaft aus Livland, rief er den Beistand des Erzbischofs (Wladika) von Nowgorod an. Die Kirchenfürsten der Stadt hatten sich den deutschen Kauffahrern seit Alters als Gönner und Freunde erwiesen, aber in diesem Falle blieb auch die erzbischöfliche Vermittelung fruchtlos; indem der Wladika an die Freundschaft erinnerte, die ihn mit Gottschalk verbände, erklärte er, daß er gern bereit sei, diesem sowie den anderen Gefangenen alle ihm möglichen Erleichterungen in ihrer Bedrängniß zu verschaffen, aber ihnen zur Freiheit zu verhelfen, liege nicht in seiner Macht.

Iwan hatte das Verfahren gegen die Deutschen bis in alle Einzelheiten vorgeschrieben; auf sein Geheiß ward dem sich zur Heimreise rüstenden Boten Dorpats der Geleitsbrief nur gegen Entrichtung von neun Goldstücken ausgefertigt; der Priester, welcher denselben überbrachte, wich nicht von der Stelle, bis ihm ein Geschenk von achtundvierzig Mark eingehändigt wurde. Als der Gesandte endlich die Grenze erreicht hatte, schatzte man ihn nochmals um zwölf Mark.

Die Kunde von den Vorgängen in Nowgorod rief in Livland und im Reiche große Bestürzung und Entrüstung hervor. Die Städte ordneten ohne Verzug eine Gesandtschaft an Iwan ab, um die Befreiung der Gefangenen zu bewirken, aber in Narwa sahen sich ihre Boten bereits zur Umkehr genöthigt; denn an der Grenze stand ein russisches Heer, von dem sich nichts Gutes erwarten ließ. Die Bürger von Reval übten an den in ihren Mauern befindlichen Russen Wiedervergeltung, sie warfen dieselben in's Gefängniß und reizten dadurch Iwans Zorn von Neuem. Der Zar besuchte 1495 Nowgorod, die Bürger empfingen ihn mit lauten Freudenbezeugungen; die Deutschen mochten aus diesem Anlaß die Freilassung ihrer Landsleute erwartet haben, doch erfolgte sie nicht. Im nächsten Jahre bewirkte der Ordensmeister, daß die in Reval eingekerkerten Russen in Freiheit gesetzt wurden, aber auf das Schicksal der in den Nowgoroder Thürmen schmachtenden Kauffahrer blieb diese versöhnliche Maßregel ohne jede Wirkung. Nicht weniger als sechs verschiedener Abordnungen nach Moskau hat es bedurft, um den Zaren milder zu stimmen. Den Ausschlag gab ein Schreiben Maximilians, das unterstützt wurde durch eine große Gesandtschaft, welche sich aus Boten des Hochmeisters, der Hansa und Alexanders von Litthauen, der eine Tochter Iwans zur Gemahlin hatte, zusammensetzte.[2]) Diese erreichten wenigstens soviel, daß der Großfürst eine Erleichterung der Haft gewährte, dann gab er die elf Sprachlehrer frei, endlich im Frühjahr 1497 die übrigen Gefangenen bis auf vier, die er als Geiseln zurückbehielt und im Juni 1404 sammt den beschlagnahmten Gütern von Nowgorod nach Moskau überführen ließ.[3]) Von den unglücklichen Opfern der zarischen Willkür waren bereits mehrere den Entbehrungen im Gefängniß erlegen, aber auch von den Befreiten sollte mit Ausnahme derer aus Reval und Dorpat Keiner die Heimath wiedersehen. Von ihren Freunden mit „Pfeifen und Trommeln" an Bord der Schiffe geleitet, verließen sie am 29. August 1497 den Hafen von Reval und am 14. September rissen die durch einen Orkan aufgewühlten Meereswogen die Fahrzeuge mit Mann und Maus in die verderbenbringende Tiefe.[4])

Der 5. November 1494 war der letzte Tag der deutschen Uebermacht auf dem russischen Markt; die alten seit 1199 immer von Neuem ergänzten und beschworenen Verträge zerriß die gewaltige Hand des ersten Alleinherrschers aus dem Stamme Ruriks. Die Fügung des Geschicks ließ diesen vernichtenden Schlag im Osten auf die Hansa gerade in derselben Zeit niederfallen, da aus dem Westen her Kunde auf Kunde kam von den weltbewegenden Entdeckungen des Christoph Columbus und Vasco da Gama, durch welche die Macht des Hansabundes von Grund aus erschüttert wurde. Der Welthandel kam in die Hände der Spanier und Portugiesen, Engländer und Niederländer; die deutschen Seestädte verloren die Alleinherrschaft auf dem Ostmeer und damit war ihr Niedergang besiegelt.

Die Vertreibung aus Nowgorod haben die hansischen Kauffahrer nicht verschmerzen können; noch im April 1628 ward auf dem Städtetage zu Lübeck daran erinnert, „daß aus dem Contore zu Naugard gleich aus einem Brunnenquell alle ihre übrigen Contore geflossen seien."[5]) An die Wiedererlangung der alten Vorrechte am Wolchow hat die stolze Vormacht an der Trave länger als ein Jahrhundert ihre besten Kräfte gesetzt, aber vergebens. Die fremden Nationen waren nicht mehr von dem russischen Geschäft fern zu halten; die Niederländer knüpften über Stockholm und Wiborg einen lebhaften Verkehr mit den Russen an, ihnen folgten bald die Engländer und auf dem Landwege drangen die oberdeutschen Kaufleute aus Augsburg, Nürnberg, Regensburg nach Moskau vor.

Die Eintracht, zu keiner Zeit groß unter den Hansastädten, verschwand von nun an immer mehr und mehr aus ihrem Verbande. Die Wahrung der Sonderinteressen galt für das oberste Gebot jeder Stadt und dementsprechend erweiterte sich der Zwiespalt zwischen den deutschen und den livländischen Bundesgliedern von Jahr zu Jahr. Iwan III. war über die innere Spaltung der Hansa wohl unterrichtet und brauchte nicht wie der Dänenkönig ihre Orlogs zu fürchten. Vor ihm erschienen ihre Boten nicht in Wehr und Waffen, sondern als schutzflehende Kaufleute. Er beharrte bei seiner Weigerung, ihnen den Frieden nicht eher zu bewilligen, als bis ihm die Revaler Rathsherren, die das Todesurtheil über jene beiden Russen gefällt hatten, ausgeliefert würden. An diesem Begehr scheiterten alle Verhandlungen, so auch die, zu welcher von dem Großfürsten die Aufforderung ergangen war.

Seine Bevollmächtigten trafen sich mit denen des Ordensmeisters und der Städte auf der Narwainsel. Gegen die Freilassung der vier in Moskau zurückgehaltenen Geiseln wollten die Deutschen den Russen in Reval und Dorpat freie Religionsübung und Errichtung von Gotteshäusern zugestehen, aber die zarischen Unterhändler gingen von dem Verlangen nach der Auslieferung jener Rathsherren nicht ab: werde diese nicht bewilligt, dann müßten die Geiseln sterben, so ließen sie sich vernehmen. Plötzlich rief Iwan seine Bevollmächtigten ab und zwar, wie die Deutschen vernahmen, in Folge eines Zwiespalts, der zwischen ihm, seiner Gemahlin und seinem Sohne der vier Gefangenen wegen ausgebrochen war.⁶) Vermuthlich hatten sich die Großfürstin und der Thronfolger zu Gunsten der Unglücklichen verwendet; Grund genug für den Zaren, die Fesseln der Gefangenen schärfer anziehen zu lassen.

So lange Iwan lebte, war für die Hansa nichts mehr zu hoffen; denn es begann der Kampf um die Unabhängigkeit Livlands, zu dem der neue Ordensmeister Walter von Plettenberg seit Jahren gerüstet und alle Kräfte der Provinz angespannt hatte. Nur der beispiellosen Energie und Umsicht des heldenmüthigen Mannes ist der glückliche Ausgang des Krieges zu danken; Plettenberg fand für seine Bestrebungen weder bei dem Hochmeister, noch bei Kaiser und Reich, noch bei dem Polenkönige das richtige Verständniß; selbst die livländischen Bischöfe verhielten sich ablehnend und in Rom versagte man dem Heermeister jede Unterstützung. Erst nach dem unglücklichen Verlauf des Feldzuges von 1501 — in welchem die Russen am Flusse Siriza (7. August) zwar eine Niederlage erlitten, das Ordensheer aber durch schwere in seiner Mitte ausgebrochene Seuchen an der Verfolgung des Sieges gehindert wurde, daher Iwans barbarische Horden das unglückliche Land brennend und sengend durchzogen — bewilligte das Cardinalscollegium auf die dringenden Bitten des Hochmeisters Friedrich von Sachsen die Verwendung der im Jubeljahre 1500 in Preußen gesammelten Ablaßgelder zu Gunsten Livlands.⁷) So konnte denn der unermüdliche Plettenberg im nächsten Jahr ein wohlgerüstetes Heer von 7000 Reisigen, 1500 deutschen Landsknechten und 5000 Bauern in's Feld stellen. Am 13. September 1502 kam es beim

See Sinolin zur Schlacht mit dem 70,000 Mann starken, von dem Fürsten Schtschenja und Wassilij Shuiski angeführten Heere Jwans. Die Deutschen fochten mit dem Muthe der Verzweiflung, ihr Fußvolk erhielt von diesem Tage an bei den Russen den Beinamen des eisernen; dreimal durchbrach Plettenberg die sich immer von Neuem schließenden Reihen des Feindes. Endlich wandten die Russen sich zur Flucht; ihre Vernichtung wäre eine vollständige gewesen, hätte nicht der Ritter Hammerstädt, ein Bastard des Herzogs von Braunschweig, Verrath geübt und einige hundert Reisige in das feindliche Lager übergeführt. Der Tag kostete Jwan vierzigtausend Mann; Plettenberg blieb zwei Tage auf dem Schlachtfelde und gebot den 13. September auf ewige Zeiten zu feiern.[8])

Der Krieg hatte beide Theile erschöpft, doch zögerte Jwan Frieden zu schließen. Da trat Papst Alexander VI., der die Kräfte der ganzen Christenheit wider die Türkei in's Feld zu führen wünschte, vermittelnd auf; er bat den Großfürsten, den Livländern und Litthauen den Frieden zu gewähren. Jwan zeigte sich hierzu geneigt, machte aber solche Bedingungen, daß es langwieriger Verhandlungen bedurfte, bevor ein sechsjähriger Waffenstillstand abgeschlossen werden konnte (1503). Einen „ewigen" Frieden, auf den Plettenberg und Alexander von Litthauen antrugen, lehnte der Zar ab, auch verweigerte er die Freigabe der kriegsgefangenen Ritter.

Wie wenig Verständniß für diesen um Livlands Unabhängigkeit geführten Kampf in Deutschland vorhanden war, zeigt am besten das Verhalten des Kaisers. Maximilian richtete aus Augsburg vom 6. August 1502, also wenige Wochen vor Plettenbergs entscheidendem Siege, eine Art von Beileidsschreiben an Jwan, das er durch seinen Falkenmeister Justus Kantinger nach Moskau überbringen ließ. „Ich höre — schreibt der Kaiser — daß einige benachbarte Staaten sich gegen Rußland erhoben haben. Eingedenk der eidlichen Versprechungen unserer gegenseitigen Liebe, bin ich bereit, Dir, meinem Bruder, beizustehen mit Rath und That." Was trieb Maximilian zu einem so auffallenden Schritt gerade in dem Augenblick, wo die Existenz einer Provinz des Reiches auf dem Spiele stand? Wir können uns der Annahme nicht verschließen, daß es vorwiegend seine unbezwingliche Jagdlust war, die ihn vermochte, Kantinger mit dem angeführten Schreiben nach Moskau zu schicken; denn der Falkonier hatte dem Zaren noch ein vom 12. August 1502 datirtes vertrauliches Handschreiben zu überreichen, in dem der Kaiser um die Uebersendung einiger Jagdfalken bittet, jener Kretschatoi, die von den

Ufern der Petschora stammten, in Europa als eine Art Fabelwesen betrachtet wurden und in ihrer vollkommensten Abrichtung nur im Falkenhause des russischen Großfürsten zu finden waren.*)

Iwan sandte einen besonderen Beamten mit einigen Exemplaren dieser seltenen Jagdfalken an den Kaiser; die sehr lange und höfliche Antwort auf das erste Schreiben übergab er Kantinger, wobei er sich entschuldigte, daß er dieselbe dem Herkommen zuwider nicht durch einen Spezialgesandten überbringen lasse: er fürchte aber, ein solcher könnte in Livland oder in Polen festgehalten werden. Er schrieb dem Kaiser: Rußland sei von dem Ordensmeister und dem König von Polen angegriffen worden; beide hätten aber ihre Züchtigung empfangen und um Frieden gebeten. Wenn der Kaiser bei Erneuerung der Feindseligkeiten von jener Seite den Russen Beistand leisten wollte, so würden diese ihm zur Eroberung Ungarns behülflich sein.

Inzwischen hatten sich Friedrich von Sachsen und Plettenberg mit der Bitte um Vermittelung zu Gunsten der gefangenen Ritter an Maximilian und dessen Sohn Philipp gewandt. Beide schenkten derselben Gehör, und schrieb der Kaiser aus Kostnitz, 6. März 1505, an Iwan, König Philipp aus Brüssel vom 13. Oktober 1504 an den Großfürsten-Thronfolger Wassilij. Die Briefe Beider trugen die Aufschrift: „An den Zaren von Rußland"; es geschah zum ersten Male, daß die Kanzlei eines europäischen Fürsten dem moskowitischen Herrscher den Zarentitel beilegte.

Am 16. Juni gelangten die Schreiben in Iwans Hände und schon am 19. Juni ging seine Antwort ab; an Maximilian schrieb er selbst, an Philipp ließ er schreiben: Die Ritter hätten den Waffenstillstand gebrochen, seien im gerechten Kampf zu Gefangenen gemacht worden, wollten dem Bunde mit Litthauen nicht entsagen und müßten so lange in Fesseln bleiben, bis der Ordensmeister das Litthauische Bündniß aufgebe.

Iwan starb nach schwerer Krankheit am 27. Oktober 1505.

Achtes Kapitel.
Bemühungen zur Wiedereröffnung des St. Petershofes. Wassilij IV. und Maximilian I.

Wassilij IV. Iwanowitsch trat ganz in die Fußstapfen seines Vaters, dessen Politik, Befestigung des Reiches im Innern und Erweiterung desselben durch Unterwerfung der schwachen Nachbarstaaten, er unentwegt weiter befolgte und sich dabei der gleichen Mittel wie dieser bediente: Ueberredung und Bestechung, List und Verschlagenheit. Wassilij zeigte einige Vorliebe für die Deutschen, deren er mehrere an seinen Hof zog; sie wurde gefördert durch Michael Glinski, einen litthauischen Fürsten tartarischer Herkunft, der seine Jugend am kaiserlichen Hofe in Deutschland verlebt, an den Feldzügen Albrechts des Beherzten von Sachsen in Friesland theilgenommen und Maximilian auf dem Heerzuge nach Italien begleitet hatte. Glinski stand auf der Höhe der Bildung seiner Zeit, liebte den Umgang mit den Deutschen, von denen stets einige seine Umgebung bildeten, und wußte auch bei dem russischen Herrscher, unter dessen Oberherrschaft er sich mit seiner ganzen Verwandtschaft wegen Mißhelligkeit mit dem König Sigismund von Polen gestellt hatte, Interesse für deutsche Art und Sitte zu erwecken. Sobald Kaiser Maximilian von dem Thronwechsel in Moskau Nachricht erhalten hatte, sandte er Justus Kantinger abermals nach Rußland mit einem lateinisch abgefaßten Schreiben vom 25. März 1506, in welchem er den neuen Großfürsten um die Freilassung der gefangenen Ritter bittet und die Sache der Hansastädte befürwortet. Der kaiserliche Bote traf am 5. Oktober 1506 in der russischen Hauptstadt ein und wurde bald abgefertigt. Wassilij antwortete dem Kaiser ebenfalls lateinisch, die hansische Angelegenheit ließ er unberührt, die Befreiung der Ritter könnte erst nach abgeschlossenem Frieden erfolgen.[1]

Der zwischen Plettenberg und Iwans Bevollmächtigten 1503 abgeschlossene Waffenstillstand lief 1509 ab; im Februar dieses Jahres ging eine Gesandtschaft des Ordensmeisters, um die Verlängerung der Waffenruhe zu erwirken, nach Moskau ab. Der Zar wies sie an seine Statthalter in Nowgorod und Pskow, mit denen bereits am 25. März ein Beifrieden auf vierzehn Jahre vereinbart wurde. Die fünfundzwanzig Vertragsartikel enthalten im Wesentlichen Bestimmungen über den freien Handelsverkehr mit Nowgorod (Pskow) und Livland, gedenken jedoch der deutschen Kaufhöfe daselbst mit keinem Wort.²) Wassilij, der nunmehr auch die Kriegsgefangenen freigab, bedurfte des Friedens mit den Livländern, weil er die Eroberung Litthauens plante; zu diesem Zwecke hatte er durch Glinski den Kaiser wissen lassen, daß er bereit sei, den zwischen Maximilian und Iwan aufgerichteten Bündnißvertrag, der dem Großfürsten einen Theil von Litthauen zuerkannte, zu erneuern.

Des Kaisers Absichten auf Ungarn waren durch die Geburt eines Erben der Stephanskrone³) vorläufig aussichtslos geworden und ging jetzt sein Trachten auf die Niederwerfung der Republik Venedig, die seiner Krönungsfahrt nach Rom unübersteigliche Hindernisse in den Weg gelegt hatte. Wassilij fand daher bei Maximilian kein Entgegenkommen; jetzt um so weniger, als der Großfürst die wiederholte Vermittelung des Kaisers zu Gunsten der hansischen Kaufleute bisher unbeachtet gelassen hatte. Maximilian hatte auf den großen Nutzen hingewiesen, den Rußland aus dem Handel mit der Hansa gezogen habe und hinzugefügt, daß die Städte bereit wären, das Contor in Nowgorod wieder zu eröffnen, wenn den Lübeckern die ihnen von Iwan auf den Rath schlechter Menschen weggenommenen Güter zurückgegeben würden. Wassilij antwortete darauf: „Mögen sich die Lübecker und die zweiundsiebzig mit ihnen verbundenen Städte mit einer gebührlichen Bittschrift an meine Statthalter von Nowgorod und Pskow wenden, aus Freundschaft für Dich werde ich den Handel mit den Deutschen befehlen. Ihre Güter aber können, da sie eines Vergehens halber eingezogen sind, nicht zurückgegeben werden, wie Dir auch mein Vater schon geschrieben hat." ⁷)

Lübeck, von dem Inhalte dieses Schreibens in Kenntniß gesetzt, ließ ohne Verzug im Januar 1510 unter Führung seines Syndicus Johann Rode im Namen der Städte eine Gesandtschaft nach Nowgorod abgehen; aber sie fand bei dem dortigen Statthalter einen üblen Empfang und mußte unverrichteter Sache umkehren. Maximilian, empört über diese unwürdige Behandlung der auf seine Veranlassung abgeordneten Städteboten, richtete unterm 12. Oktober 1511 aus Silian im Pusterthale ein geharnischtes Schreiben an Wassilij.

Derartiges habe er sich von seiner Liebe nicht versehen; „wäre Dein seliger Vater noch am Leben geblieben, so zweifeln wir nicht, daß er den Unsrigen die Güter hätte ausfolgen lassen, wie er es auch geschrieben. Wir versehen uns zu Deiner Liebe nochmals alles Guten und bitten, Deine Liebe wolle bedenken und zu Herzen nehmen, daß in einem christlichen Frieden, der auf das heilige Kreuz geküßt ward, den Unsern aus böser Leute Rath, der Deines seligen Vaters Schuld nicht ist, in Deinem väterlichen Erbe, da dieselben von niemand beklagt wurden, sonder alle Schuld gefangen und ihres Gutes beraubt worden sind; sie hatten sich rechtlich gehalten und niemand Schaden gethan, noch jemand betrogen. Man hatte auch von den gefangenen Leuten nichts Arges gehört, noch sind sie in bösen Sachen befunden worden. Es ist auch nicht wider sie gezeuget noch Recht über sie gesprochen worden; wären unsere Leute schuldig gewesen, da hätte man nach Einhaltung des Kreuzbriefes verfahren sollen."

Der Kaiser erinnert weiter, wie er Freundschaft mit des Großfürsten seligem Vater gehalten habe, und zweifelt nicht, daß Wassilij in dessen Stelle treten und in allen Dingen Lieb und Freundschaft halten werde. „So wollen wir uns auch — fährt er fort — dazu gänzlich verlassen, wie wir auch hie zuvor Deiner Liebe lateinisch geschrieben haben, daß Deine Liebe uns zu Ehren und um unserer Bitte willen die Güter unsern armen und unschuldigen Leuten aus besonderer Gunst wiedergeben und verheischen möge, daß mit ihnen ein christlicher Friede nach alter Art gemacht werde, so daß sie mögen die Einen zu den Andern zu Wasser und zu Lande kommen und kaufschlagen mit allerhand Waaren und sonderlich mit dem Salz, das eine Gabe von Gott ist, davon beide Lande Wohlfahrt und Nahrung zu haben pflegen."

Auch die mit den Kauffahrern kommenden Leute und armen Gesellen, welche die Kaufmannschaft lernen, sollen zugelassen und den Kaufleuten soll gestattet werden, allerhand Waaren aus Rußland über alle deutschen Lande zu führen. Obwohl der Kaiser versichert, sich ganz darauf zu verlassen, daß der Großfürst um der gegenseitigen Liebe und Freundschaft willen „dem nachkommen" werde, begehrt und erbittet er doch eine schriftliche, zuverlässige Antwort.

Die deutschen Kaufleute erfuhren auch nach diesem einbringlichen Schreiben Maximilians keine Besserung ihrer Lage in Rußland; der Zar legte ihnen vielmehr noch größere Beschränkungen auf, angeblich wegen der Einfuhr unterwerthigen und schlecht verarbeiteten Silbers. Erst unter dem Einfluß einer günstigen politischen Constellation gelang es der Hansa, in Nowgorod wieder festen Fuß zu fassen.

König Sigismund von Polen beanspruchte einige dem Hause Habsburg zugehörige Landschaften, auf welche seine Mutter Elisabeth von Oesterreich bei ihrer Vermählung nicht ausdrücklich Verzicht geleistet hatte, und führte deren Wappen bereits in dem polnischen Kronsiegel. Kaiser Maximilian sann in Folge dessen auf Krieg gegen Polen, zum Vorwande dazu sollte aber der Streit dienen, in dem Sigismund mit dem Ordensstaate in Preußen lag, dessen neuer Hochmeister Albrecht von Brandenburg sich, wie sein Vorgänger Friedrich von Sachsen, weigerte, den im Frieden zu Thorn 1466 festgesetzten Lehnseid zu leisten.

Um den Polen zu demüthigen, plante Maximilian eine großartige Coalition. Es sollten sich zum Sturze Sigismunds verbünden: die Meister des deutschen Ordens, der König von Dänemark, die Häuser Sachsen und Brandenburg, der Fürst der Wallachei und endlich der Zar von Moskau.[7]

Wassilij, der bereits den Krieg gegen Polen eröffnet, aber sich in Folge Mangels an tauglicher Artillerie und Ausbruchs schwerer Krankheiten in seinem Heere zur Aufgabe der Belagerung von Smolensk und zum Rückzuge nach Rußland genöthigt gesehen hatte, nahm des Kaisers Antrag mit Freuden an. Maximilian hatte seinem Gesandten Georg Schnitzenpaumer von Soneg unterm 11. August 1513 den Auftrag ertheilt, den Zaren zur Theilnahme an dem Bündniß wider Sigismund einzuladen, aber ihn nicht bevollmächtigt, einen Vertrag abzuschließen.[8] Das freudige Entgegenkommen und die diplomatische Klugheit Wassilijs und seiner Räthe verleitete jedoch Schnitzenpaumer, seine Instruktion zu überschreiten. Er arbeitete nach Vorlage der zwischen Friedrich III. und Iwan III. vereinbarten Urkunde den Entwurf zu einem Schutz- und Trutzbündniß aus und händigte den großfürstlichen Unterhändlern ein mit seiner Unterschrift und seinem Siegel versehenes Schreiben ein, in welchem er Namens des Kaisers und auf Kreuzkuß versprach, daß eine den Inhalt des Entwurfs von Wort zu Wort wiedergebende und vom Kaiser gefertigte Urkunde ausgestellt und dem ihn nach Wien begleitenden Gesandten des Zaren übergeben werden würde.

Wassilij schickte nun den Dimitri Laskirew und den Djäk Elisar Shukow an Maximilian mit der von ihm vollzogenen Vertragsurkunde. Als die kaiserlichen Räthe dieselbe Wort für Wort prüften, waren sie im hohen Grade entrüstet über Schnitzenpaumers eigenmächtiges Verfahren. Nach einigem Ueberlegen riethen sie jedoch dem Kaiser, um den

Gesandten vor den Russen nicht zu beschämen und die zarischen Boten nicht unverrichteter Sache zurückkehren zu lassen, das Bündniß zu bestätigen und durch Kreuzeskuß zu beschwören, aber unter dem ausdrücklichen Vermerk, daß der Großfürst diese aus oben angeführter Rücksicht vollzogene, „wider Kayserlich Majestät und Gewissen" aufgerichtete Urkunde gegen eine andere ihm später zu überschickende auszuhändigen verbunden sein solle, welche bis auf jene anstößigen Bestimmungen, die wegbleiben müßten, mit der ersten gleichlautend sein werde.

Unter diesem Vorbehalt wurde zu Gmunden am 4. August 1514 das mit dem russischen Text gleichlautende Schriftstück in lateinischer Sprache auf Pergament ausgefertigt, mit der goldenen Bulle versehen, von Maximilian durch Kreuzeskuß bestätigt und gegen das von Iwan vollzogene ausgewechselt. An demselben Tage unterzeichnete der Kaiser auch die nach dem deutschen Kanzleistil umgearbeitete und von den mißfälligen Stellen gesäuberte Urkunde.

Während Schnitzenpaumer ein unbedingtes Schutz- und Trutzbündniß zwischen den beiden Herrschern allein und wider alle ihre Feinde, insbesondere aber gegen den König von Polen, vereinbart hatte und zwar derart, daß die Eröffnung der Feindseligkeiten der Willkür eines jeden Bundesgenossen überlassen blieb, den andern aber dann die Verpflichtung zufiel, sofort mit ins Feld zu rücken, stellt der im Kaiserlichen Cabinet ausgearbeitete Entwurf neben dem Kaiser auch das Reich und die anderen Bundesverwandten als Mitcontrahenten auf und dehnt die Wirksamkeit der freundschaftlichen Verbindung auch auf die Kinder und Kindeskinder der vertragschließenden Fürsten aus. Das Schutzbündniß hielt er nur im Allgemeinen fest, erweitert dagegen aber die Bestimmungen wegen des Angriffs wider Sigismund, wobei indeß vorbehalten wird, daß der König erst gütlich angegangen werden soll, den Forderungen der beiden Vertragsmächte und ihrer Bundesgenossen gerecht zu werden. Erst nach ablehnender Antwort soll am St. Georgstage 1515 der Krieg von beiden Seiten gegen Polen eröffnet und so lange fortgesetzt werden, bis man die gänzliche Befriedigung aller Theilnehmer erreicht habe. Keiner der Contrahenten darf einen Waffenstillstand oder Sonderfrieden mit dem Könige schließen, und bleibt der Vertrag auch in Kraft, wenn von dem Könige volle Genugthuung erlangt worden sei. Zum Schluß wird den Unterthanen, Boten und Kaufleuten aller Bundesgenossen gegenseitiger freier und sicherer Verkehr gewährleistet.⁹)

Der Abschluß dieses Bündnisses, das ihm die Erwerbung Litthauens

in sichere Aussicht zu stellen schien, bewog endlich Wassilij zur Nach=
giebigkeit gegen die Hanseaten. Schnitzenpaumer vermochte den Zaren,
einer neuerdings nach Rußland abgeordneten Städtegesandtschaft unterm
2. Januar 1514 Geleitsbriefe auszufertigen. Er würde, schrieb Wassilij
dem kaiserlichen Gesandten, wegen seines Bruders Maximilian das
„Hauptschlagen" der Sendboten ansehen und die 73 Städte begnadigen,
auch befehlen, daß sie in seinen Landen ohne alle Hindernisse Kaufmann=
schaft treiben, kommen und gehen können.¹⁰)

Im Frühjahr 1514 wurden in Nowgorod die Verhandlungen zwischen
den großfürstlichen Statthaltern und Bojaren einerseits, den hansischen
Abgeordneten andrerseits eröffnet. Zunächst hatten die Letzteren alle Vor=
würfe und Beschwerden zu hören, welche gegen den gemeinen deutschen
Kaufmann die Russen schon so oft erhoben hatten. Dann suchte man
sie unter allerhand Vorspiegelungen zu bewegen, daß die livländischen
sowie alle Hansastädte sich von dem Ordensmeister und allen Herren, die
Feinde des Großfürsten seien, lossagten: Wenn sie sich dazu vertrags=
mäßig verpflichten wollten, würde ihnen ein Frieden auf fünfzig oder
sechszig Jahre bewilligt werden. Die Sendboten, denen bei der Anmaß=
lichkeit und Rücksichtslosigkeit der Russen zuweilen die Geduld riß, sprangen
mehrmals auf und wollten lieber sonder Frieden abgehen, als einen unter
den ihnen vorgelegten Bedingungen annehmen.

Nach wochenlanger „swaren arbeide" ward im Juni jedoch „ut werkinghe
des hilligen Gestes", unter Einwirkung des heiligen Geistes, wie die liv=
ländischen Boten an Meister Plettenberg berichten, ein zehnjähriger Friede von
Himmelfahrt 1514 bis Himmelfahrt 1524 aufgerichtet und unterzeichnet;
Namens des Zaren von dem großfürstlichen Statthalter zu Nowgorod Fürsten
Wassilij Wassiljewitsch (Shuiski) und Iwan Gregorewitsch (Morosow),
Namens der Hansa von den Sendboten Dorpats, Bürgermeister Johann
Bulk, Rathmann Arend von Loen und dem als Schreiber dienenden
Priester Matthias Lemke, sowie von den Vertretern Revals, Bürgermeister
Johann Viant (Feind), und Rathmann Johann Retgers.¹¹)

Die Städte verpflichten sich in dem Vertrage, keine Gemeinschaft mit
Sigismund von Polen und dessen Freunden zu unterhalten, sowie dem
Großfürsten in allen Stücken willfährig zu sein. Dagegen überweist ihnen
Wassilij alle den Deutschen gehörenden Höfe, Plätze und Kirchen in
Nowgorod, erlaubt ihnen mit Salz, Silber, Blei, Kupfer, Zinn, Schwefel,
Honig, Häringen und allerhand Handwerkerarbeit Handel zu treiben und
verheißt ihnen im Falle eines Krieges mit Livland oder Schweden voll=

kommene Sicherheit in seinen Landen. Weiter ward festgesetzt, daß die Städte keinen ihre Satzungen übertretenden Russen höher als mit 10 Stück Silber schatzen dürfen; in Deutschland die Russen nach deutschem Rechte, in Rußland die Deutschen nach russischem Rechte gerichtet und jene nicht ohne Vorwissen der großfürstlichen Statthalter, diese nicht ohne Zustimmung der Hansa bestraft werden, auch Niemand ohne Untersuchung seiner Freiheit verlustig gehen soll.[12])

Zwanzig Jahre war der Hof von St. Peter geschlossen geblieben; als er jetzt wieder dem hansischen Kaufmann geöffnet wurde, erkannten die „Ehrsamen Herren zu Lübeck und der anderen Städte Abgesandte und Befehlighaber" die Nothwendigkeit, eine neue Skra für die Niederlage aufzusetzen, welche den veränderten Verhältnissen Rechnung tragen sollte.

Als wesentliche Neuerung erscheint in dem umgearbeiteten Hofgesetz die Bestimmung über die Wahl der Olderleute: Sind nur zehn Kaufleute in dem Hofe, sollen sie sich zwei Vorsteher kiesen; kommen sie aber zu dreißig oder vierzig Mann, so haben sie, nach den vier Quartieren des Hansabundes, dem sächsischen, dem westphälischen, dem wendischen und livländischen, geordnet, je drei, im Ganzen zwölf, aus ihrer Mitte zu ernennen, welche die Olderleute wählen und einschwören. Der Schwur lautete: „Dat uns Gott help und S. Peter, dat wy alle Sanct Peters Recht bewahren willen nach unser Conscientien und samptlichkeit, also wo in diesem Boeke geschrewen steit und helffen einen jeglichen zu seinen Rechten, als wy best können und mögen, und nicht durch Gift und Gawen richten nach Gnaden."

Die alten Verbote, mit den Russen auf Borg kaufzuschlagen oder mit ihnen Handelsgemeinschaft zu machen, wurden erneuert, ebenso das gegen die Einfuhr gefälschter Tuche, „unbekannter oder unversiegelter Laken"; die städtischen Sendboten dürfen in Nowgorod auf eigene Rechnung kein Geschäft machen; Niemand soll über Jahr und Tag dort verweilen, kein Gut, das im Winter auf Landwegen gekommen ist, kaufen, oder Silber und Tuche zu Lande einführen; wer heimlich abreist, wird mit 10 Mark Silber gebüßt.

Im Hofe wohnte jetzt ein ständiger Priester, der 10 Mark Nowgorodsch Silber Lohn empfängt, frei Bier und von der Tafel des Hofknechts, dem dafür auf St. Peters Kosten 18 Denninge vergütet werden, freie Kost erhält. Wer in Gegenwart eines Russen aus den deutschen Städten angekommene Briefe liest oder dieselben aus der Hand giebt, wird mit 1 Mark Silber gestraft. Bei Verlust der Gerechtigkeit des

Hofes ist es verboten, mit Kaufmannschaft über Nowgorod hinaus nach Moskau und dem übrigen Rußland zu reisen.[13])

Die Hoffnung, welche die Hansa an den neuen Vertrag knüpfte, daß das Contor am Wolchow in alter Herrlichkeit wieder erstehen werde, erfüllte sich aber so wenig wie die Erwartung, mit welcher der russische Selbstherrscher der Wirkung des mit Kaiser und Reich geschlossenen Bündnisses entgegensah. Gerade zu derselben Zeit, da die verbündeten Heere nach der Bestimmung des Kaisers sich gegen Polen in Bewegung setzen sollten, feierte Maximilian seine Versöhnung mit den Königen Sigismund und Wladislaw und die Wechselheirath seiner Enkelkinder mit den Kindern des Königs von Böhmen und Ungarn. Wassilij hatte es abgelehnt, die in der kaiserlichen Kanzlei umgearbeitete Vertragsurkunde entgegenzunehmen; gegen diese Weigerung ließ Maximilian in der Pfalz zu Augsburg durch seinen Procurator Dr. Conrad Peutinger vor Zeugen und Notaren einen feierlichen Protest einlegen und erklären, daß es sein Wille sei, nur dem zweiten Bündniß und Einigungsbrief Folge zu geben und nachzukommen.[14]) Während nun der Zar die bundesgemäße Hülfe gegen Polen von dem Kaiser verlangte, ließ ihn dieser durch seine Boten Pantaleon und Eber auffordern, sich mit Sigismund „einem edelmüthigen und großherzigen Fürsten" zu versöhnen. Wassilij antwortete mit lebhaften Beschwerden über des Kaisers Bundbrüchigkeit und der Versicherung, den Krieg gegen Polen beharrlich fortzusetzen. Wie den Moskowiter hatte Maximilian auch den Hochmeister Albrecht von Brandenburg im Stich gelassen, nachdem er ihm kurz zuvor „bei seiner Ungnade und schweren Strafen" verboten hatte, sich mit dem Könige von Polen zu verständigen. Albrecht sah sich so genöthigt, bei dem russischen Großfürsten insgeheim Schutz für den Orden nachzusuchen. Wassilij erklärte sich gern dazu bereit und der Hochmeister sandte seinen besten Diplomaten Dietrich von Schönberg nach Moskau, dem es auch bald gelang, einen Bündnißvertrag abzuschließen.[15]) Beide Theile verpflichten sich, „fest und ausdauernd" wider den gemeinsamen Feind zu stehen und das Unternehmen in Einmüthigkeit zu betreiben. Der Hochmeister sichert sodann den kaiserlichen und zarischen Gesandten zu Wasser und zu Lande freien Durchzug durch das Ordensgebiet, während der Zar den preußischen Kaufleuten ungehinderte Fahrt in Rußland bewilligt. Auch erklärt sich Wassilij bereit, monatlich sechszigtausend rheinische Gulden zum Unterhalt von zwölftausend Mann Kriegsvolk an Albrecht zu zahlen unter der Bedingung, daß das Ordensheer Danzig, Graudenz, Thorn, Marienwerder und Elbing einnähme und auf Krakau vorrücke. Der Verlauf des ganzen Krieges machte diese Bedingung gegenstandslos; doch gelang es Albrecht nach unsäglichen Mühen, von Wassilij zum Unterhalt von 1000 Fußknechten zu drei verschiedenen Malen Hülfsgelder zu erlangen, im Ganzen etwa vierunddreißigtausend rheinische Gulden; das Geld wurde ihm von den zarischen Beauftragten mit der Hand vorgewogen, so daß manche hundert Gulden an deren Finger kleben blieben.[16]

Der Krieg gegen Polen lähmte die deutsche Kauffahrtei nach Rußland sehr, und ließen es sich die Hansastädte angelegen sein, die Anstrengungen, welche Kaiser und Papst zur Herstellung des Friedens machten, nach Kräften zu unterstützen. Mit Freuden empfingen Meister und Knappen im St. Petershofe zu Nowgorod den zur Förderung des Friedenswerkes nach Moskau reisenden kaiserlichen Gesandten Sigismund Herberstein und stellten seinen Schlitten zum immerwährenden Gedächtniß in der St. Peterskirche auf.[17] Aber auch die Sendung dieses ausgezeichneten Diplomaten blieb ohne Erfolg und es bedurfte erst des Aufstandes der Kasaner und der Bedrohung Moskaus durch die Horden der Krim, bevor sich Wassilij ernstlich bereit zeigte, mit dem König von Polen einen Waffenstillstand abzuschließen (25. Dez. 1522).

Inzwischen hatte der livländische Ordensmeister der Hansa den Vorschlag gemacht, die Höfe in Nowgorod aufzugeben und Narwa zum Stapelplatz für den russischen Handel zu machen. Aber Narwa war nicht Mitglied des Städtebundes, suchte vielmehr seine Aufnahme erst 1542 nach,[18] konnte daher auf eine solche Bevorzugung keinen Anspruch erheben. Die livländischen Städte verwarfen 1521 auf dem Tage zu Lübeck den Plettenbergschen Antrag, doch einigte man sich nach lebhafter Auseinandersetzung endlich dahin: den Hof zu St. Peter Dorpat, das dort Priester und Knechte anstellen könne, zu überlassen, es aber jedem anheim zu geben, in Reval oder Dorpat mit den Russen zu handeln.[19] Mit diesem Beschluß war das seit Jahrhunderten eifersüchtig gehütete Monopol des Nowgoroder Contors aufgehoben und konnte es ungeachtet jahrzehntelanger immer erneuerter Versuche nicht mehr hergestellt werden.

Dorpat und Reval glaubten durch den Beschluß des Städtetages eine unabhängige Stellung im Bunde erhalten zu haben. Auf eigene Hand traten sie daher mit dem russischen Herrscher in Unterhandlung, welche 1522 zum Abschluß eines Handelsvertrages führte, der neben mancher den Deutschen günstigen Bestimmung das Verbot der Einfuhr von Salz nach Rußland enthielt, durch welches die Nowgoroder Salzwerke vor der deutschen Concurrenz geschützt werden sollten. Die wendischen Städte versagten diesem Vertrage ihre Zustimmung, weil darin der St. Petershof keine Berücksichtigung gefunden und man die alten Freiheiten nicht gewahrt habe. Sie beschlossen 1525 ihrerseits eine Gesandtschaft an Wassilij abzuordnen, um von ihm die Erlaubniß zur Wiederherstellung des Contors am Wolchow zu erbitten. Aber in Folge vielfach dagegen erhobener Bedenken kam der Beschluß nicht zur Ausführung; namentlich ward geltend gemacht, daß, nachdem sich die Nowgoroder einmal an den freien Kaufschlag gewöhnt hätten, sie es ablehnen würden, sich wieder auf den Verkehr mit dem deutschen Hofe beschränken zu lassen.[20]

Die Frage wegen Erneuerung dieser Niederlage verschwand jedoch nicht mehr von der Tagesordnung der hansischen Versammlungen. Man erging sich bei Berathung des Gegenstandes zumeist in wechselseitigen herben Anklagen. Auf den Vorwurf der Lübecker, daß die Livländer es an gutem Willen fehlen ließen, nicht aufhörten, mit den Russen wider die Satzungen zu handeln und die alten Freiheiten preisgäben, antworteten die Boten Rigas: „Die Zeit und Welt, als die Privilegien gegeben wurden, seien viel anders als jetzt gewesen"; man wolle auf dieselben Rücksicht nehmen, wenn es ohne Verderb der livländischen Städte möglich wäre. Zugleich erklärte er, daß fortan der weiten Entfernung wegen nicht mehr jede Stadt für sich die Tagfahrt beschicken werde, sondern sie sich insgesammt durch eine vertreten lassen würden.[21]

Lübeck konnte jetzt auf die Nachgiebigkeit der Livländer um so weniger rechnen, als es auf Grund eines Vertrages mit König Friedrich von Dänemark den Versuch erneuerte, die Holländer, welche in Riga, Reval, Dorpat willkommene Gäste waren, von der osterländischen Seefahrt mit Stapelgut ganz auszuschließen. Im Bunde mit König Friedrich, Rostock, Wismar und Stralsund konnte es die Schifffahrt der Holländer brach legen; im Sommer 1532 ankerten 400 Kauffahrteischiffe ohne Fracht in den holländischen Häfen und 10000 Bootsleute suchten Beschäftigung. Der Krieg schien unvermeidlich; Lübeck ließ die Kirchenschätze einschmelzen zur Bestreitung der Kosten für ein Geschwader, das sich 1533 in den Sund legte und die holländischen Städte rüsteten unter Berufung auf ihren Landesherrn, den Kaiser, eine Flotte zur Bestrafung derer von Lübeck „Seiner Majestät Aufrührer und Feinde" aus. Da starb König Friedrich im April 1533 und sein Tod gab den Dingen eine andere Wendung.[22] Die Sperrung der Ostsee gegen die westlichen Nationen ließ sich auf die Dauer nicht mehr durchführen, das mußte auch die hansische Vormacht erkennen. Vor Allem galt es ihr, von nun an sich auf dem russischen Markte den Vorrang nicht ablaufen zu lassen.

1538 erhielten die Livländischen von den Ueberseeischen die Aufforderung zum Zwecke der Wiederherstellung des Nowgoroder Contors eine Gesandtschaft nach Moskau abzuordnen: sie seien dazu um so mehr verpflichtet, als vornehmlich durch ihr Verschulden die Niederlassung in Verfall gerathen sei. Dieses Ansinnen blieb ohne Antwort. 1539 ward zu Lübeck die Wiederholung desselben beschlossen, zugleich aber die Abfassung eines Schreibens an den moskowitischen Herrscher, in welchem er ersucht werden sollte, den dreiundsiebzig Städten für Nowgorod die alten Freiheiten zurückzugeben in Anbetracht, daß dieses Contor dem russischen Reiche so ersprießlich gewesen und durch die deutschen Kaufleute der russische Name zuerst in fremden Landen bekannt geworden sei.[23]

Nunmehr hielten die Livländer mit ihrer Antwort nicht zurück; ohne Rückhalt widersprachen sie jedem Antrage auf Wiederherstellung der Kaufhöfe in Nowgorod und Pskow. Seit dem Jahre 1494 hatte der Handelsverkehr mit Rußland sich vorwiegend den livländischen Plätzen zugewandt und die dortigen Kaufleute waren entschlossen, ihre bevorzugte Stellung gegen Jedermann zu behaupten. Sie untersagten 1539 unter Berufung auf den alten Rechtssatz, daß Gast mit Gast nicht handeln dürfe, den Kauffahrern der überseeischen Städte den unmittelbaren Kaufschlag mit den Russen, und mit welcher unbarmherzigen Strenge sie die Uebertretung ihres Gebotes ahndeten, erfuhr ein gewisser Hans Vegesack, den die Dorpater ohne Rücksicht auf die Fürsprache des Ordensmeisters, des Erzbischofs von Riga und ihres Bischofs, enthaupten ließen, weil er ohne ihre Vermittelung mit den Russen in Geschäftsverbindung getreten war. Die von der lübeckschen Partei gegen dieses Bluturtheil erhobenen Verwahrungen blieben unberücksichtigt.

Auf dem 1540 an der Trave abgehaltenen Städtetag ward abermals die Abordnung einer Gesandtschaft nach Moskau berathen, aber die Sendboten Livlands lehnten jede Betheiligung daran ab. Der Vertreter Dorpats wies darauf hin, wie übermüthig die Russen den Deutschen immer begegnet wären und wie wenig man ihnen trauen dürfe. Dagegen erhob sich der Bote Revals: nicht die Russen seien an dem Untergang des Nowgoroder Hofes Schuld, sondern der Eigennutz und das schlechte Benehmen der deutschen Kaufleute. Riga ließ sich auf weitere Erörterungen gar nicht ein und beschränkte sich auf die Erklärung: es sei unmöglich, die Niederlage am Wolchow wieder herzustellen, daher unnöthig, eine Gesandtschaft an den Großfürsten abzuordnen.[24]

Die Mehrzahl der Städte war aber für die Gesandtschaft, sie bewarben sich um Geleitsbriefe und als diese eintrafen, erging an Lübeck, Hamburg, Danzig, Königsberg, sowie an Riga, Dorpat und Reval das Ersuchen, Boten zu ernennen; zur Bestreitung der Unkosten für die Abordnung ward die Erhebung eines Pfundzolles in Livland beschlossen. Die Livländer erlahmten in ihrem Widerstande nicht; sie verboten den Ueberseeischen, Zinn, Draht, Messing, Kupfer den Russen zuzuführen und erklärten, die Auflage eines Pfundzolles würde den Ordensmeister und den Erzbischof zur Nachahmung reizen. Die alten Freiheiten, fuhren sie fort, könnten in Nowgorod nicht wieder erlangt werden: es herrsche in Rußland keine Ordnung, Statthalter und Bojaren beraubten die Fremden, der russische Kaufmann werde sich dem Stapelzwange nicht mehr fügen, da er von dem Bauer unmittelbar das Pelzwerk kaufe.

Neuntes Kapitel.
Iwan IV., der Schreckliche, und der Kampf um Livland.

Die Einwendungen, welche die livländischen Städteboten zuletzt gegen die Erneuerung des Nowgoroder Contors erhoben hatten, waren wohl begründet, denn in Moskau herrschte nicht mehr der thatkräftige und willensstarke Wassili, sondern im Namen des minderjährigen Großfürsten Iwan IV. Wassiljewitsch führten einige Bojarengeschlechter die Regierung, wie die Shuiskis, Bjelskis und Glinskis, welche unter sich in beständigem Kampfe um die Herrschaft lagen. Verbriefungen und Verträge verloren in diesen Jahren ihre bindende Kraft, diese Erfahrung war auch den deutschen Kauffahrern nicht erspart geblieben. Im Jahre 1547 erreichte Iwan aber das regierungsfähige Alter und die Bojaren sollten bald die eiserne Zuchtruthe des jungen Tyrannen spüren. Nur die Glinskis, seine Oheime mütterlicherseits, hielten sich noch in seiner Gunst; sie zogen einige unterrichtete Deutsche in seine Umgebung und waren bestrebt, ihn mit einer Prinzessin aus einem europäischen Fürstenhause zu vermählen. Doch wußte der Metropolit diese Absicht zu vereiteln, indem er dem jungen Herrscher die Verbindung mit einer Ausländerin als ein nationales Unglück vorstellte. An dem Umgang mit den Deutschen hielt Iwan jedoch fest, unter diesen gewann namentlich Hans Schlitte aus Goslar, den die Lust nach Abenteuern in jungen Jahren nach Rußland geführt hatte, sein Vertrauen. Derselbe wußte durch seine Schilderungen von den Fortschritten der Kultur in Deutschland in dem wißbegierigen Zaren den Wunsch rege zu machen, sein Reich auf die gleiche Höhe der Civilisation zu heben. Zwei Monate nach seiner Krönung ertheilte Iwan dem Hans Schlitte den schriftlichen Auftrag: Aerzte, Schriftgelehrte, Harnischmacher, Bergleute, Goldschmiede, Büchsenmacher, Glockengießer, Baumeister, Apotheker, Ingenieure, Papiermacher, für Rußland anzuwerben. Er verspricht: die, welche ihm nur auf einige Jahre dienen wollen, mit einer großen Begnadigung in die

Heimath entlassen zu wollen; die ihm aber auf Lebenszeit dienen, sollen allerhöchste Begnadigung, Wohnung und Besoldung, davon sie leben können, empfangen.

Schlitte begab sich nach Augsburg, wo gerade der Reichstag versammelt war. Karl V. befand sich in gehobenster Stimmung, er hatte die Schmalkaldener besiegt, den Kurfürsten von Sachsen und den Landgrafen von Hessen in seine Gewalt bekommen und zweifelte kaum mehr an der vollständigen Vernichtung der Evangelischen. Schlitte fand bei ihm und den Reichsfürsten geneigtes Gehör; der verschlagene Bevollmächtigte Iwans unterhielt sie von dem religiösen Eifer des jungen Zaren, der erfüllt sei von Haß wider die Ungläubigen und voll Verlangen, sich mit dem Papst zu vereinigen. Karl überwies das Schreiben des Großfürsten den Reichsständen zur sorgsamen Erwägung. Die Bedenken, welche sich gegen die Bewilligung des Ansuchens erhoben, mußten verstummen vor der Aussicht, durch Gewährung desselben die Russen in den Schooß der alleinseligmachenden Kirche überführen zu können. Nach langen Berathungen ward endlich die Erlaubniß ertheilt unter dem Vorbehalt, daß Hans Schlitte sich in seinem und des Zaren Namen eidlich verpflichtete, weder die von ihm Angeworbenen den Türken, Tartaren oder anderen Ungläubigen zuzuführen, noch überhaupt die ihm ertheilte Erlaubniß zum Nachtheil des Kaisers, des römischen Königs und des Reiches zu mißbrauchen. Nach Schlittes Angabe sollten die Angeworbenen über Lübeck zur See nach Livland und von dort zu Lande nach Rußland reisen. Bevor sie das Reichsgebiet verließen, sollten sie ebenfalls den von Schlitte geleisteten Eid ablegen und zwar vor dem Meister von Livland, Hermann von Brüggenoy, den Karl zu seinem Commissar ernannt hatte.

Am 30. Januar 1548 unterzeichnete der Kaiser und sein Neffe Erzherzog Maximilian den Schutzbrief „für unsern und des Reiches lieben getreuen Hans Schlitte," dem darin mit besonderer Rücksicht darauf, daß Großfürst Wassilij sich unter die lateinische Kirche habe begeben wollen und nach glaubwürdigem Bericht der jetzige Fürst auch zu freundlicher Willfahrung geneigt sei — die Befugniß ertheilt wird, allenthalben im römischen Reich und in den Erbländern, Doctores und Meister in allerlei Künsten zu suchen, aufzubringen und zu bestellen und gedachtem Fürsten in Reußen zuzuführen.[2]) Zugleich erhielt der zarische Bevollmächtigte ein kaiserliches Handschreiben vom 31. Januar 1548 an den Großfürsten, in welchem Karl von dem Wohlgefallen spricht, mit dem er die Eröffnungen Schlittes vernommen und demselben in Anbetracht der Freundschaft, die zwischen

Wassilij, dem Kaiser Maximilian, dem deutschen Reiche und dem Hause Oesterreich in hohem Grade bestand, besteht und auch in Zukunft bestehen soll, die nachgesuchte Bewilligung ertheilt habe. Die Kunde von dem Schlitteschen Unternehmen hatte in den Hansastädten, namentlich aber in Lübeck, große Unruhe hervorgerufen. Man fürchtete, daß die gelehrigen Russen unter Anweisung deutscher Meister sich bald von den deutschen Märkten unabhängig machen könnten, und sahen die Ritter ihre kriegerische Ueberlegenheit bedroht, sobald die russischen Heere mit Feuerwaffen ausgerüstet und ihre Geschütze von Deutschen bedient würden. In solcher Erwägung setzte sich der Ordensmeister ohne Rücksicht auf den kaiserlichen Schutzbrief und auf die Beschlüsse des Reichstags zu nehmen, mit Lübeck in Verbindung und ersuchte den Rath, die Einschiffung der Schlitteschen Expedition zu verhüten.

Dem Bevollmächtigten Iwans war es gelungen, in kurzer Zeit hundertdreiundzwanzig Personen, darunter zwei Theologen, vier Aerzte, zwei Rechtsgelehrte, zwei Baumeister und vier Apotheker anzuwerben und nach Lübeck zu befördern. Aber an der Trave wartete seiner ein schlimmer Empfang. Der lübische Rath in Voraussicht der üblen Folgen, die daraus entstehen könnten, hatte lange gezögert, dem Wunsche des Ordensmeisters zu willfahren, erst das lebhafte Drängen Revals, welches ihnen den Schaden, der dem hansischen Verkehr aus dem Schlitteschen Unterfangen erwachsen würde, in grellen Farben schilderte, bewog die Lübecker, dem Kaiser und dem Zaren zuwider zu handeln.

Man nahm den Angeworbenen die Geleitsbriefe ab und wies sie an, mit dem Werbegeld in die Heimath zurückzukehren; viele befolgten den Rath, andere aber suchten auf Schleichwegen die russische Grenze zu erreichen. Schlitte erfuhr eine ungleich härtere Behandlung, man warf ihn wegen einer angeblichen Schuldforderung in den Kerker, aus dem er nach einem Jahre nach Ratzeburg entwich. Als die Lübecker seine Auslieferung „ratione effracti carceris" verlangten, suchte er einen anderen Zufluchtsort. Von hier aus beauftragte er den Doctor beider Rechte, Johann Zehender von Roseneck aus Schweinfurt, den er als besoldeten „Kanzler deutscher und lateinischer Sprache" für den zarischen Dienst angeworben hatte, Iwan von dem ihm widerfahrenen Schicksal zu benachrichtigen. Zehender ward jedoch 1549 in Livland als ein „Diener des Erbfeindes" verhaftet und bis zum Jahre 1553 gefangen gehalten; bei seiner Freilassung mußte er eine Urkunde ausstellen und sich eidlich verpflichten, wegen der erlittenen Unbill keine Vergeltung zu suchen und sich niemals nach Rußland zu begeben. Von seinen Begleitern, die gezwungen worden waren, in Livland Dienste zu nehmen, versuchte ein Büchsenmacher, sich nach Rußland durchzuschlagen; er ward ergriffen, aber es gelang ihm zu entkommen, doch unweit der Grenze abermals angehalten, verurtheilte man ihn zum Tode und ließ ihn hinrichten.

Jwan hatte trotz aller von den Livländern getroffenen Vorsichts= maßregeln doch Kunde von der Vergewaltigung, die Schlitte und seine Angeworbenen zu erdulden gehabt, erhalten, und er war nicht der Mann, die ihm von den Lübeckern und Livländern zugefügte Kränkung ungeahndet zu lassen. Die nach dem Siege Plettenbergs im Jahre 1502 zwischen dem Orden und dem Zaren vereinbarte Waffenruhe war dreimal erneuert worden, zuletzt bis 1551. Der neue Ordensmeister Johann von der Recke schickte bereits 1550 Gesandte an die großfürstlichen Statthalter von Nowgorod und Pskow, um den Frieden auf zwanzig Jahre verlängern zu lassen. Das Anerbieten ward jedoch zurückgewiesen unter dem Vor= geben, daß die Deutschen den russischen Kaufleuten in Riga, Dorpat und Reval ihre Kirchen vorenthalten, dieselben verwüstet, den Gottesdienst verhindert, auch russische Unterthanen durch parteiischen Urtheilsspruch in ihrem Rechte gekränkt hätten. Die Statthalter forderten sodann einen freien Handel in Livland, und für alle aus dem Westen nach Rußland reisenden Künstler, Gelehrte und Handwerker ungehinderten Durchzug. Diesem Verlangen glaubten die Livländer unter keinen Umständen will= fahren zu können. Zunächst suchten sie bei dem Reiche Hülfe; Meister Recke sandte 1551 Philipp von der Brüggen nach Deutschland, um dem Kaiser und den Ständen des Zaren böse Absichten auf Livland zu ent= hüllen. Brüggen reichte eine Denkschrift ein, in welcher er die Gefahren, welche dem Reich und den christlichen Herrschern von des Moskowiters Eroberungssucht drohen, in grellen Farben schildert. Dem Wunsche des Großfürsten nach freiem Handel und Durchzug dürfe nicht stattgegeben werden; habe der erst kriegskundige Leute, dann sei es um Livland ge= schehen.[4])

Diese eindringliche Mahnung verfehlte jedoch ganz die erhoffte Wir= kung; das der lutherischen Lehre so leicht gewonnene Livland lag dem Kaiser und den katholischen Fürsten überhaupt nicht sehr am Herzen. Die Vorstellung eines deutschen Edelmanns Johann Steinberg — der sich mittelst Vertrages vom 1. August 1550 zu Minden von Schlitte hatte für den Großfürsten anwerben lassen — daß Jwan ernstlich gewillt sei, sich mit dem Papste zu verständigen, fanden bei Karl besseren Eingang als die Mahnung Philipps von der Brüggen. Diesem ward der Bescheid: das Reich könne Livland „fürschübliche Hülfe" nicht leisten; Steinberg, der „Kanzler" Iwans, erhielt dagegen ein warmes Empfehlungsschreiben des Kaisers an den Papst Julius III., welchen Karl beschwört, dem Großfürsten nur solche Bedingungen vorzulegen, daß er daraus ersehen könne, seine Heiligkeit suche in dem ganzen Handel nichts „als den Ruhm Gottes, die Eintracht des Glaubens und der Religion, die Einigkeit und das gemeinsame Heil des Fürsten und seiner Unterthanen und unser aller Seelen."⁵)

Die Bemühungen Steinbergs in Rom scheiterten an dem Widerstande, den die Polen im Cardinalscollegium und beim Papste dagegen zu erwecken wußten; inzwischen hatten auch auf Iwans Ehrgeiz andere Elemente eingewirkt. Auf den „Rath vieler deutscher und polnischer Kriegsleute" nahm er sich die Römer zum Vorbild, d. h. er sann auf Eroberungen. Man hatte in ihm den Gedanken erweckt, daß Livland von Altersher russischer Besitz sei; Liven und Esthen hatten lange bevor die Deutschen sich dort niedergelassen, den russischen Großfürsten Tribut gezahlt. Darauf nahm er den Titel eines „rechten und natürlichen Erbherrn von Livland" an.

Ganz konnte sich Karl der Gefahr, die der Ordensprovinz drohte, doch nicht verschließen; er nahm den Bischof von Dorpat und den Ordensmeister in seinen besonderen Schutz, verbot die Ausfuhr von Kriegsmaterial nach Rußland und schrieb von Brüssel unterm 15. Juni 1553 an den Zaren: Er (Iwan) werde doch niemals zulassen, daß die, welche dem Kaiser und dem heiligen Römischen Reiche durch die engsten Bande verbunden seien, mit den Waffen, statt mit den Liebesdiensten des gegenseitigen Wohlwollens und der Freundschaft bekämpft würden.⁶)

Die Livländer fühlten sich als Deutsche besonders tief verletzt, durch die Behauptung, daß ihm das Bisthum Dorpat einen Zins schulde. Wohl war in dem 1503 vereinbarten Vertrage eine solche Bestimmung enthalten, diese Abgabe — „Glaubenszins" genannt — aber nimmer entrichtet worden; auch geschah desselben in der Erneuerung des Vertrages 1509, 1521 und 1531 keine Erwähnung. Aber Iwan gab diese Forderung nicht auf, und die Verlängerung des Friedens auf fünfzehn Jahre war nicht anders zu erlangen, als daß man sich verpflichtete, für jeden Einwohner im Bisthum Dorpat eine Mark Zins jährlich zu entrichten und innerhalb der nächsten drei Jahre die rückständige Summe für die verflossenen fünfzig Jahre nachzuzahlen.

Angesichts dieser Verhältnisse konnten die Livländer allerdings keine

Hoffnung auf irgend welchen Erfolg von der Sendung hansischer Vertreter nach Moskau hegen, und erscheint ihr Widerstand gegen die immer erneuerten darauf abzielenden Anträge der überseeischen Städte durchaus gerechtfertigt. Den Vorschlag wegen Erhebung eines Pfundzolles hatte Lübeck zurückgezogen, statt dessen aber 1553 beantragt, eine Bundessteuer zur Bestreitung der Kosten für die beabsichtigte Gesandtschaft auszuschreiben und nur Reval einzuladen, an der Sendung sich zu betheiligen. Der Antrag war zwar angenommen worden, aber Riga wiederholte auf dem Städtetage 1554 seine Einwendungen: Die Erneuerung des Contors in Nowgorod sei zwecklos, der Handel habe andere Wege eingeschlagen, gehe über Smolensk und Pskow und könne man ihn von dieser Bahn nicht ablenken; auch hätten die Russen über Polen mit den Oberdeutschen, Augsburg und Nürnberg, Verbindungen angeknüpft.

Rigas Auftreten erregte in der Versammlung großen Unwillen; sie nahm Lübecks Antrag vom vorigen Jahr an, beschloß aber, nochmals den Versuch zu machen, sich mit den Livländern zu verständigen: Wenn diese den deutschen Kaufleuten in Livland freien Handel gewähren würden, sollte von der Herstellung des Kaufhofes am Wolchow Abstand genommen werden.

Riga, Reval und Dorpat waren aber keineswegs versöhnlich gestimmt; die von Moskau her drohende Kriegsgefahr schien durch die 1554 von dem Orden unter Anerkennung jener Zinsverpflichtung für Dorpat erreichte Verlängerung der Waffenruhe auf Jahre hinaus beseitigt zu sein, und hielten sich die Livländer daher um so weniger für verpflichtet, ihren überseeischen Bundesverwandten Nachgiebigkeit zu zeigen; sie erweiterten vielmehr den Zwiespalt durch eine neue Verordnung, die dem deutschen Kaufmann vorschrieb, zu welchem Preise er seine Waaren ablassen müsse.[7])

Bald aber sollten die Livländer bereuen, gegen ihre Bundesbrüder so scharfe Seiten aufgezogen zu haben. Während die Stände der Ordensprovinz unter einander haderten und sich damit begnügten, Kaiser und Reich um Hilfe anzurufen, rüstete Zar Iwan mit allem Eifer. Auch er vergaß nicht, sich um des Kaisers Bundesgenossenschaft zu bewerben. Nach einer ihm von Schlitte zugeschickten Denkschrift ließ er im Februar 1557 zu Regensburg durch den Metropoliten Gregorius dem Kaiser Ferdinand ein Schreiben von ungewöhnlichem Umfang überreichen.[8])

Iwan betheuert in diesem merkwürdigen Schriftstück zunächst seine Sehnsucht nach der Vereinigung mit der lateinischen Kirche und wünscht

die Berufung von „Concilium oder Nationalversammlung"; beschwert sich
sodann über die seinen Gesandten bereiteten Hindernisse, das sei nur
geschehen aus Privateigennützigkeit und aus Furcht vor einer Schmäle=
rung der Kaufmannschaft nach Rußland. Aus diesem Grunde hätten die
Gegner dem Kaiser und den Reichsständen auch einzureden gesucht, daß
er kein Christ sei; nur um der gemeinen Christenheit und des Kaisers
willen stehe er davon ab, sie mit bewehrter Hand zu strafen und sich an
ihnen zu rächen. Nachdem er nochmals die kirchliche Frage berührt, giebt
er seine Absicht zu erkennen, einen Deutschen, einen fürtrefflichen Theologen,
als seinen ständigen Orator oder „Ambasador" bei Kaiser und Reich zu
beglaubigen, der in Augsburg, wo die Reichstage sich versammeln und
„wöchentlich eine Zeitung erscheint", residiren soll; auch sei es seine Ab=
sicht, von Augsburg durch Livland bis an die russische Grenze eine Post=
verbindung herzustellen.

Zum Kriege gegen die Türkei erbietet er sich, dem Reiche eine Summe
von 750,000 Thalern gegen Bürgschaft der Reichsfürsten vorzustrecken und
bei Fugger niederzulegen, welche jedoch nur ratenweise auf seinen Befehl
erhoben werden dürfe, sobald „ein gemeiner Zug teutscher Nation wider die
Türken gehe", auch will er die Zinsen, dreihundertfünfzig Thaler, zum Capital
schlagen lassen. An dem Heerzuge sollen 30,000 Moskowiter unter
russischen Oberoffizieren und Rittmeistern theilnehmen, deren Unterhalt
er auf fünf Jahre übernehmen will.

Er bittet den Kaiser, Fürsorge treffen zu wollen, daß die für seinen
Dienst angeworbenen Personen ungehindert nach Rußland ziehen können.
Er wünscht sodann die Ueberlassung von 10 Fähnlein deutscher Knechte
und fünfhundert Reitern, deren Besoldung sein Ambasador in Augsburg
übernehmen werde. Damit man den Argwohn gegen ihn schwinden lassen
möge, erklärt er sich bereit, mit allen christlichen Ländern einen immer=
währenden Frieden zu schließen und ihn unverbrüchlich zu halten; auch
erbietet er sich zum Beweise, daß er die für seinen Dienst Angeworbenen
nur „zur Illustrirung und Beschirmung" seines Landes und zur Be=
kämpfung des christlichen Erbfeindes gebrauchen wolle, fünfundzwanzig
vornehme junge Russen dem Kaiser oder römischen König als Geiseln
zu übergeben. Er ermahnt weiter zur Eintracht unter den Christen und
schreibt: Wenn erst Deutsche und Russen zusammenhalten, dann werde
der „tyrannische Bluthund, der Türke, gedemüthigt, geschwächt und er=
niedrigt werden."

So erfreulich für Kaiser Ferdinand die Zusicherung bedeutender

Kriegsgelder und Hülfsvölker auch sein mochte, so wenig konnte er sich des Mißtrauens in die Ehrlichkeit der Absichten des Moskowiters entschlagen. Schlitte, der geistige Urheber jenes Schreibens, war plötzlich mit Hinterlassung namhafter Schulden verschwunden. Er hatte einen gewissen Johann Vogler aus Zürich mit der Ueberbringung wichtiger Papiere an Jwan betraut, Vogler war damit nach Italien gegangen, um sie am päpstlichen Hofe zu verwerthen. Da ihm dies nicht nach Wunsch ging, verpfändete er sie in Rom und entfloh. Einer seiner Gläubiger, Veit Zenge aus Braunschweig, löste sie ein und bot sie Schlitte zum Rückkauf an, der erklärte sich auch dazu bereit — zog es jedoch vor, plötzlich Deutschland zu verlassen; er mochte Enthüllungen aus seinen Papieren und eine abermalige Verhaftung fürchten. Im Januar 1557 finden wir ihn in Moskau wieder, wohin Veit Zenge nachreiste und zwar über Königsberg. Er hatte aus den Schriftstücken ersehen, daß Herzog Albrecht und sein jüngerer Bruder mit dem Goslarer Abenteurer in geheimen Beziehungen standen und hoffte, daß diese die Papiere einlösen würden.[9])

Die livländischen Stände hatten die drei Jahre vergehen lassen, ohne den rückständigen „Glaubenszins" aufzubringen, in Dorpat betrieb man dagegen eifrig Kriegsrüstungen, um die Zahlung des Zinses mit gewaffneter Hand zu verweigern. Aber als Jwan mit Schweden, welches der Ordensmeister durch das Versprechen der Hilfsbereitschaft zur Fortsetzung des Krieges bewogen, dann aber im Stiche gelassen hatte, Frieden schloß (2. April 1557) und ihm seine ganzen Streitkräfte gegen die Balten zur Verfügung standen, schickten der Bischof und die Stadt voller Besorgniß eine Gesandtschaft nach Moskau, die jedoch als Vertreter von „Bundbrüchigen" abgewiesen wurde.

Jwan rief nun alle russischen Kaufleute aus Livland zurück und gab Befehl zur Gründung einer neuen Stadt an der Mündung der Narowa, welche bestimmt war, den überseeischen Verkehr ohne livländische Zwischenhändler zu vermitteln. Im Herbste standen bereits vierzigtausend Mann unter Führung des Tartarenchans Schig-Ali, der Fürsten Glinski und Kurbski, der Befehlshaber Romanow, Sheremetjew, Basmanow, Adaschew und Golowin an der Grenze, und im Herbste erging des Zaren Absagebrief an die Landesherren und Einwohner Livlands.[10])

Als die Kriegserklärung eintraf, befand sich noch eine Gesandtschaft des Ordensmeisters und des Bischofs von Dorpat auf dem Wege nach Moskau. Am 6. December langte sie dort an, am nächsten Tage empfing sie Iwan. Dem Herkommen zuwider versagte er den Gesandten die Hand zum Gruße, auch wurden sie nicht zu Gaste gebeten und erhielten in ihrem Quartiere leere Teller zur Strafe dafür, daß sie ohne Zins gekommen waren. Die Verhandlungen mit den zarischen Unterhändlern Alexei F. Adaschew und Iwan M. Wiskowati zogen sich mehrere Tage hin, die Gesandten erhielten wiederholt die Aufforderung, sich zu entfernen, aber sie gaben die Hoffnung auf einen befriedigenden Erfolg nicht auf. Nach langem Feilschen einigte man sich dahin: Dorpat zahlt jährlich sechstausend Mark Zins und löst die sonstigen Ansprüche des Zaren mit hundertundzwanzigtausend Mark ab; den Russen wird der Handel in Livland freigegeben, der überseeische bleibt ihnen aber untersagt. Sobald Iwan von dieser Abmachung erfuhr, verlangte er die sofortige Auszahlung der festgesetzten Summe; da das Geld nicht zur Hand war, erklärte er das Abkommen für null und nichtig, und erhielten die Gesandten die Weisung, am nächsten Tage abzureisen.[11]) Noch bevor sie unter vielen Fährlichkeiten die heimathliche Grenze erreichten, brach das russische Heer in Livland ein (22. Januar 1558) zum großen Erstaunen der ehstländischen Ritterschaft, welche sich zur glänzenden Feier der Hochzeit eines Landraths versammelt hatte und nun in ihrer Feststimmung so unliebsam gestört wurde. Ohne auf erheblichen Widerstand zu stoßen, durchzogen die russischen Heerschaaren plündernd und mordend von der Pskowschen Grenze das Gebiet von Dorpat und Wirland bis nach Iwangorod. Von hier aus brandschatzten sie das Land bis auf fünfzig Werst von Riga und dreißig von Reval, überall unermeßliche Beute mit sich führend.

Im Februar 1559, als die Deutschen sich zum Widerstand ermannten, rief Iwan seine Truppen zurück und sein Heerführer Schig-Ali forderte beim Abzug die Livländer auf, sich zu bessern.[12])

Die Waffenruhe, welche der Zar bis zum 24. April bewilligt hatte, unterbrachen Narwasche Söldner in muthwilliger Weise, die Stadt ward zur Vergeltung von den Russen mit glühenden Kugeln beschossen, und zur Uebergabe gezwungen. Bei der Einnahme und Plünderung wurden auch die Güter der Hansa nicht verschont, und vergeblich bemühten sich Lübeck und Hamburg, die Rückgabe derselben beim Zaren zu erwirken.[13]) Einer Gesandtschaft, die der Ordensmeister und der Bischof mit den von dem Landtage zu Wolmar aufgebrachten sechzigtausend Thalern Zins an ihn abgeschickt hatten, erklärte Iwan: Er habe Narwa erobert und werde sein Glück weiter verfolgen; nur ein Mittel gäbe es, dem Blutvergießen Einhalt zu thun: „Mögen der Ordensmeister, der Erzbischof von Riga und der Bischof von Dorpat sich mir persönlich zu Füßen werfen, Tribut für ganz Livland zahlen und mir in Zukunft gehorchen, wie die Zaren von Kasan, Astrachan und andere große Regenten; sonst nehme ich Livland mit Gewalt."

Der Krieg brach von neuem los, am 9. Juli fiel Dorpat in die Hände der Russen. Auf Beistand aus dem Reiche konnten die Livländer kaum rechnen, trotz aller Bemühungen des Ordensmeisters und des Herzogs Johann Albrecht von Mecklenburg.[14] Kaiser Ferdinand rief die Vermittelung Gustav Wasas an, aber Iwan lehnte diese entschieden ab: er werde selbst Mittel finden, den Ordensmeister zur Vernunft zu bringen. 1559 wurde auf dem Reichstage zu Augsburg vornehmlich auf Drängen Johann Albrechts eine Resolution gefaßt, wonach in Erwägung gezogen werden sollte, ob man die Könige von Spanien, England, Dänemark, Schweden und Polen, sowie die Seestädte in dieser Angelegenheit beschicken und wie „des Moskowiters Gewalt gemeinlich begegnet werden könne." Ferner bewilligten die Reichsstände, „wiewohl sie in hohen Beschwerden stehen, damit die Livländer ihr getreues Mitleiden mehr im Werk befinden mögen," diesen eine Hilfe im Nothfall auf hunderttausend Gulden. Lübeck, Hamburg und Lüneburg wurden von Reichswegen ersucht, diese Summe ohne Zinsen vorzustrecken.[15]

Ferdinand schickte dem Wunsche des Reichstags gemäß ein Schreiben an den Zaren durch den Eilboten Hieronymus Hoffmann; Iwan lehnte es ab, denselben zu empfangen und ließ dem Kaiser schriftlich antworten, daß er gegen Dorpat, welches sein Vorfahr Juri (Georg) 1038 gegründet und nach sich Juriew benannt habe, ergrimmt sei, weil es aus den griechischen Kirchen Kloaken gemacht und ihm den schuldigen Tribut verweigert habe. Wolle der Kaiser mit ihm Freundschaft, wie Maximilian I. und Karl V., so möge er namhafte Männer schicken, mit Eilboten unterhandle man wichtige Angelegenheiten nicht.[16]

In Deutschland glaubte man dem moskowitischen Herrscher, dem „Barbaren" nicht allzuviel Rücksicht schuldig zu sein, das verdroß Iwan um so mehr, als man ihm von anderer Seite mit größter Auszeichnung begegnete. Der König von Spanien und seine Gemahlin Maria von England suchten Iwans Freundschaft und zwar nicht nur um der Handelsvortheile willen, sondern sie wiesen ihm in der großartigen Combination zur Wiederherstellung des katholischen Glaubens in den protestantischen Landen eine nicht unwichtige Rolle an. Sein Gesandter Napeja konnte nicht genug die Ehrenbezeugungen rühmen, die ihm die Königin erwiesen;

mit reichen Geschenken kehrte er nach Moskau zurück, begleitet von vielen englischen Doktoren, Künstlern, Handwerkern [17]); woraus in Deutschland „ein Geschrei und gemein gerücht" entstand, daß der Moskowiter in seinem Unternehmen gegen Livland von der englischen Königin „mit Leuten und Anderem" unterstützt wurde. Weiter erzählte man sich: der Papst wolle „das Imperium auf Spanien übertragen, die wälschen Fürsten zu Electores machen, habe eine Botschaft an den Moskowiter geschickt und ihn zum Kriege gegen Deutschland aufgefordert." [18])

Ungeachtet dieser Gefahr drohenden Anzeichen war es nicht möglich, die Kräfte der Deutschen wider den russischen Eroberer zusammen zu fassen; weder Hülfstruppen noch Hülfsgelder trafen in Livland ein, dagegen bekamen die an den Reichstag geschickten Gesandten des Ordensmeisters zu hören, wie die livländischen Stände sich selbst durch Ehrgeiz und Eigennutz heruntergebracht hätten. So blieb die Ordensprovinz sich selbst überlassen, der neue Meister Gotthard Kettler stellte sich am 31. August 1559 unter den Schutz des Königs von Polen, seinem Beispiele folgte am 15. September der Erzbischof von Riga. Einige Wochen später nahm der Bischof von Oesel und Kurland seine Zuflucht zu dem Könige von Dänemark. Kaiser Ferdinand ersuchte Gustav Wasa abermals um Schutz für Livland, darauf forderte der König von Schweden den ehstländischen Adel und die Stadt Reval auf, dem Ordensmeister treu zu bleiben, anderfalls er mit seinen Truppen einrücken würde. Sein Sohn Erich, der ihm am 29. September 1560 auf dem Thron folgte, forderte Reval auf, sich ihm zu unterwerfen. Kaum hatte Kettler davon Kenntniß erhalten, als er die Stadt den Polen in die Hände zu spielen unternahm, scheiterte jedoch damit an dem Widerstande der Bürgerschaft. Adel und Bürgerschaft beschlossen nun einstimmig, ungeachtet sie der Kaiser unterm 5. April 1561 bringend ermahnt hatte, dem Meister und dem Reiche treu zu bleiben, die Verbindung mit dem religionsverwandten Schweden. Dem Ordensmeister wurde der Eid aufgekündigt und huldigten am 4. Juni 1561 das Land und am 6. b. M. die Stadt dem König Erich XIV., indem beide ihr Verfahren durch den Mangel an Hülfe und Ersatz von Seiten des Ordens und des Reiches zu rechtfertigen suchten.[19])

Das Unglück, welches über die livländischen Schwesterstädte hereingebrochen, war nicht im Stande, die inneren Gegensätze, die im Bunde der Hansa bis dahin hervorgetreten waren, zu beseitigen; es diente vielmehr dazu, den schon bestehenden Bruch unheilbar zu machen. Bei Ausbruch des Krieges 1557 hatte Iwan die überseeischen Städte auffordern laſſen, den Verkehr mit Livland abzubrechen, die Livländer verlangten dagegen von ihnen Abſtellung des Handels mit den Ruſſen über Wiborg. Dazu erklärten ſie ſich bereit; ſie ſchrieben auch zur Unterſtützung des bedrängten Ordenslandes eine fünffache Bundesſteuer aus und forderten dafür als Gegenleiſtung nur die Gewähr eines freien Handels mit den Ruſſen wie ehedem. Gegenwärtig, erwiderten die Livländer, könnten ſie darauf nicht eingehen, ſobald die Gefahr vorüber ſei, wollten ſie die Angelegenheit in Erwägung ziehen. Die Lübecker brachen daher den Handel mit den Ruſſen nicht ab, und wurden dafür von dem Ordensmeiſter bei Kaiſer und Reich, als eigennützige Kaufleute des Landfriedensbruches angeklagt, da ſie ungeachtet des unſagbaren Schadens, den ſie dem armen Livland zufügten, dem Erbfeinde allerhand Lieferungen und Zufuhren machten.

Der hanſiſche Abgeſandte wußte die kaiſerlichen Räthe aber von der Grundloſigkeit dieſer Beſchuldigung derart zu überzeugen, daß der Meiſter ſowie Reval, welches die lübiſchen Kauffahrer auf eigene Hand befehdet und ihre Schiffe als gute Priſe hatte aufbringen laſſen, mit ihrer Klage abgewieſen und zum Schadenerſatz verurtheilt wurden. Unterm 3. April 1560 verfügt Kaiſer Ferdinand: Den Lübiſchen ſind die ihnen weggenommenen Schiffe herauszugeben und iſt der Schifffahrt, ſofern ſie keine Kriegsmittel in Feindes Land ſchafft, ferner nichts in den Weg zu legen. Die Revaler und der Ordensmeiſter haben bei des Kaiſers und des Reiches ſchwerer Ungnade eine Buße von fünfhundert Mark löthigen Goldes, halb in des Kaiſers und in des Reiches Kammer, halb an den Bürgermeiſter und Rath von Lübeck „unnachläſſig" zu zahlen und innerhalb der nächſten vier Wochen nach erfolgtem Mandat die gekaperten Schiffe oder deren Werth zurückzugeben; glauben ſie im Rechte zu ſein, ſo mögen ſie in Lübeck den Rechtsweg beſchreiten.[20])

Die Lübecker hatten auf die Beſchuldigungen der Livländer mit gleicher Münze geantwortet: ihre Gegner ſeien an dem über ſie hereinbrechenden Unglück ſelbſt Schuld, hätten ſie doch die früher beſchloſſene Geſandtſchaft an den Zaren hintertrieben. Sie erklärten aber zugleich: obwohl durch ihre Freibriefe auch im Kriege zum Handel mit Rußland berechtigt, dieſem Rechte entſagen zu wollen, wenn die Livländer bewirken könnten, daß auch die anderen Nationen, wie Engländer, Dänen, Schweden, Polen, Litthauer, Frieſen weder über Archangel noch Wiborg, noch über andere Orte der Oſtſee mit den Ruſſen verkehrten; auch verlangten ſie, daß die livländiſchen Kaufleute ſelbſt ſich jedes Kaufſchlages mit dem Feinde enthielten.²¹) Die Livländer suchten nach Möglichkeit die Anklagen Lübecks zu entkräften; auch theilten sie mit, daß sie wegen einer Handelssperre mit den Mächten der Ostsee unterhandelten, aber sie beharrten bei ihrer Weigerung, den westlichen Hansen freien Handel in ihrem Lande zu gewähren: was diese rechtsbeständig erhärten könnten, wollten sie ihnen jedoch zugestehen.

Livlands Einheit und Unabhängigkeit war dem Ansturm des Moskowiters zum Opfer gefallen. Am 5. März 1562 legte Gotthard Kettler sein Ordenskreuz ab und ließ sich vom König von Polen zum Herzog von Kurland und Grafen von Semgallen erheben. Der Herzog Magnus von Dänemark erwarb um den Preis von 90 000 Mark von dem Bischof Johann Münchhausen das Bisthum Oesel und Kurland, von dem Bischof Moritz Wrangel das Bisthum Reval, von Heinrich von Lüdinghausen die Vogtei Sonnenberg und endlich auch die Abtei Padis. Keiner der Genannten hatte auch nur den geringsten Rechtstitel zu einer Veräußerung der Besitzungen, aber auf Drängen des Erzbischofs Wilhelm von Brandenburg sah sich Kettler genöthigt, die Erwerbungen des neunzehnjährigen dänischen Prinzen gut zu heißen. So ward das alte Ordensland, eine Provinz des Reiches, zerstückelt. Im Norden hatte sich Schweden, im Osten Rußland, im Nordwesten Dänemark festgesetzt; den mittleren Theil beherrschte Polen, und im Westen hatte Kettler sein Herzogthum aufgerichtet.

Dem Herzog von Kurland wurde nun die ganze Schuld für den Verlust der Reichsprovinz aufgebürdet und er von denen ein Verräther gescholten, die nicht einen Finger gerührt hatten, dem bedrängten Lande Beistand zu leisten. Es erging ihm wie vor vierzig Jahren dem Hochmeister Albrecht von Brandenburg, als er den Ordensmantel gegen die Herzogskrone vertauschte. Kaiser Ferdinand stimmt in das allgemeine Verdammungsurtheil ein und will von dem Abtrünnigen nichts mehr hören. „Nachdem die Livländer — schreibt er am 4. Mai 1562 an Lübeck — sich neuerlicher Zeit ganz und gar aus des Reiches Gehorsam gezogen und an andere Herrschaft gegangen, habe er nicht Ursache, sich derselben weiter anzunehmen oder um ihretwillen andere gehorsame Reichsstände zu beschweren." Als im folgenden Jahre Kettler den Kaiser bat, er möge den deutschen Kaufleuten die Fahrt auf Narwa untersagen, weil Livland mit dem Zaren im Kriege liege, lehnte Ferdinand die Zumuthung ab mit dem Bemerken, daß durch ein solches Verbot die Städte außer Stande gesetzt würden, zum gemeinen Besten etwas beizutragen: er wolle lieber seinem Bruder Karl folgen, der in den Kriegen wider die Franzosen und Türken seinen Unterthanen den Handel nicht verboten habe.²²)

Zehntes Kapitel.
Narwa, Stapelplatz für russische, deutsche und englische Güter.

Die Eroberung Narwas durch die Russen (1558) bildet einen Wendepunkt in dem deutsch-russischen Handelsverkehr; sie fällt zeitlich zusammen mit der Entdeckung der Fahrt nach dem Nordkap und der ersten Ansegelung der Dwinamündung durch den Engländer Chancellor (1553), welcher Archangel, bald der bedeutendste Hafen Rußlands, seine Entstehung verdankt.

Wiederholt hat Narwa seine Aufnahme in den Hansabund nachgesucht, aber immer waren die Städte Livlands der Genehmigung des Gesuchs hindernd entgegengetreten; durch den Wandel der Geschicke war nun der Stadt die wichtige Rolle zugefallen, die Nowgorod in dem hansischen Verkehr so viele Jahrhunderte innegehabt. Iwan IV., der die Wichtigkeit des überseeischen Handels für die Wohlfahrt des Staates nicht verkannte, gewährte Narwa die nothwendigen Vorrechte, welche erforderlich waren, um den fremden Kauffahrern das bieten zu können, was ihnen die Freistadt am Wolchow so werth gemacht hatte: Sicherheit und Zollfreiheit.

Mit steigender Erbitterung gewahrten die livländischen Kaufleute den raschen Aufschwung des von ihnen so lange niedergehaltenen Narwas; namentlich empfand Reval, das jetzt ein ausschließliches Stapelrecht für den Handel mit Rußland beanspruchte, auf das Schmerzlichste das Schwinden seines Wohlstandes. An Stelle der „großen und dicken Freundschaft und Brüderlichkeit", welche bisher zwischen Lübeckern und Revalern vorgeherrscht, trat die erbittertste Feindschaft. Die ehstländische Hauptstadt rief in ihrer Noth die Hülfe des Königs von Schweden an, welcher ihr in dem am 20. August 1561 ausgestellten Freibrief die Abschaffung der Fahrt auf Narwa förmlich versprochen hatte. Erich XIV., dessen Orlogs die See beherrschten, gab bereitwilligst dem Rufe Folge; lag ihm doch daran, die

Macht der Hansa zu brechen. Unterm 25. April 1562 erließ er ein Verbot an die Lübecker, ferner Narwa mit Waaren zu beschicken.

Vergebens beriefen sich diese unterm 13. Mai b. J. auf ein ben Ueberseeischen von ben früheren Gebietern in Livland ertheiltes Privilegium, laut bem sie berechtigt seien, auch während eines Krieges zwischen Livländern und Russen mit ben letzteren Handel zu treiben, unter Ausschluß von Waffen und Kriegsbedarf. Die Urkunde sei ben Boten Revals vorgelegt worden; sie könnten biese Begünstigung nur aufgeben, wenn die von Livland, namentlich aber Reval ben Kaufschlag mit ben Russen unterlassen wollten. In einem Schreiben an ben Kaiser erklärt Lübeck: Reval sei allerdings an die Stelle Nowgorods getreten, aber man habe bort ben Handel mit Rußland verboten, baher sei die Fahrt auf Narwa nothwendig geworden; Verpflichtungen habe man gegen Reval nicht.¹)

Indem die Revaler ihre hansischen Bundesverwandten von ihrem Markte ausschlossen, untergruben sie ihren eigenen Wohlstand, ben auch die nachdrücklichste Unterstützung durch die schwedische Krone nicht wieder heben konnte. Im Vertrauen auf Kaiser Ferdinands Schutzbrief setzten die Lübecker ihre Fahrten nach Narwa fort, aber schwedische Kaper machten auf ihre Schiffe Jagd; sie überfielen eine von der Narowa zurückkehrende lübische Flotte und brachten zweiundbreißig reich beladene Fahrzeuge auf. König Erich konnte nicht bazu vermocht werden, die Narwafahrt freizugeben; als 1556 Reval sich weigerte, bem König gegen Dänemark beizustehen und sein Stapelrecht aufgab, ertheilte Erich nicht ben deutschen, sondern ben französischen Kaufleuten das Recht, so viel Waaren nach Narwa zu führen, als sie Salz nach Schweden brächten. Auch polnische Kaper lauerten ben Lübeckern auf, und Danzig bat ben König von Polen, er möge bei ben Herrschern von Schweden und Dänemark ein Verbot der Narwafahrt auswirken; beeinträchtige sie doch Danzigs Landhandel durch Polen nach Rußland.

Da Lübeck mit ben Livländern zu einem Einvernehmen nicht gelangen konnte, benutzte es die erste Gelegenheit, sich bei Jwan, der seinen Groll wider die hansische Vormacht wegen ihres Verfahrens gegen Schlitte und dessen Unternehmen nicht mehr laut werden ließ, Vergünstigungen für ben Narwaschen Markt auszuwirken.²)

Das Capitel der deutschen Ordensritter in Mergentheim hatte ben wunderlichen Plan gefaßt, mit Hülfe des Moskowiters die Polen aus bem Ordensgebiet zu vertreiben und ben Ordensstaat in Preußen und Livland auf veränderter Grundlage wieder aufzurichten.³) Der Administrator bes

Ordens, Wolfgang von Milchingen, trat unter Zustimmung des Kaisers mit dem Zaren in Verbindung. Johannes Wagner, der ehemalige Sekretär des in Moskau gefangen gehaltenen Ordensmeisters Fürstenberg, ward im Jahre 1562 in dieser Sache nach der russischen Hauptstadt entsendet. Iwan hörte die Aufträge des Ordens mit Genugthuung an und entließ Wagner nach einigen Monaten mit einer schriftlichen Antwort. Auf der Rückfahrt sah sich der Sekretär von schwedischen Schiffen verfolgt; er prägte sich das zarische Schreiben in das Gedächtniß ein und warf dann das Schriftstück ins Wasser. Iwan verlangte die Zahlung eines Tributs und forderte den Administrator auf, eine Gesandtschaft behufs weiterer Unterhandlung an ihn abzusenden. Milchingen ordnete darauf vier Ritter und zwei Rechtsgelehrte nach Moskau ab, denen Johannes Wagner als Führer diente. Sie reisten 1564 über Lübeck nach Narwa und der lübische Rath versäumte nicht, ihnen sein Anliegen ans Herz zu legen. Für den Orden blieb die Sendung ohne Erfolg, aber Johannes Wagner hatte durch Vermittelung des Okolnitschi Golowin, dem der Rath schon 1562 geschrieben, er möge bei dem Zaren zu Gunsten der Hansa vermitteln, für die Lübecker auf dem Narwaschen Markt freien Handel und Wandel, zollfreie Ein- und Ausfuhr von allerhand Waaren zu erwirken gewußt. Trotz dieser Begünstigung mußten[4]) sie fortan einen schweren Wettbewerb bestehen; sie hatten den anderen Kauffahrern den Weg gezeigt, und bald „segelten dahin durch den Sund viele Schiffe von Hamburg, von Antwerpen, aus England, aus Brabant, aus Holland, Schottland, Frankreich". Namentlich suchten die Engländer den Handel in Narwa[5]) an sich zu reißen.

Die in London gebildete „Gesellschaft englischer Kaufleute zum Zweck der Entdeckung neuer Handelsgebiete, Fellowship of english merchants for discovery of new trades" erwirkte sich 1566 eine Parlamentsakte, laut welcher nur ihren Mitgliedern, deren Zahl sich auf vierhundert belief, die Narwafahrt gestattet sein sollte. Sie sandte einen gewissen Christopher Hudson mit Waaren und dem Auftrage nach Narwa, dort ein Handelshaus auf ihre Rechnung zu errichten. Die Narwaschen Kaufherren verhielten sich aber diesem Unternehmen gegenüber ablehnend und fuhren fort mit anderen, dieser Gesellschaft nicht angehörigen Engländern zu kaufschlagen. Boten der „Fellowship of english merchants", die bei Iwan über diese Mißachtung Beschwerde führen sollten, wurden, ungeachtet sie Briefe der Königin bei sich führten, in Narwa angehalten. Elisabeth gab in einem aus Windsor 16. Sept. 1568 datirten Schreiben dem Rath von Narwa wegen dieser Willkür ihren Unwillen zu erkennen und forderte nunmehr von ihm eine schnelle Beförderung der beigelegten Briefe an den Zaren.

Iwan erwies den Engländern in dieser Zeit große Vergünstigungen; die Londoner Kaufmannschaft hatte ihm ein werthvolles Geschenk in Diamanten gemacht, die Königin stand mit ihm in freundschaftlichem Briefwechsel. Da ihr Gesandter Jenkinson einen ihm von Iwan ertheilten Auftrag an den Schah von Persien zur Zufriedenheit des Zaren ausgeführt hatte, gestattete er den englischen Kaufleuten an der Witschnyba sich niederzulassen, dort Eisen zu suchen und zu schmelzen unter der Bedingung, daß sie die Russen das Verfahren lehrten und bei der Ausfuhr nach England für das Pfund einen Denning zahlten. Ganz Rußland stand ihnen offen, überall konnten sie sich niederlassen und kaufschlagen; selbst das Recht Thaler zu prägen, wurde ihnen bewilligt; nur vor dem Gericht der Opritschina konnten sie belangt werden, ihr Kaufhof in Moskau befand sich unter der Gerichtsbarkeit der Kirche zum heiligen Maxim, in deren Nähe er lag. Da sie aber die ihnen verliehenen Vorrechte derart mißbrauchten, daß sie von Jahr zu Jahr die Preise ihrer Waaren erhöhten, so gab Iwan ihnen sein Mißfallen darüber zu erkennen, indem er Elisabeths Gesandten Thomas Randolph im Jahre 1568 vier Monate auf eine Audienz warten ließ. Keiner der Hofwürdenträger grüßte den Engländer, der die Unhöflichkeit damit erwiderte, daß er selbst in dem Palast des Zaren den Hut nicht vom Kopfe nahm. Während man für den stolzen Vertreter der Königin Iwans Zorn fürchtete, hatte diesem im Gegentheil das furchtlose Benehmen Randolphs gefallen; er empfing den Gesandten in aller Huld und den englischen Kaufleuten gewährte er von Neuem seine Gunst. Die Unerschrockenheit, mit der die Engländer auftraten, hatte ihm Achtung eingeflößt und in ihrem Lande glaubte er sichere Zuflucht finden zu können, wenn die Russen, seiner Tyrannei überdrüssig, es wagen sollten, ihn zu vertreiben. Eine derartige Eröffnung machte er in einer nächtlichen, drei Stunden währenden Audienz dem Thomas Randolph, worauf er den Edelmann Sawin mit einem Schreiben an die Königin nach London abfertigte. Der „Fellowship of english merchants" bewilligte er auf Randolphs Fürsprache 1569 in Narwa ein Stück Land zum Bau eines Kaufhofes; doch sollte ihn die Bevorzugung der Engländer bald reuen. Elisabeths Antwort auf seinen Brief war nicht nach seinem Wunsch ausgefallen und noch mehr kränkte es ihn, daß sie dieselbe nicht hatte durch einen eigenen Botschafter überbringen, sondern seinem Gesandten Sawin einhändigen lassen. Die Beherrscherin Englands war vorsichtig gewesen und hatte ihr Antwortschreiben in Gegenwart ihrer Geheimen Räthe unterzeichnet; es lautete im Wesentlichen: Sollte der Zar in Folge einer geheimen Verschwörung in seinem Lande zur Flucht genöthigt werden, so stehe ihm, seiner Gemahlin und seinen Kindern England offen; er könne seinen Gottesdienst ungehindert beobachten und sich jeder Zeit frei bewegen. England und Rußland — heißt es zum Schluß — werden ihren Feinden immer die vereinten Kräfte entgegenstellen.

Iwan fühlte sich durch diese kluge Zurückhaltung Elisabeths verletzt, er hatte erwartet, daß die Königin sich bereit erklären würde, ihn mit Waffenmacht in sein Reich zurückzuführen. Zunächst bekamen die englischen Kaufleute des Zaren Zorn zu fühlen; des betrügerischen und wucherischen Handels beschuldigt, wurden sie aus Rußland verwiesen.*) Sie hatten in Narwa ungeheure Massen von Gütern aufgestapelt, für die sie nun keine Abnehmer fanden. Der Dorpater Kaufherr und spätere Bürger von Riga, Nyenstädt, berichtet in seiner Livländischen Chronik über die eingetretene Geschäftsstockung in Folge der Ueberfüllung des Marktes wie folgt: Die fremden Kaufleute kamen so häufig nach Narwa, „daß sie viel Hundert Lasten Salz mußten für die Fracht liegen lassen. Laken, Seiden-Gewand, Sammet und andere Stückwaaren, Specerei und Getränke mußten sie wohlfeiler geben, als sie selbst eingekauft hatten. Ich mag mit der Wahrheit reden, daß ich es von den Moskowitern gehört, daß sie viele Pfunde blazen-Gold das Pfund um zehn Thaler gekauft, welches in Deutschland 15 Rthaler bezahlt stand, schöne Damaste in ganzen Ballen, die lange brabantische Elle für 1 Rthaler, die für 2 Rthaler nicht eingekauft worden, englische Laken für 30 und 36 Rthaler zum Höchsten, die doch 45 Thaler kosten." „Das war dem Großfürsten, fährt Nyenstädt fort, ein gewünschter Handel und er hatte keine bessere Gelegenheit Livland zu verderben gehabt, als durch diesen Weg; denn es war schon soweit gekommen, daß ein Lispfund Salz galt 1 Rthaler und aller seiner Leute Waaren hätten müssen verderben. Aber da ihm dieser Schatz von den Lübschen geöffnet ward, da ging sein Vorhaben und Springen fort und die Lübschen Factoren zu Narwa waren in ebenso hohem und mehr Ansehen, wie ehemals die Hansa-Factoren zu Nowgarden; alle Wochen mußte sie der Statthalter zu Narwa zweimal auf das Schloß laden, wo sie gar herrlich traktirt wurden und wie die Kinder geliebkoset."

Lübeck hatte Mühe und Kampf nicht gescheut, um diese bevorzugte Stellung in Narwa zu behaupten. Im Bunde mit Dänemark führte es sieben Jahre lang einen blutigen und kostspieligen Krieg gegen den König von Schweden, dessen Schiffe den lübischen die Fahrt nach den russischen Häfen wehrten. Dieser „gotische Krieg" ward zu Stettin im December 1570 durch einen Frieden geschlossen, an dessen Vereinbarung kaiserliche, französische, sächsische, dänische, schwedische und lübische Bevollmächtigte theilgenommen hatten, dessen Abschluß aber vornehmlich unter Mitwirkung des Herzogs Johann Friedrich von Pommern zu Stande kam. Der König von Schweden wußte sich ungeachtet aller polnischen und dänischen Verwahrungen dagegen doch im Besitz der meisten von ihm in Livland beanspruchten Gebiete zu erhalten. Er behauptete, nur der Aufforderung des Kaisers folgend, schutzeshalber in Livland eingedrungen zu sein und erklärte sich bereit, Alles, was er dort in Besitz genommen, an Kaiser und Reich „als den rechten Herrn und directum dominum" zurückgeben zu wollen — gegen Erstattung der Kriegskosten. Da diese sobald nicht zu erwarten war, so übertrug zwar der Kaiser dem Könige von Dänemark unter Oberhoheit des Reichs die Schutzgerechtigkeit über die Bisthümer Reval und Oesel, überließ aber bis zur Tilgung der Kriegskosten dem schwedischen König Reval, Weißenstein und Karkus mit der Zusage, daß, wenn der Kaiser die Städte und Gebiete übernommen hätte und den Schutz derselben unter Oberhoheit des Reiches einer Macht übertragen würde, Schweden vor allen anderen den Vorzug haben sollte. Den Lübeckern ward die freie Fahrt auf Narwa, Reval und Wiborg und der freie Verkehr mit Rußland so lange zugesichert, bis etwa der Kaiser zur Unterstützung Livlands diesen Verkehr allen Deutschen untersagen würde.

Reval ward in dieser Zeit hart bedrängt von einem russischen Heere unter Führung des Herzogs Magnus, den Iwan IV. zum König von Livland ernannt hatte. Mit Rücksicht auf die Gefahr, die der ehstländischen Hauptstadt drohte, machten die kaiserlichen Unterhändler zu Stettin den Vorschlag zu einem Bunde aller nordischen Mächte, um den Moskowiter aus Livland zu vertreiben; auch die Mittel zur Ausführung dieses Planes wurden angegeben, namentlich sollte die Hansa sechstausend Mann Kriegsvölker und zweihunderttausend Thaler aufbringen.[9]

Die Hanseaten, Lübeck voran, suchten einem Kriege mit Rußland nach Möglichkeit vorzubeugen und lehnten alle auf Handelsverbote abzielenden Vorschläge ab: Nur Kriegscontrebande sei zu verbieten, der übrige Handel müsse ungehindert bleiben. „Dieser Handel — schrieb der Lübische Rath 1568 an Sigismund von Polen — sei den christlichen Völkern nicht weniger förderlich als den Russen; viele Menschen fänden dadurch ihren alleinigen Unterhalt, und diese könnten durch die Noth gedrängt werden, zu den Russen zu gehen, eine Marine bei diesem Volke zu bilden, das man an die See zu gewöhnen wohl vorsehen müsse.¹⁰)

In seinen Anstrengungen, die Fahrt auf Narwa sicher zu stellen, fand Lübeck eine wirksame Unterstützung an den Engländern, welche, obwohl von Iwans Zorn betroffen, doch nicht gesonnen waren, sich durch die Schweden von dem russischen Markte verdrängen zu lassen. Sie durften dabei auf den mächtigen Beistand ihrer Königin rechnen. Sobald Elisabeth die Maßregelung der englischen Kaufleute erfahren hatte, sandte sie unverzüglich einen Botschafter an Iwan mit der Versicherung ihrer unwandelbaren Freundschaft. Der Zar zögerte lange, den Gesandten Anthony Jenkinson, dem er in früheren Jahren besonderes Wohlwollen erwiesen, vorzulassen; als er ihn empfing (23. März 1572), erging er sich in herben Worten über die Königin, welche mehr Theilnahme für den Handel ihrer Kaufleute, als für sein Schicksal zeige. „Ich weiß — sagte er — daß der Handel für ein Reich von Wichtigkeit ist, allein die persönlichen Angelegenheiten der Herrscher sind noch wichtiger, als die der Kaufleute." Er wurde jedoch ruhiger, als ihn der Gesandte versicherte, die Antwort der Königin sei ihm schlecht verdollmetscht worden. Auch verschloß er sich nicht der Auseinandersetzung des Engländers, daß die russischen Waffen in Livland ohne die thatkräftige Mitwirkung der englischen Kauffahrer nicht so erfolgreich gewesen sein würden. Die Königin habe ausdrücklich geboten, daß den nordischen Staaten nicht erlaubt werde, den Seeweg nach Narwa zu sperren und Rußland der Vortheile des baltischen Handels zu berauben. Vor zwei Jahren hätten die Mitglieder der englischen Handelsgesellschaft vor Narwa die Fahrzeuge der Feinde Rußlands vernichtet und alle Gefangenen dem zarischen Befehlshaber in Narwa abgetreten.

Als Jenkinson geendet, rief Iwan befriedigt: „Wir werden Freunde sein, wie ehemals und im Falle der Noth werde ich mich mit Vertrauen meiner vielgeliebten Schwester Elisabeth entdecken."¹¹)

Die enge Verbindung der Engländer mit dem russischen Herrscher erregte vornehmlich auch Verdacht bei Herzog Alba, Philipps II. Statthalter in den Niederlanden, der nicht sowohl die holländische Kauffahrtei gefährdet sah, als vielmehr die Interessen der katholischen Welt. Unterm 18. Juli 1571 ertheilte der Herzog den zu Frankfurt a. M. weilenden luxemburgischen Räthen, Jakob von Rolling und Johann Hallenstein, die den burgundischen Kreis auf dem Reichstage vertraten, die Weisung, sie möchten den Reichsständen die Nothwendigkeit eines Verbots der Ausfuhr von Waffen und Kriegsbedürfnissen nach Rußland nahelegen; werde diese verdächtige Zufuhr nicht abgestellt, habe „sich künftiglich nicht allein die Niederlande, sondern die ganze Christenheit des Moskowiters Macht zu befahren."[12])

Aber diese Warnung konnte auf die Evangelischen keinen Eindruck machen, die in dem duca di Alba einen größeren Tyrannen erblickten als in dem russischen Zaren. In derselben Zeit, als der Herzog seinen Räthen diese Weisung ertheilte, ließ Wilhelm von Oranien die Hansestädte ersuchen, „die Handlung mit den spanischen Niederlanden einzustellen, auf daß nicht dadurch der Herzog von Alba gestärket werde!"[13])

Die Hanseaten kamen den Wünschen des Oraniers lieber nach, als daß sie sich in ein Verbot der Narwafahrt gefügt hätten. Von Reichswegen, wie der Stettiner Frieden in Aussicht gestellt hatte, erfolgte ein solches nicht, wohl aber suchte der König von Schweden ohne Unterlaß die deutschen Kaufleute in ihrem Handel mit den Russen zu stören. Auf Ersuchen Lübecks schrieb Kaiser Maximilian (6. Juni 1572) an den König, er möge die Fahrt auf Narwa mit unverdächtigen Waaren freigeben. Johann III. beharrte aber dabei, daß jeder Verkehr mit Rußland aufhören müsse. Den Lübeckern machte er den Vorschlag, mit Schweden in Handelsgemeinschaft zu treten, dann wolle er ihnen Pässe ausstellen und mit ihnen gemeinsam die Engländer aus der Ostsee vertreiben; wenn das erreicht sei, gedenke er den Hanseaten freie Fahrt zu bewilligen. Bald jedoch boten schwedische Sendlinge in allen deutschen Handelsplätzen gegen hohes Entgeld die Pässe des Königs aus, der sich auf diese Weise zum Herrn der See machen und die Deutschen nöthigen wollte, die russischen Güter von den Schweden zu kaufen.[14])

Gegen diese Anmaßung riefen Lübeck und seine Bundesverwandten den Schutz von Kaiser und Reich an, doch ohne Erfolg. Johann antwortete auf ihre Beschwerden mit offenem Hohn. Auch die livländischen und preußischen Städte forderten auf der Tagfahrt zu Lübeck 1572 Verzicht auf die Narwafahrt, aber die Mehrheit beschloß ihre Beibehaltung gemäß dem kaiserlichen Schutzbrief. Die Revaler, welche „mit großen Schmerzen und Herzeleid von dem Rosengarten und den Wällen aus angesehen, wie die Kauffahrer an ihrer Stadt vorbei nach der Narwa gesegelt sind" und die „ihres Unglücks weder Maß noch Ende gewußt", erklärten jetzt, zu dem Reiche zurückkehren zu wollen, wenn sie der Kaiser nach der Bestimmung des Stettiner Friedens wieder einlösen und die Hansa den seit Aufhebung des Nowgoroder Hofes in Reval mit den

Russen getriebenen Kaufschlag wieder daselbst aufnehmen würde. Aber wo sollte Maximilian II. die Mittel hernehmen, um die alte Hauptstadt Ehstlands dem Reiche zurückzuerwerben?

Der Streit um die Narwafahrt wollte nicht enden. 1574 ward abermals eine lübische Handelsflotte von den schwedischen Orlogs angegriffen, sechszehn mit theuren Pelzwaaren befrachtete Schiffe aufgebracht und die übrigen zur Umkehr nach Narwa gezwungen, dessen Hafen Johann nun durch Versenkungen ganz unbrauchbar zu machen gedachte.

Dieser Gedanke kam jedoch nicht zur Ausführung, denn der König hätte dadurch einen Krieg aller seefahrenden Nationen wider sich heraufbeschworen. Seine Bemühungen, die Königin Elisabeth, die Könige von Frankreich und Dänemark, sowie die Generalstaaten zur Aufgabe des Verkehrs mit Rußland zu bewegen, waren gescheitert, seine Gesandten überall abschlägig beschieden worden. Nur der König von Polen stimmte ihm bei, hatte doch der polnische Handel unter der Bevorzugung Narwas schwer zu leiden. Auf sein Ersuchen, diesen Handelsweg aufzugeben, erhielt Stephan Batori 1579 von Lübeck die diplomatische Antwort: Die Hanseaten seien bereit, Narwa zu verlassen, nur müsse der König zuvor auch die übrigen Fremden, Engländer, Franzosen und Schotten von dem Platze fern halten.

Nach zwei Jahren erreichten endlich die beiden Könige, Johann und Stephan, das so lange erstrebte Ziel. Polen und Schweden drangen siegreich gegen die Russen vor; 1581 fiel Narwa in schwedische Hände und Batori nahm dem gedemüthigten Iwan Russisch-Livland ab; in dem am 6. Januar 1582 zu Welicki Lucki unter Mitwirkung des Jesuiten Possevino zwischen Stephan und Iwan's Bevollmächtigten vereinbarten Frieden, behielt sich jeder Theil vor, Narwa den Schweden wieder zu entreißen. Der Zar rechnete noch immer auf den Beistand Englands, er glaubte sich denselben am besten sichern zu können durch die Heirath mit Maria Hastings, einer Verwandten der Königin; den Gedanken, sich mit der jungfräulichen Elisabeth selbst zu vermählen, der ihn einst beschäftigte, hatte er sich bequemen müssen aufzugeben. Im August 1582 schickte er seinen Gesandten Pisämski nach London, mit dem doppelten Auftrage, das Bündniß zwischen Rußland und England zum Abschluß zu bringen und über Maria Hastings Erkundigungen einzuziehen, auch wenn möglich ein Bildniß von Maria auf Holz oder Papier zu verschaffen. Als diese aber den Charakter und das Wesen des ihr zugedachten Gemahls schildern hörte, bat sie die Königin, die Hand Iwans ausschlagen zu dürfen.

Mit Pisämski kam ein englischer Gesandter, Hieronymus Bowes, nach Moskau, der die Verhandlungen fortsetzen sollte, aber durch sein Auftreten sich des Zaren und der Bojaren Mißfallen im hohen Grade zuzog. Den Vorschlag, daß England und Rußland gemeinsam den Polenkönig bekriegen und ihm alle Eroberungen entreißen sollten, beantwortete Bowes mit dem Ausruf: „die Königin würde mich für wahnsinnig halten, wenn ich einen solchen Vertrag abschlösse." Er verlangte ausschließliche Handelsvorrechte für die Engländer und erklärte auf die Einwendungen der Bojaren, daß der Zar ausschließliche Rechte Niemandem verleihe und die russischen Häfen allen fremden Seefahrern offen ständen, immer von Neuem: „Wir wollen keine Nebenbuhler," worauf jene erwiderten, sie würden sich nicht zu Knechten der Engländer machen, die man in Rußland als Kaufleute zulasse, nicht aber als Herrscher. Die Bojaren beklagten sich über die betrügerischen Manipulationen der Engländer in Handelssachen und über ihren Hochmuth, in dem sie von den Russen als von „unwissenden Dummköpfen" sprächen. Bowes lenkte ein und brachte wieder die Heirathsangelegenheit zur Sprache: die Königin freue sich mit dem Zaren in Blutsverwandtschaft treten zu können und sei bereit, ihm die Bildnisse von zehn oder mehr reizenden Londoner Jungfrauen einzusenden. Iwan fand Gefallen daran, daß der Gesandte die Macht seiner Gebieterin mit so stolzen Worten zu preisen verstand und fragte, ob die Königin auch so mächtig sei, wie der Kaiser. „Ihre Größe, antwortete der unerschrockene Brite, ist derart, daß ihr Vater in den Kriegen gegen Frankreich den Kaiser in seinem Solde hatte." Diese Antwort machte dem Zaren nicht geringes Vergnügen und Bowes würde sein Ziel, den Handelsvertrag für die Engländer als meist begünstigte Nation sicher erreicht haben, wenn der Bojar Jurjew und der Djäk Schtschelkalow sich den englischen Ansprüchen nicht mit aller Entschiedenheit widersetzt hätten, und zwar zu Gunsten der deutschen Kaufleute, die es wohl verstanden haben mochten, sich diese einflußreichen Männer zu verpflichten.[15])

Iwan erwies sich den Forderungen Bowes' gegenüber sehr nachgiebig; ihm lag die Verbindung mit England vor Allem am Herzen, und schon hatte er die Abordnung eines neuen Gesandten an Elisabeth beschlossen, als ihn am 17. März 1584 im Alter von vierundfünfzig Jahren das Schicksal der Sterblichen ereilte.

Elftes Kapitel.

Fedor und Boris Godunow im Bunde mit Kaiser Rudolf II., begünstigen Lübeck.

Zar Fedor, Iwans IV. Sohn, der letzte Großfürst aus dem Stamme Ruriks, fühlte sich unfähig, die Last der Krone zu tragen und zog es vor, seine Tage in religiösen Betrachtungen oder mit dem Läuten der Glocken zu verbringen. Der siebenundzwanzig Jahre alte Fürst hatte sich ganz in die Hand seines nur wenige Jahre älteren Schwagers, des begabten, schlauen, nach der höchsten Macht strebenden Boris Fedorowitsch Godunow gegeben, der schon als Jüngling unter Iwan eine bevorzugte Stellung eingenommen hatte. Am Tage nach seiner Krönung ernannte ihn Fedor zum Stallmeister, nahen Großbojaren und Statthalter der Reiche Astrachan und Kasan — Ehrenstellen, wie sie vor ihm kein Bojar bekleidet hatte und deren Bedeutung das Volk richtig erfaßte, indem es Boris Godunow den Titel eines Reichsverwesers beilegte. Als solcher regierte Boris das Reich im Innern wie nach Außen mit sicherer und kräftiger Hand. Er war ein Freund der Fremden, der Deutschen und Engländer. Im November 1584 fertigte er einen Gesandten, Nowosilzow, an Kaiser Rudolf nach Prag ab, um ihm Fedors Thronbesteigung anzuzeigen und einen Freundschafts- und Handelsvertrag anzubieten. Nowosilzow beobachtete mit scharfen Augen; er berichtete an Godunow: der Kaiser beschäftige sich mehr mit Pferden als mit der Regierung, überlasse deren Führung dem klugen Adam Dietrichstein. Am häufigsten verkehrte der Gesandte mit dem kaiserlichen Rath Printz von Buchau, der, des Slavischen kundig, 1575 den kaiserlichen Gesandten Ritter von Cobenzl nach Moskau begleitet hatte. Man unterhielt sich vorwiegend über Polen, und eines Tages erschienen bei Nowosilzow im Geheimen zwei Männer, Jakob Niezky und Andrik Dubitsch, welche ihm den Vorschlag zu einem Bündniß zwischen dem Kaiser und dem Zaren unterbreiteten; die beiden Herrscher sollten Stephan Batori stürzen und Polen unter sich theilen.[1])

Ein solcher Vorschlag war ganz im Sinne des russischen Reichsverwesers, aber während er denselben erwog, ließ Stephan Batori dem Zaren eine Erbverbrüderung antragen, doch kurze Zeit darauf, am 12. December 1586, verschied der König zu Grodno. Um die erledigte Krone erfolgte eine Massenbewerbung europäischer Fürsten, darunter allein drei Brüder des Kaisers. Einer derselben, Erzherzog Maximilian, ward von Zar Fedor, der selbst zu den Bewerbern gehörte — für den Fall seine Wahl aussichtslos sei — unterstützt. Zu seinen Gunsten ließ Maximilian ein Schriftchen verbreiten, in dem er unter anderem den Polen versprach die Kaufmannsgewerbe in Narwa und die Handelsgesellschaft der Hansastädte wiederherzustellen.²)

Wie im Jahre 1575 erfolgte auch diesmal eine Doppelwahl. Die Anhänger der Zborowski wählten Maximilian, die der Zamoiski den Prinzen Sigismund von Schweden. Der letztere hatte, sowie sein Vater Johann von Schweden, sich verpflichten müssen, Rußland mit Krieg zu überziehen, ihm Smolensk und Pskow zu entreißen und mit Hülfe der schwedischen Flotte den überseeischen Handel des Zarenreichs durch Blockirung der Dwinamündungen zu vernichten.

Das Interesse Feodors und des Reichsverwesers erheischte jetzt, Maximilian gegen seinen Nebenbuhler mit allen Mitteln zu unterstützen. Godunow sandte einen Boten über den anderen an den Kaiser, um sich mit ihm über die zu ergreifenden Maßregeln zu verständigen. Sigismunds Parteigänger fahndeten aber auf die russischen Sendboten, sie wurden in Litthauen und Riga angehalten; Boris fertigte andere über Archangel nach Hamburg ab, doch bevor diese die kaiserliche Residenz erreichten, hatte sich Maximilians Geschick entschieden. Zamoiski war mit einem Heere über die Grenze des römischen Reiches in Schlesien eingedrungen und hatte den König-Erzherzog bei Pitschen geschlagen und gefangen genommen (24. Januar 1588). Die Nachricht von dem unglücklichen Ausgange des österreichischen Unternehmens setzte den Moskauer Hof in neue Unruhe. Zar Fedor schrieb an den Kaiser und hielt ihm die Schande und unerhörte Erniedrigung seines Hauses vor, die er durch seine Saumseligkeit mitverschuldet habe; er möge sich aufraffen und auf Rußlands Beistand vertrauen.

Rudolf ermannte sich jetzt insoweit, daß er einen Gesandten an Fedor abschickte, den Niclas von Warkotsch und Nobschütz. Im December 1588 trat dieser mit großem Gefolge die Reise von Prag über Berlin und Stettin an; nur mit Mühe entkam er den polnischen Kundschaftern

in Livland, sein Begleiter Werner von Barren gerieth dagegen in ihre
Hände, mit ihm die für den Zaren bestimmten kaiserlichen Geschenke:
die Bildnisse Rudolfs und seiner Familie. Warkotsch wurde mit großen
Ehren in Moskau empfangen und konnte seinen Auftrag glücklich durchführen; denn Fedor stellte dem Kaiser eine für die damalige Zeit ungeheure Summe, drei Millionen, „dreißigmalhunderttausend", Reichsgulden zur Verfügung. Die Hauptschwierigkeit bot die Versendung einer
solchen Summe, da man die Straßen durch Livland und Polen meiden
mußte. Auf den Rath eines deutschen Kaufmanns Johannes von Wall,
der in Moskau großen Handel trieb und den der Großfürst gefragt hatte,
wie man es anzufangen hätte, eine große Summe heimlich und sicher
nach dem Auslande zu bringen, entschloß man sich zu einem bemerkens-
werthen Ausweg. Es wurden Denninge, gute Moskowitische Silbermünzen,
in Barren umgeschmolzen, womit man, überraschend schnell, in zehn
Tagen fertig war. Um die kostbare Fracht zu verbergen, erhielt jeder
Barren eine dicke Wachshülle. Am 3. Juli verließ Warkotsch Moskau,
um sich mit seinen Schätzen nach Archangel zu begeben und von dort die
Reise zur See fortzusetzen. Mit vierzig Wagen und siebenzig Pferden legte er
den Weg bis Wologda zurück, hier verschiffte er die Barren auf sechs größere
Fahrzeuge und zehn Jagdschiffe und fuhr nach Archangel. Bei seiner Abfahrt
aus diesem Hafen ließ der dortige Statthalter alles Geschütz groß und
klein abfeuern. Seine Fahrt dauerte sehr lange; endlich konnte er in
Amsterdam landen, über Emden kehrte er nach Wien zurück.[3]

Die freundschaftlichen Beziehungen zwischen dem Zaren und dem
Kaiser, welche durch die Sendung des Warkotsch eine so vollgültige Bekräftigung erfahren hatten, mußten die Hansa ermuthigen, auch ihrerseits
die alten Verbindungen nach Rußland, die durch die langen Kriege so
oft unterbrochen worden waren, von Neuem zu befestigen. Lübeck versäumte denn auch nicht einen regen diplomatischen Verkehr nach der
russischen Hauptstadt zu unterhalten. Der Stadt stand damals eine für
derartige Aufgaben ganz außerordentlich begabte Persönlichkeit zu Gebote.
Der Kaufmann Zacharias Meyer,[4] ein genauer Kenner der russischen
Sprache und aller Verhältnisse des Zarenreiches, ist im Laufe von zwanzig
Jahren nicht weniger als sechszehn mal von der hansischen Vormacht nach
Moskau entsendet worden.

Wie am Hofe des Zaren war er auch in der kaiserlichen Kanzlei zu
Prag ein häufiger Gast; denn bevor er nach Rußland abging, mußte er
sich erst in Person bei dem Kaiser um Geleits- und Empfehlungsbriefe

bewerben, die zu erlangen ihm nicht immer glückte, da es am Kaiserhofe nicht an Neidern der Hansa fehlte.

Aber es war Lübeck nach Fedors Regierungsantritt doch gelungen, von Kaiser Rudolf ein Empfehlungsschreiben zu erhalten, in welchem der Zar ersucht wurde, den lübischen Kaufleuten die alten Freiheiten wieder zu bewilligen. Der Ueberbringer war Zacharias Meyer; er fand bei Boris Godunow und dem Großfürsten wohlwollende Aufnahme. Der Reichsverweser stand mit einigen lübischen Bürgern in unmittelbarer geschäftlicher Verbindung. So hatte er im Frühjahr 1588 einen seiner Leute, Timofei, an Caspar Cron nach Lübeck geschickt, um bei diesem verschiedene Forderungen einzutreiben und namentlich goldene und silberne Schmucksachen, Sammet und Pferdegeschirr zu bestellen. In Riga hatte man den Timofei angehalten, mit Geld bestraft, ihn seiner Sachen beraubt und in den Kerker geworfen. Sofort erhielt der Statthalter von Pskow den Befehl, von dem Rigischen Rathe die Freilassung des Timofei, Rückerstattung seiner Sachen und ungehinderte Abreise nach Lübeck unter Androhung von Repressalien zu verlangen. Das Schreiben des Statthalters ist am 25. Juni 1588 ausgefertigt.[5]) Gerade in diesen Tagen unterhandelte Meyer in Moskau wegen Erneuerung der alten Handelsfreiheiten und zwar mit großem Erfolg. Im Juli 1588 ertheilte Zar Fedor den Lübeckern und den mit ihnen verwandten freien Städten einen Gnadenbrief, in dem er ihnen für die Häfen an der Dwinamündung, für Nowgorod, Pskow und Moskau ungehinderte Ein- und Ausfuhr gegen Erlegung der Hälfte des Zolles, den die anderen Nationen zu entrichten hatten, bewilligt und bestätigt, daß er Befehl gegeben habe, die Höfe in Nowgorod und Pskow nach der alten Weise wieder herzustellen.

Die Freude der hansischen Rußlandfahrer über diese Errungenschaft war groß, aber als man dazu schritt, die alten Kaufhöfe in Besitz zu nehmen, zeigte es sich, daß allein der an der Welikaja ohne Schwierigkeit wieder hergestellt werden konnte, St. Petershof dagegen eine unwirthliche Trümmerstätte war. Noch im Jahre 1515 hatten sich Reval und Dorpat den Ausbau der Kirche angelegen sein lassen,[6]) seitdem war aber das Gotteshaus verfallen und von den übrigen Baulichkeiten konnten nur ein paar Räume zur Auslage von Waaren benutzt werden; der Statthalter hatte einem Bauer das ganze Gehöft gegen geringe Pacht überlassen.

Die Lübecker aber erlahmten nicht in ihren Anstrengungen, den alten Platz wieder in hansischen Besitz zu bringen, obwohl die Fahrt nach Nowgorod von den Schweden wie von den Polen auf alle erdenkliche

Weise erschwert wurde. Nicht nur hatten die deutschen Kauffahrer hohe Durchgangszölle zu entrichten, sondern sie mußten auch oft genug Habe und Gut mit gewaffneter Hand gegen räuberische Ueberfälle vertheidigen. Von Zeit zu Zeit schaffte ihnen die Drohung, mit ihren Waarenzügen andere Straßen aufsuchen zu wollen, wenigstens einige Sicherheit, da sowohl der König von Schweden wie der von Polen eine Verminderung der bedeutenden Einnahmen aus den Zöllen befürchteten.[7]) Die Absicht Lübeck's, den Zaren mit einer großen Gesandtschaft zu beschicken, scheiterte lange Zeit an der hartnäckigen Weigerung des Polenkönigs, den Gesandten freies Geleit zu gewähren.

König Sigismund, der wiederholt die Absicht kund gegeben, die Krone niederzulegen, hatte sich, um seine Stellung zu befestigen, gegen den Wunsch der polnischen Stände mit einer österreichischen Prinzessin, Anna, Tochter des Erzherzogs Karl von Graz, vermählt. Die kaiserlichen Gesandten an den Zaren brauchten nun nicht mehr den Weg durch Polen zu scheuen. Der erprobte Niclas Workotsch, der im Juli 1593, um Fedors Hülfe gegen die Türken zu erbitten, nach Moskau geschickt wurde, konnte ungehindert von Breslau über Warschau und Smolensk reisen.[8]) Er überbrachte dem Reichsverweser und dem Zaren reiche Geschenke, dem Letzteren verehrte der Kaiser einen kostbaren, in Gold gefaßten Krystallbecher mit den eingegrabenen Schriftzeichen am Fuße: W. H. I. B. — die Anfangsbuchstaben der Worte: „Wie heilig ist Brüderschaft". Fedor und Godunow erklärten sich auch bereit, einem Bunde der europäischen Fürsten gegen die Ungläubigen beizutreten; der Kaiser, der Papst, König Philipp II. sollten nur ihre Bevollmächtigten nach Moskau schicken, mit denen der Feldzugsplan festgesetzt werden könnte.

Mit dieser allgemeinen Zusage war aber dem Kaiser nicht gedient, der vor allen Dingen Geld und wieder Geld bedurfte. Daher denn Warkotsch im September 1594 schon wieder am Zarenhofe eintraf, um „eine ansähnliche eylende Geldthülff" zu erbitten. Man hielt in Deutschland die zarische Schatzkammer für unerschöpflich, auch Erzherzog Maximilian hoffte an ihrem Ueberfluß theilnehmen zu können. In seinem Namen erschien der Lübecker Caspar Cron, der mit dem Godunow in geschäftlicher Verbindung stand, und bat, gestützt auf einen kaiserlichen Empfehlungsbrief, um funfzehntausend Rubel, welche zur Erlangung der polnischen Krone dienen sollten. Aber da es den Bojaren unglaublich erschien, daß ein so vornehmer Herr nur eine so geringe Summe fordern sollte, so wurde Cron abgewiesen. Als Godunow den Niclas Warkotsch wegen dieser Angelegenheit befragte, zeigte sich der Gesandte auf das Höchste entrüstet über den Mißbrauch des kaiserlichen Schreibens und versicherte, kein Mitglied des Hauses Oesterreich habe irgend wen beauftragt, „so ein schimpflich Pissel Geldt" zu fordern. Warkotsch war allerdings gewohnt, größere Summen zu verlangen, diesmal erklärte ihm aber Godunow: „es wäre nicht ohne, daß der Großfürst große Schätze von Gold, Silber und Edelsteinen hätte, dieweil aber Gold und Silber in seiner Großmächtigkeit Landen nicht gegraben oder aus dem Erdreich gewonnen werde, und aber Moskowitische Waaren in den Seestädten bald baar Geld würden, so solle jetzt eine ansehnliche Menge Waaren und auch Silbergeld, „was Gott bescheeren wird", über Jwangorob abgesendet werden."

Dem Gesandten wäre es wohl angenehmer gewesen, die Hülfsgelder in Baar gleich mitnehmen zu können, doch durfte er keine Einwendung machen, zumal er von dem Kanzler Andrei Jakolowitsch Schtschelkalow in Erfahrung brachte, daß beschlossen worden sei, „Geld und Gut fünf Millionen an Werth" nach Oesterreich zu senden, der Kanzler rechnete aber hunderttausend Rubel (= 333,333 Reichsgulden) für eine Million. Unter Führung des Okolnitschki Weljäminow ging auch bald der Waarentransport nach Prag ab, wo Kaiser Rudolf den zarischen Abgesandten mit ausgesuchten Ehren empfing und so viel Lustbarkeiten veranstalten ließ, daß Weljäminow derselben überdrüssig wurde. Die überbrachten Waaren bestanden zumeist in Pelzwerk: 40360 Zobel, 20760 Marder, 120 schwarze Füchse, 337235 Eichhörner und 3000 Biber — gegen vierundvierzigtausend Rubel an Werth. In zwanzig Zimmern des Schlosses wurden sie vor den Augen des Kaisers und des Hofes ausgelegt. Weljäminow wußte von dem Pelzreichthum Sibiriens eine anziehende Schilderung zu machen, lehnte es aber ab, den Geldwerth der zarischen Gabe zu bestimmen; die böhmischen Juden und Kaufleute schätzten dieselbe auf acht Tonnen Goldes. Als man aber daran ging, die kostbaren Felle in baare Münze umzusetzen, zeigte es sich, daß es an hinreichenden Abnehmern solcher Menge von Pelzwaaren fehlte, daher die Preise sehr gedrückt wurden.[9]) Die zünftigen Pelzhändler, die namentlich in den Hansastädten zu Hause waren, wurden von der Concurrenz, die ihnen der Kaiser machen ließ, schwer betroffen. Als daher der Burggraf Abraham Dohna im Frühjahr 1597 mit glänzendem Gefolge von Rudolf an den Zaren abgeschickt wurde, mußte er den Reichsverweser und die Bojaren ersuchen, die Kriegsbeisteuern künftig in Silber oder Gold zu leisten und nicht mehr in Pelzwaaren, die sich in Europa nicht vortheilhaft verkaufen ließen.

Der den Lübeckern 1588 vom Zaren ertheilte Schutzbrief hatte in Folge der fortdauernden Kriege zwischen Rußland, Polen und Schweden nicht zur rechten Geltung kommen können, sobald sich aber die Aussicht auf Herstellung des Friedens eröffnete, wurde auch Zacharias Meyer wieder in diplomatischer Sendung nach Moskau geschickt.[10])

In der ihm unterm 18. September 1595 „für Bürgermeister und Rath der Stadt Lübeck für sich und andern der allgemeinen Hansa-Städte" ertheilten Instruction wird ihm aufgegeben, sich in Pleskow „mit allem Fleiße" zu erkundigen, ob die Höfe wieder hergestellt worden seien und der Kaufmann die ihm vom Großfürsten verbrieften Freiheiten genieße. Sollten ihm dieselben vorenthalten werden, habe er die Ursache zu erforschen und sich „pro discretione um Abschaffung dessen zu bemühen." Weiter habe er zu sehen, ob die Kaufleute sich auch keiner Fälschung an Waage und Gewicht, oder sonst an den Waaren selbst schuldig machten, sie jeden Unterschleifs enthielten und der 1586 ihnen übergebenen, „nachhero aber revidirten und nach Beschaffenheit in eine andere Form gesetzten Ordnung und Schrage, so vormals am Naugartischen Contoir gehalten", nachlebten. Bemerke er etwas „Ungebührliches dawider", habe er es „den Residirenden unseretwegen zu untersagen und einzureden."

Nach Verrichtung alles dessen sollte sich Meyer zum Großfürsten nach Moskau, „oder wo er sonsten anzutreffen", begeben und ihm „dienstlichen Dank" zu sagen, „daß unser hansischer Kaufmann zu Pleskau gnädigst wohl gehalten und mit Erbauung der Höfe und des halben Zolles Erlassung begnadet werden", und ferner „dienstlich begehren, daß auch der Hof binnen Naugarden nach dem Alten anzurichten gnädigst erlaubet werden möge."

In einer geheimen Instruction wurde Meyer angewiesen, sich nach dem Inhalt des zwischen dem Könige von Schweden und dem Zaren geschlossenen Friedensvertrages zu erkundigen „und was eigentlich, soviel die Kaufhandlung belanget, desselben Sinn und Meinung sei, auch aus was Ursachen die Unsern und der gemeine hansische Kaufmann so ganz und gar ausgeschlossen und deren darin nicht mit gedacht worden." Falls der Vertrag noch nicht vollzogen sei, habe Meyer beim Großfürsten und dessen vertrauten Räthen anzuhalten, daß zu Gunsten der Hansa noch eine Clausel in denselben möge aufgenommen werden, welche besonders einen Ort an der Ostsee namhaft machen sollte, „woselbst unser hansischer

Kaufmann seinen Handel mit des Großfürsten Leuten bei voriger uralter Freyheit, ohne Behinderung einiger Potentaten oder Aufbringung einiges Zolles, Unpflicht und imposten, wie sie Namen haben mögen, frey und sicher zu treiben hätte."

Als Meyer diesen Auftrag erhielt, hatten der König von Schweden und der Zar den Vertrag bereits genehmigt, der von ihren Bevollmächtigten nach langen und erregten Verhandlungen zu Täwsin bei Iwangorod am 15. Mai 1595 vereinbart worden war. Für die Kaufleute beider Länder war in demselben gegenseitig freier Handel ausbedungen worden. Dem kaiserlichen Rath Ehrenfried von Minkwitz, der bereits an den Verhandlungen, die zum Stettiner Frieden (1570) geführt, theilgenommen und jetzt seine Reise nach Moskau unterbrochen hatte, um sich nach Täwsin zu begeben, war es gelungen, einem Artikel Aufnahme in dem Friedensvertrage zu verschaffen, der nicht nur den Gesandten der europäischen Herrscher an den Zaren auf der Hin= und Herreise, sondern auch den fremden nach Rußland ziehenden Handels= und Kriegsleuten, Aerzten und Handwerkern freies Geleit durch die schwedischen Besitzungen zusicherte.[11]) Für die Hanseaten waren besondere Vorrechte nicht zu erlangen gewesen, und auch Meyer vermochte zu ihren Gunsten nichts auszuwirken.

War doch in dieser Zeit einer ihrer Gönner, der Großkanzler Andrei Schtschelkalow gestorben, welcher fünfundzwanzig Jahre die Verhandlungen mit den fremden Mächten geleitet und insofern die deutschen Kauffahrer begünstigt hatte, als er ein entschiedener Gegner der Engländer war. Auf sein Betreiben vornehmlich geschah es, daß der bei Iwan IV. und Boris Godunow beliebte Gesandte der Königin Elisabeth, Hieronymus Horsey, Rußland verlassen mußte, weil er im Jahre 1588 Anzettelungen gemacht haben sollte, um die Deutschen, denen Zar Fedor die Häfen an der Dwinamündung zu freiem Handel geöffnet hatte, aus Archangel und Colmogory zu vertreiben. Unmittelbar nach Schtschelkalows Ableben gelang es dem englischen Gesandten, einen neuen Gnadenbrief des Zaren auszuwirken, welcher den Londoner Kaufleuten unbeschränkten zollfreien Handel in ganz Rußland zusicherte.[12]) Boris Godunow war für das englische Interesse gewonnen worden; er machte der Königin von England Mittheilung von dem Inhalt seiner Unterredungen mit den Gesandten des Kaisers und des Papstes, wofür ihn Elisabeth mit Schmeicheleien überhäufte. „Du wahrhafter Wohlthäter der Engländer in Rußland, einziger Urheber der ihnen vom Zaren ertheilten Rechte und Vortheile" —

so redet die britische Majestät in einem ihrer Schreiben den Schwager des Großfürsten an.¹³)

Die Kunde von diesen den Engländern ertheilten Vergünstigungen rief in Lübeck nicht geringe Beunruhigung hervor, hatten doch die deutschen Kauffahrer schon seit lange durch die Merchant adventurers zu leiden, die von ihrer Regierung auf das kräftigste unterstützt, auf allen Märkten den Handel an sich zu reißen wußten. Auf die Nachricht von der Absendung des Burggrafen Dohna nach Moskau schickte Lübeck dem Gesandten ein Schreiben nach, in dem er dringend gebeten wurde, sich der hansischen Kaufmannschaft vor dem Zaren anzunehmen. Aber Dohna entging nur durch sein unerschrockenes Auftreten der Verhaftung in Dorpat und das an ihn gerichtete Schreiben des lübischen Raths ward in Reval angehalten und „gefährlich" behandelt. Dem Burggrafen ließ Boris Godunow zwar einen glänzenden Empfang bereiten, — um ihm einen Begriff von der Wohlhabenheit des russischen Volks zu geben, wurden von weit her die festlich geschmückten Massen zur Aufstellung an den Straßen beordert, die der kaiserliche Gesandte von der Grenze bis nach der Hauptstadt berührte — aber der Zweck seiner Sendung, die vertragsmäßige Zusicherung einer thatkräftigen Unterstützung gegen die Türken, war nicht zu erreichen.¹⁴) Boris mißtraute dem Kaiser und fürchtete den Krieg mit dem Sultan.

Auf dem Hansatage, der im Jahre 1598 in Lübeck abgehalten wurde, empfing man die Kunde von dem Scheitern der auf Dohna gesetzten Hoffnungen; man war zwar enttäuscht, aber nicht entmuthigt. War doch inzwischen der schwache Fedor aus diesem Leben geschieden (7. Januar 1598) und hatte Boris Godunow die Regierung übernommen. Von dem neuen Großfürsten durfte man alles Gute erwarten, daher die Städteboten beschlossen: Lübeck, Rostock und Stralsund mögen Vorkehrungen treffen, damit so rasch wie möglich eine Gesandtschaft nach Moskau abgefertigt werden könne.

Zwölftes Kapitel.
Des Zaren Boris Godunow großer Gnadenbrief für Lübeck.

Kaiser Rudolf hatte den Zaren, noch bevor ihm dieser seine Thronbesteigung angezeigt, durch den Hofdiener Michael Schiele ein Glückwunschschreiben überreichen lassen; Boris Godunow erwiderte diese Zuvorkommenheit durch die Entsendung des Vicekanzlers Athanasius Wlassow. Dieser mußte, da ihm in Polen das freie Geleit versagt worden, seinen Weg über Archangel nehmen, von wo er sich auf einem Londoner Fahrzeug nach Deutschland einschiffte. In Hamburg und Lübeck wurde dem zarischen Gesandten ein ausgezeichneter Empfang bereitet, unter Geschützsalven und Trompetengeschmetter stieg er an's Land. Die Bürgermeister hielten feierliche Ansprachen, in denen sie des Zaren bekannte Huld für die Deutschen in schwungvollen Worten priesen. Der immer bereite Zacharias Meyer ward nach Prag und Pilsen, wohin sich Rudolf vor der Pest geflüchtet hatte, geschickt, die nothwendigen kaiserlichen Empfehlungs- und Geleitsbriefe zu holen; er fand aber diesmal weder in der kaiserlichen Kanzlei noch bei Wlassow, dem er bis Eger nachgereist war, das erwartete Entgegenkommen. Die Sendung des russischen Kanzlers hatte nicht den Erfolg gehabt, den er sich versprochen hatte; der Kaiser und seine Räthe waren über allgemeine Betrachtungen und Erwägungen in Bezug auf das Anerbieten des Zaren gegen die Türken und Polen nicht hinausgegangen. Meyer, der sich in Lübeck nicht mehr auf der Straße hatte sehen lassen können, so war er von einigen an dem russischen Handel betheiligten Bürgern zur schleunigen Abreise gedrängt worden, setzte gemäß der Weisung des Rathes von Pilsen seine Reise nach Moskau fort. Am 12. Januar 1600 verließ er Prag, ging durch das von der Pest heimgesuchte Schlesien und Polen, durch Preußen, Kur- und Livland nach der russischen Hauptstadt, die er am 29. Februar erreichte.

In kurzer Zeit konnte er die ihm übertragenen Geschäfte erledigen; der Zar ließ ihm den Geleitsbrief für die angekündigte große Gesandtschaft der Hansa einhändigen. Es gelang Meyer auch einen Anschlag des Herzogs Karl von Südermannland zu vereiteln, der Boris Godunow zu überreden gesucht hatte, die in Moskau lagernden deutschen Kaufmannsgüter einzuziehen. Am 21. März trat der hansische Bote die Heimfahrt an und schon am 21. Mai konnte er in Lübeck landen, aber schwer krank von den Anstrengungen der Reise.[1])

Der 1602 an der Trave versammelte Städtetag beschloß endlich die Abfertigung der seit vielen Jahren geplanten großen Gesandtschaft. Mit ihrer Führung ward Lübecks Bürgermeister Cordt Germes betraut, ihn begleiteten der Rathsherr Heinrich Kerkring und der Rathsschreiber Magister Brambach, sowie der vielerfahrene Zacharias Meyer; von Stralsund schlossen sich ihnen an die Rathsherren Dr. Johann Richenberg und Nicolaus Diennis.[2])

Am 25. März 1603 langte die Gesandtschaft in Moskau an. Die für den Zaren und den Zarewitsch bestimmten reichen Geschenke hatten auf der Reise sehr gelitten, um sie wieder herzustellen, hatten die Moskauer Goldschmiede Tag und Nacht zu arbeiten. Dem Geschmack der Zeit entsprechend bestanden diese Gaben vorwiegend in Thiergestalten aus massivem Gold und Silber. Für Boris Godunow war bestimmt: ein großer silberner und vergoldeter Adler, ein Strauß, ein Pelikan, ein Greif, ein Löwe, ein Einhorn, ein Pferd, ein Hirsch und ein Rhinozeros; für den „jungen Herrn Kaiser": ein Adler, ein Pfau und ein Pferd, außerdem eine Fortuna und eine Venus. Jedes Mitglied der Gesandtschaft überreichte für sich einen kunstvollen Pokal mit seinem Namenszug und Wappen.[3])

Am Tage vor dem ihnen angekündigten Empfang beim Zaren wurde ihnen ein Verzeichniß der Geschenke abverlangt, auch wies man sie an, sich bei der Vorstellung nur auf mündliche Begrüßung und Darbringung der Glückwünsche zu beschränken, über alle Geschäfte aber durch den Dolmetscher eine Denkschrift für den Kanzler aufsetzen zu lassen. Die Audienz verlief in der herkömmlichen Weise; nachdem sie in ihre Wohnung zurückgekehrt, wurden sie dort aus der großfürstlichen Küche auf das prächtigste bewirthet mit einem Mahl von 109 Schüsseln „dafür, berichtet Johann Brambach, wir uns in Wahrheit entsetzet". Boris hatte sich nach der Zahl und den Namen der Städte erkundigt, in deren Auftrage die Gesandten erschienen seien. Am nächsten Tage ward ihm eine Liste aller noch zur Hansa gehörenden Städte, 58 an der Zahl, nach den vier Quartieren, Lübeck, Köln, Braunschweig und Danzig eingetheilt, überreicht, sowie eine Uebersicht derjenigen, welche vornehmlich Handel und Schifffahrt nach Rußland trieben: Lübeck, Bremen, Hamburg, Rostock, Stralsund, Magdeburg, Wismar, Lüneburg, Danzig, Greifswald und Stettin.

Die der Gesandtschaft ertheilte „Instruktion und Befugniß"[4]) zählte fünfzehn Artikel auf, um deren Bewilligung sie „den großmächtigsten durchlauchtigsten Kayser und Großfürsten und desselbigen herzlieben Sohn den jungen Kayser" höchsten Fleißes bitten sollten. Sie sollten verlangen: die Wiederherstellung der Niederlagen, „freye Gasthöfe sampt einer Kirchen" in Nowgorod, Pskow, Iwangorod und Moskau; die Bewilligung von Kaufhöfen in Archangel und Colmogory; die Gewährung ungehinderten Kaufschlags sowie freier Aus= und Einfuhr deutscher Waaren; billiger Statuten und Ordnungen für die Kaufhöfe; geregeltes Gewicht und volle Zollfreiheit für alle Hansestädte; die Auslieferung der Hinterlassenschaft in Rußland verstorbener Hansen an deren rechtmäßige Erben; unbeschränkte Freiheit, in den Höfen Meth, Bier und Branntwein brauen zu dürfen; die Erlaubniß, in dem zarischen Münzhofe hansisches Gold und Silber in Denninge umprägen zu dürfen; ein Verbot an die Kosacken, Wagen= und Schiffsführer, sowie an andere russische Arbeiter, von den hansischen Kaufleuten nicht über die Gebühr zu verlangen; Gewährung von Postpferden zur Beförderung des deutschen Kaufmanns; endlich das Recht, beim Zaren unmittelbar über die großfürstlichen Befehlshaber Beschwerde führen zu dürfen.

Die Verhandlungen mit den großfürstlichen Unterhändlern Stephan Wassiljewitsch Godunow und Athanasius Wlassow nahmen einen sehr schleppenden Gang. Am 3. April überreichten die Gesandten die „Haupt= Werbung", auf welche sie erst am 12. April eine schriftliche, jeden einzelnen Punkt erörternde Antwort erhielten. Nur ein Theil der hansischen Forderungen wurde bewilligt; die Errichtung lutherischer oder römischer Kirchen ward abgelehnt: die Gesandten vieler fremden Fürsten hätten ähnliche Gesuche vorgebracht, seien aber abschlägig beschieden worden, wollte man jetzt eine Ausnahme machen, so würden diese ihr Verlangen erneuern; der Gottesdienst nach ihrem Brauch innerhalb ihrer Häuser sei den deutschen Kaufleuten unbenommen. Auch die Postpferde gewährte man nicht: sie seien für den ausschließlichen Dienst des Zaren zur schnellen Beförderung seiner Eilboten und der fremden Gesandten.

Germes und seine Begleiter beruhigten sich dabei nicht; am 16. April überreichten sie eine „Replica"[5]), in welcher sie sich in mehreren Punkten gegen den zarischen Bescheid ehrerbietigst, aber mit vielem Nachdruck erklärten. Mit dieser Replik übersandten sie zugleich zwei Schriftstücke; in dem einen führten sie die Ursachen an, aus welchen die Gesandtschaft keine besonderen kaiserlichen oder fürstlichen Empfehlungsbriefe mitgebracht habe. Lübeck sei eine freie Reichsstadt, die anderen Städte, obwohl unter der Obrigkeit von Fürsten und Bischöfen, seien denselben doch nicht unterthan, alle gehörten zu dem „hansischen Verbündniß", welches Kaiser und Kurfürsten bestätigt hätten und in hohen Ehren hielten; auf den in Lübeck abgehaltenen Hansatagen erschienen kaiserliche und königliche Gesandte. Aus alle dem würden der Zar und seine „Hocherleuchteten Räthe" entnehmen, warum sie keine „Vorschrift" mitgebracht; es sei bei den Hansastädten nicht Brauch, sonst hätten sie eine solche „leichtlich" erhalten können. Das andere Schreiben enthielt die „gravamina oder Beschwer des hansischen Kaufmanns". Es verlangt Abschaffung der Neuerung in Pleskow „von jedem mit Gütern beladenen Schlitten zwei Nowgorodtische Denninge" geben zu müssen; schnellere Ausfertigung der Pässe zu Pleskow und Naugarbt; Aufhebung der Bestimmung, daß die russischen Schuten, die zu Pleskow und anderen Orten gehenert werden, mit den deutschen hansischen Gütern bei Iwangorod vor Anker gehen müssen und nicht auf der livländischen Seite anlegen dürfen, „darüber die Güter verderben, die Schiffe hinwegsegeln und der Kaufmann zu seinem höchsten Schaden aufgehalten wird."

Das Osterfest bedingte eine lange Verzögerung des Bescheides auf die Replik und die beigegebenen Schriftstücke. Die Gesandten wurden darüber ungedulbig, ließen dem Zaren und dem „jungen Kaiser" Bittschreiben überreichen, in denen sie um beschleunigte Abfertigung nachsuchten. Endlich wurden sie zum 25. Mai vor den Oberhofmeister Stephan Wassiljewitsch Godunow beschieden, der ihnen des „Kaisers" Antwort vorlas. Danach begnadete Boris ausschließlich die Bürgermeister, Rathsmänner und Einwohner von Lübeck; er wolle ihnen zu Naugard, Pleskow, Iwangorod gute Plätze anweisen, wo sie sich nach ihrem Belieben Häuser bauen könnten, aber aus ihren eigenen Mitteln — so hätten auch die englischen und anderen fremden Kaufleute ihre Höfe selbst bauen lassen müssen. Auch sollten sie von ihren Höfen nach der Stadt ein- und ausgehen dürfen, um die zu kaufenden Waaren zu besichtigen, sowie Nahrungsmittel einzukaufen. Betreffs der Kirchen blieb es bei dem ersten Bescheid, ebenso in Bezug auf die verlangte Zollfreiheit. Die

Lübecker hatten nur die Hälfte des Zolls zu entrichten, den die anderen Nationen zahlen mußten. Die übrigen Hansastädte blieben von dieser Vergünstigung ausgeschlossen, "weil dieselben bisher keine Besendung gethan, auch von ihren Fürsten keine Vorschrift mitgebracht hätten"; sie müßten den Zoll entrichten, wie es in jedem Lande und bei ihnen selbst gebräuchlich sei.

Auch bei diesem Bescheid beruhigten sich die Gesandten nicht; die Lübecker richteten unterm 26. Mai eine "Supplication" an den Großfürsten und seinen Sohn wegen Erlaß des ganzen Zolls; sie thaten dies auf die ihnen von "vertrauten Leuten" gemachte Mittheilung, daß Boris seinen Räthen gesagt und befohlen habe, den "Lübeckschen zu gönnen und zu geben, was sie gesucht und gebeten"[7]. Aber der Kanzler hat sie abgewiesen und weder dem Brambach noch dem Zacharias Meyer die erbetene Privatunterredung bewilligt. Auch der Versuch, durch den Leibarzt Heinrich Schröder auf den Zaren zu wirken, mißlang; Schröder ließ sie benachrichtigen, daß er sich ihrer weder annehmen, noch sie besuchen dürfe. Sie stützten ihr Gesuch um volle Zollfreiheit auf die Versicherung, daß die russischen Kaufleute in Lübeck und den anderen Hansestädten allezeit zollfrei gewesen seien, was Reinhold Beckmann, Simon Wiehe, Andreas Witte, Iwan Ipsara und Andere, die vor zwei Jahren dort gewesen, bezeugen könnten.

Am 7. Juni wurden sie endlich zur Abschieds-Audienz beim Zaren befohlen; Boris und sein Sohn empfingen sie in der üblichen Weise, zeigten sich sehr gnädig und ließen ihnen den erbetenen Gnadenbrief einhändigen. Er war von dem "Kaiser und Großfürsten Boris Fedorowitsch und der Kayserl. Maytt Sohn, dem großen Herrn und Kaiser, dem Fürsten Fedor Borissowitsch" ausgestellt, und zwar entgegen dem bisherigen Brauch, in russischer Sprache, auch nur für "die Stadt Lübeck, Bürgermeister, Rathsmänner und Bürgerschaft." Der Dolmetscher Hans Holms und Zacharias Meyer mußten das Schriftstück, jeder für sich, ins Deutsche übersetzen, "um mehrerer Gewiß- und Sicherheit willen." Sehr merkwürdig sind die Worte, welche dem Briefe vorgesetzt sind; sie lauten: "In der Dreyfaltigkeit loven wir Gobt in der Regerung und Wohlgefallens, dieselbige bevestige unsere Scepter tho holden in wahrhaftigen römblichen und erschienlichen, und in allerley Erholdinge des groten Russischen Kayserdombs." Im Wesentlichen erhielten die Lübecker, bis auf den Erlaß des ganzen Zolls, die Erlaubniß Kirchen zu bauen und die Bewilligung von Postpferden, was sie erbeten hatten. Ihre Kaufleute wurden von der Besichtigung ihrer Waaren durch die Zollbeamten befreit, sie sollten auf ihr Gewissen den Inhalt und Werth ihrer Ballen und Fässer selbst angeben. Führten sie schlechte, gefälschte oder zu knapp bemessene Güter ein, so sollten ihnen diese nicht mit Beschlag belegt werden dürfen, da sie dieselben nicht selbst fertigen und bereiten ließen, sondern aus fremden Herrschaften brächten und aus vielerlei Händen empfingen. In Nowgorod, Pskow und Jwangorod durften sie auf den ihnen angewiesenen Plätzen Häuser bauen oder auch fertige Häuser kaufen, daselbst ihre eigenen „Befehligshebber" und Wächter anstellen und „Gebrenke schölen die lübischen Koplüde in ehren Hüsern tho ehrer Notturfft, als Bier, Weyn, tho brawen, und Mehde (Meth) inthosetten, datselve schölen sie vor sick selvest holden, und tho verköpen schölen sie kein Gebrenke holden, utbenahmen wat sie over Sehe bringen von allerley roben Weyn, dat schölen sie verköpen by Tunnen und nicht by Spannen (Eimer) und Stöpen (Kannen). Und up den Mundthusern schölen sie Dalers und allerley Selver tho Gelde vermunten frey seyn."

Am Tage nach Empfang des Gnadenbriefes ließ Boris jedem der Gesandten einen vergoldeten Becher und zwei Zimmer Zobel als Geschenk überreichen mit dem Begehren, daß sie solche „Jr Maytt zu ehren behalten und derselben dabey gedenken sollten." Aber die Städteboten waren mit dem Inhalt des Briefes nicht ganz zufrieden; er war ihnen in einigen Punkten nicht bestimmt genug gefaßt, auch fehlte die Zusicherung, daß „die Lübeckschen ihrer Religion und Gottes Dienstes, auff ihren neuen Höfen ihres Gefallens ohne einige Behinderung leben mögen." Sie wollten daher dem Kanzler eine „Designation", betreffend „Defectus et Dubia novi Privilegii"[3]) überreichen lassen, aber der Dolmetsch erklärte, eine solche nicht annehmen zu dürfen; doch erbot er sich, die beanstandeten Posten beim Kanzler mitzutheilen. Am nächsten Tage meldete er, das Privilegium könnte nicht geändert werden, sie sollten aber zu dem Großfürsten und seinen Räthen das Vertrauen haben, daß, was ihnen zugesagt und versprochen worden sei, auch gehalten werden würde. Als sie sich dabei nicht beruhigen wollten, hieß es: „sie wären etwas unverschämt, dero Behueff sie dann das russische Wörtlein Sorum (soromj, sramj = Schande) gebrauchten." Nun hielten die Gesandten es für angezeigt, „zur Verhütung besorglicher Pericul und Verlegenheit fernere sollicitatur einzustellen und in Gebuld zu acquiesciren."

Ihre bisherige Hartnäckigkeit hatte aber zur Folge, daß ihnen die früher versprochenen Pferde und Gespanne bis an die Grenze nicht gestellt wurden, sie dieselben vielmehr aus eigenen Mitteln beschaffen mußten. Am 11. Juni verließen sie Moskau, von dreihundert Reitern bis an das äußerste Thor begleitet. In Nowgorod wollten der Statthalter und der Oberzollbeamte den Gnadenbrief nicht anerkennen; sie seien in Betreff desselben ohne Befehl. Germes schrieb nach vergeblicher Verhandlung mit den Beamten an den Zaren und den Kanzler; außerdem ging eine „protestatio"⁹) an Boris ab, von welcher der Statthalter, die Olderleute und der Zöllner Abschrift erhielten. Um weiteren Aufenthalt zu vermeiden, ließ man auf Verlangen des Wojewoden einen Bürger Lübeck's, den Thomas Frese, mit Abschriften des großfürstlichen Freibriefes in deutscher und russischer Sprache zurück, dem nach eingegangener Weisung aus Moskau ein Platz angewiesen werden sollte; den alten deutschen Hof fanden sie im Besitz eines Bauern.

Am 27. Juni verließen die Gesandten Stralsunds Nowgorod, um sich in Narwa nach der Heimath einzuschiffen; beim Abschied von ihren Reisegefährten sprachen sie die Hoffnung aus, daß Lübeck von den Plätzen und Höfen nicht allein in seinem Namen, sondern auch in dem der anderen Städte Besitz ergreifen würde. Die Antwort lautete, man könne, da das Privilegium allein für Lübeck ausgestellt sei, „nichts Gewisses erklären," doch wolle man von ihrem Ansuchen dem Rath Bericht erstatten und sollte es allen lieb sein, wenn er Stralsund und die anderen Städte an dem Privileg theilnehmen ließe. Drei Tage später brach Germes mit den Lübeckern nach Pskow auf. Als sie nach dem ersten Nachtlager hinter Nowgorod sich zur Weiterreise anschickten, überreichte der Pristaw einen Brief des Großfürsten, den der Bürgermeister nicht ohne Zagen erbrach; sobald der Dolmetscher dessen Inhalt¹⁰) verdeutscht hatte, beruhigten sich jedoch die bangen Gemüther. Der Zar ersuchte die Gesandten, fünf Knaben, welche dem Ueberbringer des Schreibens gleich gefolgt waren, mit nach Lübeck zu nehmen, sie dort auf seine Kosten „zur Schule zu halten, im Deutschen und Lateinischen und in anderen Sprachen zu informiren, auch inmittelst bei ihrem christlichen Glauben zu belassen und wiederum nach Rußland zu schicken." Die fünf jungen Russen schlossen sich der Gesandtschaft an, welche von Pskow aus des Zaren Schreiben beantwortete.

Der Wojewode dieser Stadt empfing sie freundlich und überwies ihnen nach Prüfung des Gnadenbriefes „den alten Hof am großen Fluß" zum freien Besitz und Gebrauch. Sie ließen einen der Ihrigen, Heinrich Riestedt, auf dem Hofe zurück mit dem Auftrage, sich wegen der dort auf großfürstliche Kosten errichteten Gebäude ins Einvernehmen zu setzen. Am 8. Juli brachen sie von Pskow auf und überschritten, bis dahin von zarischen Beamten begleitet, bei Schloß Neuhaus die russische Grenze, von wo sie ihren Weg „durch das jämmerlich verwüstete und verödete Lyfflandt auf Riga" nahmen, um sich hier nach der Trave einzuschiffen.

Die Lübecker konnten mit dem Erfolg ihrer Sendung wohl zufrieden sein; es galt nun, den Neid und die Eifersucht der Bundesgenossen zu beschwichtigen, welche die Bevorzugung der Vormacht auf dem russischen Markte bitter empfanden. Im nächsten Jahre kam es auf dem Städtetage zwischen den Sendboten zu erregter Auseinandersetzung wegen des zarischen Freibriefs. Doch ward beschlossen, daß, da keine Stadt von der anderen sich trennen und besondere Vorrechte auf den fremden Contoren haben dürfe — womit es jedoch nie so genau genommen wurde — Lübeck vorläufig im Namen aller Städte die Häuser in Rußland ankaufen und in Besitz nehmen, aber auch die Kosten dieses Ankaufs, sowie die der Gesandtschaft so lange allein tragen solle, bis der Zar, an den ein dahin gehendes Gesuch zu richten sei, der Hansa insgesammt die der Vormacht an der Trave jetzt allein zustehenden Freiheiten bewilligt habe.[11])

Die Ausführung dieses Beschlusses mußte in Folge der bürgerlichen Unruhen, welche durch das Auftreten des falschen Demetrius über Rußland hereinbrachen, unterbleiben. Ueberdies hatte Lübeck nur geringe Ursache, die ihm von Boris verliehenen Vorrechte mit den anderen Städten zu theilen, denn die Mehrzahl derselben lehnte es ab, zur Erhaltung des Bundes auch nur einen geringen Beitrag zu steuern, so daß kaum die hansischen Beamten besoldet werden konnten. Die Tagfahrten wurden nur noch von wenigen regelmäßig beschickt; viele waren in den Kämpfen mit den Landesfürsten ihrer Unabhängigkeit verlustig gegangen, andere lösten die Verbindung mit der Hansa auf wegen des Eifers, den die Vororte bei Verbreitung der Lehre Luthers entfalteten. Unter solchen Umständen war Lübeck mehrmals entschlossen, das „Directorium" niederzulegen, welchen Entschluß jedoch die bundestreuen Städte bekämpften, da sie erkannten, daß der Rücktritt der alten Vormacht von der Leitung die Auflösung des Bundes bedeuten würde.

Dem Verkehr nach Rußland widmeten die Städte aber fortgesetzt große Aufmerksamkeit. Im November 1617 wurde auf dem Tage zu Lübeck angeregt, daß, „da seit zehn bis zwölf Jahren, während der Ungewißheit der Regierung in Rußland und des Krieges zwischen diesem Reiche und Schweden, der Handel mit den Russen darniedergelegen habe, nun aber Frieden geschlossen worden und die Häfen und Städte, worin die Hansen bisher ihre Privilegien gehabt, theils in schwedische, theils in andere Hände gekommen seien, der Versuch gemacht werden sollte, den Verkehr herzustellen."

Aber so tief war die Hansa bereits gesunken, daß sie nicht mehr unmittelbar sich an den russischen Herrscher zu wenden wagte, sondern die Vermittelung ihrer Bundesgenossen, der Niederländer, anrief, deren Generalstaaten ²) ihr auch 1618 einen Empfehlungsbrief an den Zaren übersandten. Ein besonderer Freibrief ist den Städten nicht mehr ausgestellt worden, sie trieben ihren Handel auf Grund der alten Privilegien, welche jedoch weder von den Schweden noch den Russen respektirt wurden. 1628 beschlossen die zu Lübeck versammelten Sendboten wegen der den deutschen Kaufleuten in Rußland widerfahrenen Kränkungen und Belästigungen sich in einem Schreiben nach Moskau zu wenden, aber so wenig den Vorstellungen der anderen Handel treibenden Nationen über die Ungebühr der russischen Zollbeamten Gehör geschenkt wurde, so wenig konnte auch ein solches Schreiben Erfolg haben.

Dreizehntes Kapitel.
Peter der Große und die Hansastädte.

Die Vertreter Lübecks in Nowgorod und Pskow, Thomas Frese und Heinrich Niestedt, blieben auch unter Demetrius auf ihrem Platze;[1]) ihre Berichte über die damaligen Zustände schickte der Rath an Michael Schiele nach Wien, welcher im Auftrage Kaiser Rudolfs 1598 in Moskau gewesen, von Boris Godunow mit großer Auszeichnung empfangen worden war und es sich jetzt angelegen sein ließ, über die Vorgänge in Rußland genaue Erkundigungen einzuziehen. Beide hansischen Berichterstatter geben nicht den geringsten Zweifel an der Rechtmäßigkeit der Ansprüche des Demetrius zu erkennen. Der Usurpator zeigte sich den Deutschen auch ganz besonders wohlgeneigt; unter seiner kurzen Herrschaft fanden ihre Kaufleute in Moskau reichen Gewinn, dafür mußten sie aber, namentlich die augsburgischen Goldschmiede und Juwelenhändler, mit Gut und Leben büßen, als sich nach dem Sturze ihres Gönners die Volkswuth gegen alle Fremden wandte.

Sobald Ruhe und Ordnung in dem Zarenreiche zurückkehrte, fanden sich auch die hansischen Kauffahrer wieder auf den russischen Märkten ein; den Lübeckern gelang es 1636, sich von Michael Fedorowitsch einen Schutzbrief zu erwirken, der ihnen gestattete, unter Vorbehalt der bestehenden Gesetze nach Rußland Handel zu treiben; ihre Thaler konnten sie ohne Zwangscours in Zahlung geben, doch blieb ihnen untersagt, russische Goldmünzen prägen zu lassen. Die alten Höfe in Nowgorod und Pskow erhielten sie zurück; in Moskau durften sie jedoch nur gruppenweise, und zwar nie mehr als sechs auf einmal, eintreffen. Hugo Schockmann, der 1651 von Lübeck abgesandt wurde, um den Schutzbrief von Michaels Nachfolger bestätigen zu lassen, wurde von dem Zaren Alexei huldvoll empfangen; sein Gesuch ward gewährt unter der Bedingung jedoch, daß der lübische Rath die russischen Interessen wahrnehme und des Zaren Reclamationen gerecht würde. Bald fand sich Gelegenheit, das Vertrauen Alexeis zu rechtfertigen.

Unmittelbar nach dem Tode Michaels war ein gewisser Timoschka Ankudinow aufgetaucht, der sich als Sohn des Zaren Wassilij Schuiski (1606—1610) ausgab; mit Hülfe des Auslandes, namentlich des Sultans, des Königs von Polen, des Fürsten Ragotzy von Siebenbürgen, hoffte er sich auf den Thron schwingen zu können, aber er fand weder in Konstantinopel, noch in Wien oder Stockholm die erwartete Unterstützung. Alexeis Sendlinge verfolgten ihn überall hin. Von Stockholm floh er nach Lübeck. Der Zar verlangte seine Auslieferung, aber Timoschka floh nach Holstein. Hier entdeckte ihn der lübische Kaufherr von Horn, der seine Verhaftung herbeiführte; in Lübeck wurde er auf ein Schiff gebracht und nach Rußland befördert, wo ihn der Zar in Moskau zu Anfang 1654 unter furchtbaren Martern hinrichten ließ. Der von Horn erhielt für seine geleisteten Dienste die Erlaubniß, auf acht Jahre in Rußland ohne jede Abgabe Handel zu treiben, unter der alleinigen Beschränkung, daß die Summe der Abgaben, welche er auf seine Güter sonst zu entrichten hätte, 10,000 Rubel nicht übersteigen dürfe.

Je freundlicher sich aber die Beziehungen Lübeck's zu dem russischen Herrscher gestalteten, um so mehr Schwierigkeiten legten die Könige von Schweden den lübischen Kauffahrern in den Weg. Gustav Adolf[3] verlangte, sie sollten in Reval einlaufen, während sie noch immer Narwa den Vorzug gaben; endlich verbot er ihnen die Fahrt nach diesem Hafen und wies alle gegen dieses Verbot erhobenen Vorstellungen und Einwendungen zurück. In freundlichen Worten setzte er jedoch den Lübeckern auseinander, wie und warum sie nur über Reval Handel treiben möchten; dieser Hafen läge ihnen doch so bequem und die Stadt sei ihnen von Alters her verwandt. Nur ihr eigenes Wohl liege ihm am Herzen, hätten sie doch wie er ein Interesse daran, den Verkehr nach Archangel durch Wiederherstellung der Kauffahrtei auf der Ostsee zu unterdrücken. Der Rath zu Lübeck hatte aber allen Grund, den Worten des Königs zu mißtrauen; denn sobald ein hansisches Schiff in Reval oder Narwa einlief, hatte es doppelten oder dreifachen Zoll zu entrichten ungeachtet aller königlichen Zusagen. Aber während Hamburg und Bremen sich diesen Bedrückungen durch die Fahrt auf Archangel entziehen konnten, sah sich Lübeck genöthigt, die hohen schwedischen Zölle zu bezahlen. Seine Beziehungen zu Schweden verwickelten es endlich auch in ernste Zerwürfnisse mit dem Zaren. Karl XII. verlangte von der Stadt, welche bisher für Peter I. die

Anwerbung geschickter Meister und Künstler vermittelt und ihn mit Kriegsbedürfnissen aller Art versehen hatte, den Abbruch jeden Verkehrs mit und nach Rußland.⁴) Lübeck mußte sich dem schwedischen Druck fügen, es ließ die Reclamationen des Zaren unberücksichtigt und legte seinen Abgesandten Hindernisse mancherlei Art in den Weg. Nach dem Siege Peters über den Schwedenkönig hatte die Stadt für seinen Abfall von der russischen Sache schwer zu büßen. Sobald Menschikow an der Spitze eines russischen Heeres in Deutschland einrückte, erhielt er die Anweisung, Hamburg und Lübeck wegen ihres Verkehrs mit Schweden zu brandschatzen. Die dagegen erhobenen Reclamationen blieben ohne Erfolg und traf daher der lübische Rath mit Menschikow am 17./26. Juni 1713 eine Uebereinkunft, welche Peter am 11. December ratificirte. Danach verpflichtete sich Lübeck, dem Fürsten sofort fünftausend Dukaten und dem Zaren ratenweise 33333 Reichsthaler in neuen churfürstlich brandenburgischen und braunschweigischen Zweidrittel-Stücken zu zahlen. Menschikow sicherte dagegen den Lübeckern freie Schifffahrt in der Nord-, Ost- und Westsee zu und verpflichtete sich, seine Bemühungen darauf zu richten, „daß die Lübeckschen Commerzien, Privilegien und Freiheiten im russischen Reich, in specie aber an den teutschen Höfen zu Groß-Nowgorod und Plescau, wie auch in der Stadt Moskau von Sr. Großzarischen Macht confirmiret werden mögen, mithin auch denen Lübeckschen Kaufleuten den Genuß derjenigen Freiheiten, so andere nationes, alß Engell- und Holländer wegen Ein- und Ausfuhr, auch Ein- und Verkauffung der Waaren, an Zöllen und anderen Immunitäten genießen: gleichfalls verstattet, und mehr erwehnten Stadt soviel immer möglich, aufgeholfen werden, damit dieselbe sich wiederumb erholen möge."

Neben Lübeck hatte vornehmlich Hamburg sich die Verbindung mit Rußland angelegen sein lassen; es war die erste Stadt, welche von den im Jahre 1603 der hansischen Vormacht ertheilten Vergünstigungen Vortheil zog; denn bereits im folgenden Jahre liefen hamburgische Schiffe in den Hafen von Archangel ein. Zar Michael Fedorowitsch zeigte in einem besonderen Schreiben dem Rathe seine Thronbesteigung an;⁵) seit der Zeit waren die Hamburger unablässig bemüht, für sich besondere Handelsvorrechte in Rußland zu erwerben. Im Mai 1615 erhielten die hamburgischen Kaufleute Isaac Alen und Jacob Denker einen zarischen Freibrief; ein anderer Hamburger, Marsilius, erwarb sich als Geldwechsler und in sonstigen Geschäften einen Ruf am russischen Hofe, so daß der Zar dem Sohne, Peter Marsilius, „als Belohnung für die treuen Dienste des Vaters"

1638 einen besonderen Gnadenbrief ertheilte, der ihm gegen die Verpflichtung, den Hofhalt mit Galanterie- und Schmucksachen jeder Art zu versorgen, vollkommene Abgabenfreiheit für seinen Handel zusicherte. 1644 erhielt derselbe Peter Marsilius, sowie der holländische Kaufmann Philemon Akam auf zwanzig Jahre das Recht, an den Flüssen Schecksma, Kostroma und Wolga, sowie an allen Orten im russischen Reiche, wo es ihnen geeignet erscheinen sollte, Eisenerz zu graben, zu schmelzen und zu Eisendraht, Flintenläufen und anderen Eisenwaaren zu verarbeiten und selbst über das Meer zollfrei auszuführen.⁶) Nach Ablauf dieser Frist sollten sie aber gehalten sein, von jedem Schmelzofen jährlich einen Obrok von 100 Rubel und von den verarbeiteten Eisenwaaren den durch Ukas vorgeschriebenen Zoll zu entrichten. Von Ausländern, Meistern und Handwerkern sollten sie für die Eisenfabrik nur die unentbehrlichsten in Dienst nehmen, russische Leute dagegen so viel als möglich zu allen Arbeiten heranziehen und sie in allem unterrichten. Andere Hamburger erhielten ähnliche Verbriefungen, jedoch unter der ausdrücklichen Bedingung, daß sie die bestehenden Gesetze anzuerkennen sich verpflichteten, was bei dem Gnadenbrief für Marsilius nicht der Fall war. Die hamburgischen Bürger, welche auf längere Zeit nach Rußland gingen und in den großfürstlichen Dienst traten, mußten sich nach Vorschrift des Raths ihrer Stadt eine zarische Erlaubniß auswirken, welche ihnen nach Erfüllung der eingegangenen Verpflichtungen die freie Rückkehr in die Heimath sicherte. Alle Hamburger standen, wie ein dem Kaufmann David Vermolen 1633 ausgestellter Freibrief vermuthen läßt, unter der besonderen Gerichtsbarkeit der „Gesandtenkanzlei (posolsky prikas)". 1675 verlangte der hamburgische Rath die Auslieferung eines gewissen Hassenkrug, welcher bei dem Kaufmann Wilde Geschäftsschulden hatte; die Moskauer Regierung antwortete das Jahr darauf, Hassenkrug erkenne die Schuld nicht an und Wilde möge nur nach Rußland kommen, um zu seinem Rechte zu gelangen; 1682 erfolgte nochmals eine Aufforderung an die Erben Wildes, in bestimmter Frist in Moskau zu erscheinen, wenn sie die Klage gewinnen wollten. Indeß scheinen sie darauf verzichtet zu haben, wenigstens ist über den weiteren Verlauf dieser Angelegenheit in dem Archive der Gesandtschafts-Kanzlei nichts erhalten geblieben.⁷)

Der hamburgische Rath erhielt unausgesetzt Zuschriften aus Moskau, in denen er um die Uebersendung tauglicher Männer aus allen Künsten und Gewerben ersucht wurde; Alexei Michaelowitsch forderte erprobte Obersten, Hauptleute und Lieutenants auf, in seine Dienste zu treten. Peter I.

zeigte sich den Bürgern Hamburgs sehr geneigt und lieh ihnen nicht selten seine persönliche Unterstützung. Als aber im Nordischen Kriege Schmähschriften in Hamburg gegen ihn gedruckt wurden und er vergeblich die Bestrafung der Verfasser und Drucker gefordert hatte, gerieth er in leidenschaftlichen Zorn gegen die freie Stadt und erließ ein Verbot wider den Handel mit derselben. Darauf bequemten sich Bürgermeister und Rath, ehrenvolle Abbitte zu leisten und die Bestrafung der Schuldigen zu versprechen. In einem Schreiben vom 31. Mai 1705 empfiehlt ihnen Peter, sich nicht mit der Ausweisung der Verleumder Rußlands zu begnügen, sondern dieselben körperlich zu züchtigen; den Angebern solle man eine Belohnung aussetzen. Der Rath beeilte sich, dem Zaren zu melden, daß er dem Mercur wegen unehrerbietiger Auslassungen über Se. Majestät auf einen Monat das Erscheinen untersagt habe; eine Maßregel, die allerdings nicht vermochte, Peter zu befriedigen, der immer von Neuem durch ihm feindlich gesinnte Flugblätter aus den hamburgischen Druckereien in heftigen Zorn versetzt wurde. 1708 erschien Fürst Boris Iwanowitsch Kurakin in besonderer Sendung in Hamburg, um den Bürgermeistern zu Gemüthe zu führen, wie illoyal es sei, den Schweden zu gestatten, sich in Hamburg gegen Rußland zu rekrutiren. Die Stadthäupter entschuldigten sich damit, daß sie gegen den König von Schweden, der ein Mitglied des Reiches sei und Bremen, sowie andere deutsche Provinzen besitze, nichts thun könne. Kurakin mußte sich von der Wahrheit dieser Erklärung bald selbst überzeugen; er sah sich 1709 zur schleunigen Flucht genöthigt, um seiner Gefangennahme durch die Schweden zu entgehen. An seiner Stelle wurde ein Deutscher, Namens Böttiger, welcher in des Zaren Dienst getreten war, als russischer Resident in Hamburg und später auch für den niedersächsischen Kreis beglaubigt; seine Aufgabe sollte darin bestehen, die Veröffentlichung verleumberischer Schriften über Rußland zu verhüten und dem Zaren über die Vorgänge in Europa Bericht zu erstatten.

Menschikow mußte an der Spitze seiner Russen auch den hamburgischen Senat zur Gefügigkeit gegen den Zaren zu bewegen. Er hielt den Bürgermeistern ein langes Sündenregister vor, darin als am schwersten belastend angeführt wurde, daß man einen russischen Beamten und Handelsagenten verhaftet und seiner Proteste ungeachtet eingekerkert, ferner gedulbet habe, daß russische Offiziere beraubt und russische Unterthanen, wie Baron Löwenwolde, beleidigt wurden. Der Rath kannte das Mittel, den Fürsten Menschikow zu besänftigen; am 4./15. Juni 1713 feierte man zu Wandsbeck die Versöhnung. Die Stadt verpflichtete sich 200,000 Thaler Schadenersatz zu zahlen, wofür sie die Versicherung erhielt, daß alle Beschwerden der Vergessenheit übergeben und die Kaufleute Hamburgs in ihre alten Freiheiten und Vorrechte wieder eingesetzt werden sollten und das hamburgische Gebiet nach Möglichkeit von russischen Truppendurchzügen bewahrt bleiben würde. Der Vertrag wurde von Peter am 30. April 1714 ratificirt.

Von den ehemals zur Hansa gehörenden Seestädten wurde auch Danzig[8]), das in dem Nordischen Kriege eine wichtige Rolle spielte, von Menschikow heimgesucht. Seit Jahren hatte Peter die Stadt mit Contributionen bedrängt, aber noch immer war es ihr gelungen, die Zahlung der ihr auferlegten Summe von dreimal Hunderttausend Thalern trotz aller Drohungen des Fürsten Dolgoruki und des Generals Bruce zu verzögern. Aber dem Fürsten Menschikow, der sein Hauptquartier in Marienwerder aufgeschlagen hatte und dorthin die Vertreter der Stadt vor sich beschied, vermochte man nicht länger zu widerstehen und der Rath war glücklich, die Contribution wenigstens auf 300,000 Gulden ermäßigt zu sehen. Der am 27. October 1713 unterzeichnete Vertrag, den Peter am 30. April 1714 genehmigte, sollte das wieder hergestellte Einvernehmen zwischen den Danzigern und Russen bekräftigen. Bald darauf zog sich jedoch Danzig abermals den Zorn Peters zu, weil es den Druck ihm unangenehmer Flugschriften nicht verhinderte und seinen Reclamationen nicht Folge leistete. Eine vom Marschall Sheremetjew und dem Fürsten Dolgoruki unterzeichnete Declaration vom 29. April 1716 erklärte die Stadt für eine Feindin Rußlands und Peter befahl von Paris aus, wo er sich damals aufhielt, mit allen Mitteln gegen dieselbe vorzugehen. Eine im August 1717 an ihn nach Amsterdam geschickte Abordnung von Rath und Bürgerschaft, welche seine Verzeihung und Gnade erflehen sollte, kehrte ohne Erfolg zurück und Dolgoruki erhielt den Befehl, die Stadt zur Unterwerfung zu bringen. Nunmehr gab man den Widerstand gegen den Zaren auf und unterzeichnete am 19./30. September 1717 eine Convention, kraft deren sich die Stadt verpflichtete, jede Verbindung mit den Schweden abzubrechen, sowie russische Kriegsschiffe und Kaper in ihrem Hafen aufzunehmen, außerdem „zu mehrerer Demerirung Sr. Zaar. Maytt. Höchster Gnade" 140,000 Speciesthaler zu zahlen. Dafür wurden ihren Kaufleuten alle Handelsfreiheiten und Vorrechte, welche sie früher in Rußland erlangt hatten, von Neuem bestätigt.

Vierzehntes Kapitel.
Anknüpfung von Handelsbeziehungen zwischen Brandenburg und Rußland.

Die alten Handelsplätze, welche ehemals die deutschen Kauffahrer so mächtig angezogen hatten, behaupteten auch unter den veränderten politischen Verhältnissen noch immer einen Vorrang. Nicht nur Lübeck suchte sich die alten Rechte an den deutschen Kaufhöfen am Wolchow und an der Welikaja stets von Neuem zu wahren, auch der Kurfürst von Brandenburg war bestrebt, seinen Kaufleuten in Pleskau und Smolensk besondere Freiheiten zu sichern. Ein Jahr nach dem Abschluß des Westphälischen Friedens faßte der damals sich in Cleve aufhaltende Kurfürst Friedrich Wilhelm den Gedanken, eine Gesandtschaft nach Moskau abzuordnen, um von dem Zaren die Erlaubniß zur Ausfuhr von Getreide nach den brandenburgischen Landen zu erbitten. Mit dieser Sendung betraute er einen clevischen Beamten, den Richter von Cranenburg, Heinrich Reiff. In einen Schreiben an Alexis erklärt der Kurfürst: er habe jetzt nach Wiederherstellung des Friedens in Deutschland den Vorsatz gefaßt, „zu mehrer Perfection und Vollkommenheit eines solchen von Gott uns herkommenden glücklichen Zustandes" auch mit auswärtigen christlichen Potentaten in freundschaftlichen Verkehr zu treten. Reiff erhielt den Auftrag, den Zaren zu bitten, entweder seinen Unterthanen den Verkauf von Getreide an den Kurfürsten zu gestatten oder selbst aus seinen Kornmagazinen zu Archangel ihm auf vier oder sechs Jahre jedes Jahr 2000 Lasten für einen billigen Preis zu überlassen. Alexis antwortete unterm 22. Mai (1. Juni) 1650: In seinem Reiche hätte in letzter Zeit Mißwachs geherrscht, außerdem hätten auch der König von Dänemark, die Königin von Schweden und die holländische Regierung ihn um die Gestattung der Ausfuhr von Getreide gebeten und es sei ihm unmöglich, für dieses Jahr die gewünschte Menge Korn zu bewilligen, doch wolle er ihm zum Zeichen seiner Freundschaft 5000 Tschetwert Roggen aus seinen Magazinen in Archangel, den Tschetwert für einen Rubel überlassen. In Zukunft gedenke er, wenn der Kurfürst es wünschen würde, ihm eine größere Menge und zu billigerem Preise zu liefern.*)

Ob der Kurfürst von der ihm ertheilten Erlaubniß Gebrauch gemacht und Getreide aus Archangel hat holen lassen, ist nicht festzustellen; aber die Folge hatte der von ihm gethane Schritt, daß sich zwischen Brandenburg und Rußland politische Verbindungen anknüpften, die für die Zukunft von höchster Bedeutung werden sollten.

Friedrich Wilhelms Nachfolger, Kurfürst Friedrich III., schickte 1688 den Geheimrath Johann Reyher von Chaplitz nach Moskau, um dem Zaren seine Thronbesteigung anzeigen zu lassen, vornehmlich aber zu dem Zweck, einen Handelsvertrag abzuschließen.[3]) Chaplitz erbat für die brandenburgischen Unterthanen die Erlaubniß, in allen russischen Häfen landen und alle Städte mit ihren Waaren beziehen zu dürfen, namentlich aber die freie Einfuhr in Archangel, Pleskow und Smolensk, sowie das gleiche Recht, welches den Engländern und Holländern bewilligt worden sei. Der sicheren und klugen Haltung des kurfürstlichen Gesandten gelang es, die Bedenken der zarischen Regierung gegen solche Zugeständnisse zu überwinden. Im Januar 1689 erhielt er „Sr. Zarischen Majestät Begnadigungsbriefe", welche allen späteren Handelsverträgen zwischen Preußen und Rußland als Grundlage dienten. Sie gewährten den brandenburgischen Kaufleuten Einfuhrfreiheit in Archangel und die Erlaubniß, „mit allerhand Waaren über Land zu reisen in die angrenzenden russischen Städte, Smolensk, Pleskau und Andere", sowie die Zusicherung, in allen Dingen gehalten zu werden, „gleich als anderer Herrschaften Ausländer, welche von langer Zeit her Handel im russischen Reiche treiben." In Moskau war man über den Verlauf der Verhandlungen so zufrieden, daß die Zarewna Sophie, als Regentin, dem Kurfürsten im März 1689 dankte für die Entsendung „eines ebenso gewissenhaften als weisen Mannes" wie Chaplitz.

Als Peter I. im März 1696 seine epochemachende Reise nach dem Westen antrat, war der erste europäische Fürst, den er begrüßte, Friedrich III. von Brandenburg.[4]) Beide Herrscher trafen sich zu Königsberg und ließen durch ihre Räthe ein Schutz- und Trutzbündniß vereinbaren, das sie auf der kurfürstlichen Yacht im Hafen von Pillau am 10. Juni 1689 unterzeichneten. Artikel zwei desselben enthält Bestimmungen über die den Kaufleuten beider Staaten bei ihren Handelsfahrten zu gewährenden Vergünstigungen. Die russischen Kaufleute dürfen gegen Zahlung des „gebührenden Zolles" ohne jede Behinderung Handel treiben nach Memel, Königsberg, Berlin, auch durch die kurfürstlichen Lande nach dem übrigen Deutschland reisen.

Den brandenburgischen Kaufleuten wird dagegen gestattet, in Archangel,

Pleskow, Naugard, Smolensk und Kiew Handel und Gewerbe zu treiben gegen Erlegung des auch den anderen Ausländern auferlegten Zolles.

In diesem Artikel, so weit wir ersehen konnten, wird Nowgorod, Naugard, zum letzten Male als ein den deutschen Kauffahrern vertragsmäßig offen stehender Handelsplatz angeführt. Die alte Freistadt am Ilmensee hatte längst ihren Glanz eingebüßt und war von Pskow und Smolensk überflügelt worden; die Gründung von Petersburg besiegelte ihren Verfall. Unter kriegerischen Drangsalen, Hungersnöthen und Feuersbrünsten ist die Zahl ihrer Bewohner von viermalhunderttausend, welche ehemals ihre Straßen und Plätze bevölkerten, bis auf siebzehntausend herabgesunken und der einstige Weltmarkt, den die Hansa als die Quelle ihrer Macht betrachtete, ist zu einem kümmerlichen Jahrmarkt von vierzehntägiger Dauer zusammengeschrumpft.

Von den Kaufhöfen der Goten und Deutschen ist jede Spur verschwunden; nur mühsame wissenschaftliche Forschungen können heute ihre Lage feststellen.[5]) Die alten Archive der Stadt sind vernichtet und ohne den glücklichen Umstand, daß der Inhalt aller Briefe, welche der deutsche Kaufmann aus dem St. Petershofe an Riga und Dorpat richtete, auch Reval mitgetheilt werden mußten, würde auch die Mehrzahl der schriftlichen Zeugnisse jener Glanztage hansischer Herrlichkeit unwiederbringlich verloren gegangen sein. So aber haben sich in dem Revaler Archiv, das Feuer und Kriegslärm verschonte, abschriftlich die meisten Urkunden erhalten, deren Originale in den andern Städten zu Grunde gingen.[6])

Die Auflösung der durch innere Zwietracht schon seit dem fünfzehnten Jahrhundert in sich gespaltenen deutschen Hansa ward besiegelt durch die 1630 erfolgte Vereinigung von Lübeck, Hamburg und Bremen zu einem Sonderbunde. Ihr Stern begann zu erbleichen in demselben Jahrzehnt, in welchem Columbus eine neue Welt entdeckte; sein Niedergang war unaufhaltsam, seitdem Spanier und Portugiesen, Holländer und Engländer die Herrschaft auf den Meeren an sich rissen. Die alten Handelsmonopole konnten gegen den Ansturm der neuen Mitbewerber auf dem Weltmarkte nicht mehr behauptet werden. Während die Hanseaten festhielten an den starren Satzungen veralteter Anschauungen, segelten jene mit dem Winde der neuen Ideen, welche die Welt erfüllten.

In richtiger Würdigung der Vergänglichkeit alles Irdischen hatten die Unterzeichner des Handelsvertrages von 1229 die Urkunde eingeleitet mit den sinnvollen Worten: „Was auf der Zeit beruht, vergeht mit der Zeit."

Anmerkungen.

HU = Hansisches Urkundenbuch.
HR = Recesse der Hansatage.

Erstes Kapitel.

¹) Roepell, Geschichte Polens, I. 148; Hormayr, Archiv für Geographie u. Historie, Jahrg. 1820 S. 623.

²) Höhlbaum, HU, I, N. 15, 16.

³) Philippsohn, Heinrich der Löwe II, 456; HU, I. N. 33: „Rutheni, Gothi, Normanni et cetere gentes orientales absque theloneo (Zoll) et absque hansa (Handelsabgaben) ad civitatem (Lübeck) veniant et libere recedent."

K. Höhlbaum, „Die Gründung der deutschen Kolonie an der Düna." Hansische Geschichtsblätter, 1872, 43 ff.

⁴) HU I n. 17: qui pecuniam suam dat alicui conoivi suo, ut inde negocietur in Datia vel Rucia (die Verbesserung in Rugia [Urkundl. Gesch. b. D. Hansa II, 7] ist hinfällig, vgl. Hans. Geschbl. 1872, S. 45 N. 2 u. Ulrici, die Völker am Ostseebecken b. z. Anfang b. 12. Jahrh. (1875) S. 39. Für die Deutung des Namens auf das Land der schwedischen Robsen (Rosslagen?) spricht die Anführung bei W. Wackernagel, Kl. Schrift, I. S. 70 Anm. 4) vel in alia regione, ad utilitatem utriusque assumere debet concives suos fideles, ut videant et sint testes hujus rei."

⁵) K. Höhlbaum, a. a. O. S. 25 ff. Heinrici, Chronic. Lyvoniae, ex. rec. W. Arndt, 1874 p. VII, XIV.

Zweites Kapitel.

¹) Sartorius-Lappenberg, Urkundliche Geschichte des Ursprungs der deutschen Hansa Bb. I, S. XII: „Der Ursprung der Hansa ist in zwei verschiedenen, wenn gleich nahe verwandten Thatsachen zu finden, den Vereinen deutscher Kaufleute im Auslande und den einzelnen sich allmählich ausdehnenden Bündnissen der Städte im nördlichen Deutschland." Der Ausdruck „Hansa" bezeichnet die mit dem Markt- und Stadtrecht begabte Kaufmannsgilde im nordwestlichen Europa, besonders in England. Vgl. R. Pauli, Auftreten und Bedeutung des Wortes Hansa in England. Hans. Geschichtsbl. 1872, S. 15 ff. Pauli neigt sich der Annahme zu, daß durch die Deutschen das Wort Hôs (Schaar, Gilde) in England verdrängt und dafür Hansa gebräuchlich geworden sei.

Die Bezeichnung communis mercator kehrt in den Urkunden oft wieder; auch findet sich: universi mercatores in Curia Nogardensi — communes mercatores — communes Theutonici. Vgl. Sartorius-Lappenberg, I, 17 Anm.

²) Die Deutschen nannten Nowgorod bis ins siebzehnte Jahrhundert Neugarden, Naugarben, Nogarbia, Nougarbia. Der „Garten" bezeichnete ehemals unter anderen auch einen befestigten Platz, eine Burg, ein Schloß, eine Stadt; verwandt mit dem russischen gorodj, dem polnischen grod, dem böhmischen Hrod, Hrad, dem schwedischen Gard u. s. w., daher die vielen Namen, die sich auf gard endigen. Vgl. Adelung, Mayerberg's Reise nach Moskau, S. 276.

³) v. Richter, Geschichte der russ. Ostsee-Provinzen, Riga, 1857, Bd. I. Abth. 1. S. 44.

⁴) K. Koppmann, HR. I, XXIX ff. Leipz. 1870.

⁵) Schiemann, Rußland, Livland und Polen, Berlin, 1885 S. 182.

⁶) Schiemann, a. a. O. 185 ff.

⁷) Riesenkampff, Der deutsche Hof zu Nowgorod, Dorpat, 1854 19 ff.

⁸) Schiemann, a. a. O. 190.

⁹) Schiemann, a. a. O. 181. Die Geschichte Nowgorods hat zahlreiche Darstellungen gefunden. Von genaueren Specialarbeiten hebt Schiemann hervor: Chlenikow, Staat u. Gesellschaft im vormongolischen Rußland, Petersbg. 1872, Kap. 5; Jablotschkow, Geschichte des russ. Adels, Pbg. 1876, Kap. IV; Barakskow, Ueber den Handel Rußlands mit der Hansa bis zum 15. Jahrh., Pbg. 1879 (alle drei russisch).

¹⁰) Höhlbaum, HU, I, N. 50.

¹¹) Höhlbaum, Die Gründung der deutschen Colonie an der Düna. Hans. Geschichtsbl. 1872, 48—53.

¹²) v. Bunge, Liv-, Ehst- u. Kurländ. Urkdb. 1, N. 577; besonders NN. 572, 582 u. 585, Col. 750. Ueber die zwischen dem Orden und den Kaufleuten vorherrschenden Streitigkeiten vgl. Höhlbaum, HU, 1, S. 438 Anm. 3.

¹³) Höhlbaum, HU, I, N. 232.

¹⁴) Ein schmaler Strich Landes zwischen zwei verschiedenen Flußgebieten. Nach Schlözer (Nestor, Russ. Annalen II, 41) stammt das Wort ab von Woloka ($\tilde{\epsilon}\lambda\kappa\omega$). Schon bei Thukydides 3,15, wird eine Maschine $\delta\lambda\kappa\delta\varsigma$ genannt, die dazu diente, Schiffe über das Land zu ziehen. Woloker sind Träger, welche die Waaren über den Wolok zu bringen haben. Vgl. Riesenkampff, a. a. O.

¹⁵) Artikel 20 lautet: „Will ein Deutscher mit seinem Gut in eine andere Stadt ziehen, so haben weder der Fürst noch die Smolensker dawider zu reden. Will ein Russe vom gotischen Ufer in das deutsche Land nach Lübeck ziehen, so dürfen ihm die Deutschen den Weg nicht behindern."

¹⁶) Artikel 29: Wenn das Wachspud sich verändert und liegt ein Kap in der heiligen Kirche auf dem Berge, das andere in der deutschen Kirche, so ist das Pud mit ihnen zu vergleichen und wieder zu berichtigen. Dasselbe Recht gilt für die Russen in Riga und auf dem gotischen Ufer.

Artikel 35: Das Pud haben die Deutschen den Wolokern übergeben, welche die Waaren eines jeden Gastes über den Wolok zu führen haben, bis daß es abgenutzt werde; ein gleiches liegt in der Kirche der Deutschen und ein anderes soll geschmiedet und nach jenem recht gemacht werden.

¹⁷) Höhlbaum, HU, I, N. 398. Vgl. § 20 des Vertrages von 1229. Das altrussische Original des Vertrages von 1250 mit Siegel befindet sich noch im Archiv zu Riga. Wahrscheinlich erfolgte die Erneuerung des Vertrages infolge der ernsten Ver-

anstaltungen zu einem Kreuzzuge gegen die Russen; Livländ. Urkb. 1, S. 174. Im Jahre 1284 kam es zwischen einem Deutschen und einem Smolensker wegen der deutschen Glocke in Smolensk zum Streit. Fürst Fedor Rostislawitsch entschied unter Zuziehung von sechs Bojaren und deutschen Kaufleuten zu Gunsten des Deutschen und wurde der Smolensker mit seinem Hofe den Deutschen für die Glocke ausgeliefert. Von den Deutschen, welche wegen der Glocke klagten, waren im Gericht Johann Albert aus Braunschweig, Henze, Johann Warentrop. Unterm 18. Mai 1284 schrieb der Fürst von Smolensk an den Erzbischof, den Ordensmeister und die Stadt Riga, verspricht einen Ausgleich mit Livland und gewährt den Kaufleuten von Riga und Gotland freien Verkehr mit Smolensk. HU, I, N. 943. Vgl. N. 1329, 1330 u. Bd. II, N. 682.

18) Kiew war Stapelplatz für den Süden und exportirte während des Sommers vorzüglich nach Griechenland, während es im Winter seine Waaren nach Norden schickte. Nowgorod nahm dieselbe Stelle im Norden ein und hatte fast den gesammten Seehandel mit dem Abendlande an sich gezogen, einen Theil desselben aber dem benachbarten Pskow abtreten müssen. Polozk und Smolensk hatten den Dünahandel in Händen, während Witebsk wichtige Mittelstation zwischen Smolensk und Polozk war und meist im Winter von den abendländischen Kaufleuten aufgesucht wurde." Schiemann, a. a. O. S. 140.

19) Schiemann, a. a. O. Aus Samuel Kiechel's Reisen vom Jahre 1585 bis 1589 in Hormayr's Archiv für Geographie u. s. w. 1820 N. 64—149 und Adelung, Reisende in Rußland, Petersbg. u. Leipz. 1846, Bd. I, 374.

Drittes Kapitel.

1) Riesenkampff, a. a. O. S. 47 ff.
2) K. Koppmann, in den Hans. Geschichtsbl. 1872, S. 180.
3) Sartorius-Lappenberg, Urk. Gesch. d. U. d. deutsch. Hansa, II, 265.
4) Van wiliker stat so se win, Sartor.-Lappenberg, II, S. 18. Niemand konnte Olberman werden, der in einer Hansastadt verschuldet war. So bestimmten die Städtetage zu Lübeck 1418, 1434, 1447. Vgl. Koppmann, HR, 1. N. 376, § 11, 12; N. 541, § 11; v. d. Ropp, HR. I, N. 321, S. 204 § 12, III, S. 187 § 47.
5) So schwer auch Widersetzlichkeit gegen seine Anordnungen gestraft wurde, hatte er doch nicht selten darüber zu klagen. Im Jahre 1374 vergriffen sich Dorpater Bürger sogar thätlich an Hartwig Stoping, dem Olberman von St. Peter und erschlugen ihn. Koppmann, HR, II, N. 74.
6) Marderfelle. Griwna, Mark, Kun mochte ursprünglich der Griwna Silber gleich gewesen sein; fiel aber bald im Werth. Die „Griwna Kun" wird auch als „alte Griwna" bezeichnet; sie besteht aus 50 Einheiten, eine Einheit heißt Kuna, Marderfell. Höhlbaum, HR, I, S. 26.
7) Sartorius-Lappenberg, a. a. O. II, 16 ff.; Riesenkampff, a. a. O. 27 ff.; Sartorius, Geschichte des Hansischen Bundes, Göttingen 1803, II, 431 ff.
8) Koppmann. HR, I, XXIII, XXX, S. 31 ff.; Höhlbaum, HU, I, N. 1129. Die neue Bestimmung lautete: „Were dat also, dat de Koplude an deme hove an jenigeme rechte twivelden, dat nicht bescreven were, dat scolden se theen an den raat to Lubeke; dat willet se gerne senden dar, dat men it scrive an dat book."

⁹) Höhlbaum, HU, I, N. 1154.
¹⁰) HU, I, N. 1171; 1252.
¹¹) Schreiben von Zwolle. HU, I, N. 1154.
¹²) HU, N. 1169.
¹³) Koppmann, HR, I, NN. 66—70. Der Rathssendbote Kale von Dortmund meldet: Lübeck wünsche nur, daß die Kaufleute zu Nowgorod in zweifelhaften Fällen das Recht von Lübeck weisen ließen. HR, I, 41.
¹⁴) Koppmann, HR, I, XXVIII f. Das Siegel der Gotländer war das Lamm mit der Siegesfahne, das Siegel der Deutschen stellte eine Lilie dar, das Wisbysche Stadtsiegel war aus beiden Emblemen zusammengesetzt.
¹⁵) Koppmann, HR, I, N. 296 §§ 13, 14, 15. § 13 des Recesses vom 24. Juni 1363 lautet: Item decretum est per civitates, quod in curia Nougardensi eligi debet suo tempore vir idoneus et aptus in aldermannum, et ille electus quamdiu perservare poterit in loco, deponi non debet, nisi hoc fieret propter demeritum; sit etiam cujuscumque (nacionis) dummodo sit vir hanse Theuthunicorum. Item clericus debet eligi de civitate Lubicensi vel de Gotlandia ad curiam Nougardensem.

§ 14 enthält die Ueberweisung des dritten Theils des Hofes von Riga.

Weiter ward beschlossen, daß die Gotländer beglaubigte Abschriften der ihnen zustehenden Privilegien wegen der Berufung in Rechtssachen von Nowgorod nach Wisby beibringen sollen.

§ 15. Item de appellatione juris curie Nougardensis concordatum est, quod illi de Gotlandia transmittent privilegia libertatis sue super hoc tradita copiata, sub sigillo alicujus auctentici infra hinc et festum beati Johannis baptiste proximum; et ipsi de Gotlandia responderunt, quod hoc libenter vellent apportare ad consilium suum et exinde responsum reformare.'

¹⁶) Koppmann, HR, IV Einleitung. Johann. Voigt, Die Vitalienbrüder in Raumer's Hist. Jahrb. Neue Folge 2 (1841).
¹⁷) Koppmann, HR, I, N. 387: Miramur quod qui rei et delinquentes sunt contra jus et leges curie Nogardensis remittuntur ad presenciam communium civitatum, ut ibi pro se debeant respondere, cum solum vobis et nobis debetur regimen et coreccio juris et legum dicte curie Nogardensis. Vgl. HR, III, S. 49.
¹⁸) 1373 faßten die Städte endlich Beschluß über die ausschließliche Appellation von Nowgorod nach Lübeck. HR, II, 69.
¹⁹) Koppmann, HR, I, N. 376 § 8, 13, 26.
²⁰) Nulla perampla magna et gravia instituta. Koppmann, HR, I, N. 385.
²¹) Exportartikel waren überall: Wachs, Pelzwerk, Flachs und Hopfen, Felle, Juchten und Bauholz. In besonders guten Jahren konnte auch Getreibe exportirt werden. Der Import des Nordens und Westens bestand vor allem in Zeug (flandrischem, englischem, deutschem und polnischem) dann in Wein. Man bevorzugte dabei den rothen Wein, aber auch weißer Wein, sowie Bier und Meth kamen auf den Markt und wurden in Fässern und Eimern verkauft. Der dritte Hauptartikel war Salz, das aus Lübeck über Livland eingeführt wurde, dann Getreibe, Fleisch, gesalzene Fische und Metall. Von letzterem Eisen, Kupfer, Zinn, Messing, Silber und Gold. Die bisher aufgeführten Artikel bildeten Gegenstände des Großhandels, während im Kleinhandel Handschuhe,

gefärbtes Garn, niedrige Sorten Leinwand, Schwefel, Nadeln, Rosenkränze, Pergament und Saffian feilgeboten wurden. Schiemann a. a. O. S. 140.

²²) Bonnell, Russisch-livländische Chronographie, St. Petersburg 1862, S. 130.

²³) Streitigkeiten zwischen dem Orden und den Kaufleuten waren ziemlich häufig; die letzteren sahen sich durch die Ritter oft genug um Hab und Gut, Leib und Leben bedroht, während diese über die Unbotmäßigkeit der Krämer Beschwerde führten. Im Jahre 1297 drohte der Vicemeister Bruno, wie Riga an Lübeck berichtet, alle städtischen Freibriefe zu vernichten und alles rigische Gut, welches im Ordenslande betroffen werde, zu arretiren und aufzuhalten. Die Brüder des Ordens hinderten trotz entgegengesetzter Zusage die Zufuhr von Getreide und Lebensmitteln in die Stadt, beschwerten über Land reisende Bürger. Riga ruft Lübeck's Rath und That an, damit seine alte von Lübeck gewährte Freiheit bewahrt bleibe (Juni 1297. Höhlbaum, HU, I, N. 1244). Im September 1297 trafen Boten Lübeck's und Wisby's, sowie von Rostock und Stralsund zur Schlichtung des Streites ein; sie erleben blutige Zusammenstöße zwischen den Ordensbrüdern und den Rigischen Bürgern, über welche der die Boten begleitende Rathscaplan Luder von Rameslah in der sogenannten Chronik von Barbewiek berichtet hat. (Vgl. Koppmann, Hans. Geschichtsblätter I, S. 74; Grautoff, Lübische Chroniken I, 417.) Der Streit zwischen dem Orden und Riga zog sich noch viele Jahre hin. Den Lübeckern gewährte aber am 6. Januar 1299 Gottfried, der Meister in Livland, die Comthure und der ganze Orden für den Handel in Livland die Freiheiten wie die vorigen Landesherrn den die Ostsee besuchenden Kaufleuten bewilligt haben (Höhlbaum, HU, I, N. 751) und gestatteten ihnen unter demselben Schutz in und außer dem Lande beliebig und unbekümmert um einen etwaigen Zwist zwischen dem Orden und den Russen oder Heiden und ihren Helfern (bezieht sich auf das 1298 stattgehabte Bündniß der Rigaer mit den Russen und Litthauern) zu ziehen, alle Einfuhr von Kaufmannsgut ohne Rücksicht auf Gesetze oder Verbote des Ordens abzusetzen und zu Wasser und zu Lande ungehindert zu verkehren u. s. w., u. s. w. Die Beschwerden Riga's gegen den Orden finden sich angeführt in Bunge's Liv-, Ehst- u. Kurländ. Urkbb. N. 585 Col. 750. Erst 1306 verpflichtet sich Riga alle dem Orden nachtheiligen Bündnisse aufgeben zu wollen. Bonnell, a. a. O. S. 100.

Viertes Kapitel.

¹) Bonnell, a. a. S. 125; Sartorius-Lappenberg, a. a. O. II, 156 ff.

²) 1350 verlangt König Magnus die Beschlagnahme sämmtlicher Nowgorodfahrer. Koppmann, HR, NN. 144, 177.

³) Karamsin, Geschichte des russ. Reichs, III, 218 (deutsche Ausgabe).

⁴) Bonnell, a. a. O. 59 ff.; Karamsin, a. a. O. IV, 24.

⁵) Höhlbaum, HU, I, NN. 527, 532. Es war ein Rechtshandel vermuthlich entstanden wegen betrügerischen Gewichts. Lübeck bat den Dänischen Hauptmann und den Rath von Reval um Schutz für die deutschen Kaufleute in Nowgorod; es erhielt zur Antwort: „Man werde in allen ehrbaren Dingen und in denjenigen, welche den gemeinen Kaufmann betreffen, treu zu Lübeck stehen." Den Vertrag mit Alexander Newski, dessen Sohn Dimitri, dem Possadnik, dem Tausendmann sowie mit allen Nowgorodern schlossen der livländische Bote Sivert, der lübische Dietrich und der von Gotland Holste. Es ward vereinbart: Die Nowgoroder sollten ungeschädigt als Gäste ver-

kehren auf dem gotischen Ufer und die Deutschen und Goten und alle lateinischer Zunge in Nowgorod unbehelligt nach dem alten Frieden. „Das Pud (was unter Pud zu verstehen, kann nicht mit Sicherheit angegeben werden; vielleicht eine Schnellwage; jetzt ist Pud ein Gewicht von 40 Pfd.; in dem Smolensker Vertrage von 1229 hat eine Redaktion Pud, eine andere Kap) haben wir — versichern die Russen — abgeschafft und dafür eine Wage gesetzt nach eigenem Willen und aus Wohlwollen. Und im Rechtshandel Ratschin's haben wir gezahlt 20 Griwnen Silber für zwei Häupter, aber das britte haben wir ausgeliefert. Und die Deutschen und Goten und alles lateinische Volk haben je zwei Marder an der Last und von aller wägbaren Waage zu zahlen, welche auf die Wagschale gebracht wird sowohl beim Verkauf als beim Kauf." —

⁶) Höhlbaum, HU, I, N. 655.
⁷) HU, I, N. 656.
⁸) HU, I, N. 663.
⁹) HU a. a. O. torrentem qui dicitur Vorsch — gemeint ist die Stromschnelle nahe bei Gostinopole oder Gestevelbt, das am rechten Ufer des Wolchow liegt.
¹⁰) Vectorum qui dicuntur Vorsch-Kerle.
¹¹) Item nulli precones, qui dicuntur schelke, debent intrare curiam Gotensium vel Theutonicorum, nuncius autem ducis curiam intrare potest. — — — Item custos, qui dicitur biriz (biritsch, Ausrufer, Verkündiger der Regierungsbefehle, Büttel) nullum habet jus intrandi curiam nec usquam ante curiam erit, cum non sit de antiquo jure.
¹²) Hospites libere et sine contradictione pueros suos mittant ad discendum loquelam in terram quocunque volunt.
¹³) Si aliquis Ruthenus solvere debet hospitibus et Ruthenis, prius solvet hospiti quam Rutheno, si autem hospiti solvere non sufficiat, redigetur in servitutem cum uxore et pueris hospiti et eum, si vult, hospes deducere poterit, dum tamen antequam eum deducat publice offerat redimendum, qui autem de eo intromiserit, hospiti debita persolvet. Höhlbaum, HU, I, S. 232; Bonnel, a. a. O. 79 f.
¹⁴) HU, I, N. 667.
¹⁵) Napiersky, Russisch-livl. Urkunden, St. Petbg. 1868, S. 14.
¹⁶) HU, I, N. 665, 666; Bonnell, a. a. O. S. 80.
¹⁷) Koppmann, HR, I, N. 10.
¹⁸) HU, I, N. 821.
¹⁹) HU, I, N, 827, 828.
²⁰) Koppmann, HR, I, 31. Der mit Wisby am 7. Sept. 1280 abgeschlossene Vertrag lautet auf zehn Jahre; der mit Wisby und Riga am 3. April 1282 vereinbarte auf 8 Jahre. Bonnell, a. a. O. 85.
²¹) Bonnell, 89, 95.
²²) HU, I, N. 1088, 1093.
²³) HU, I, N. 1345.
²⁴) HU, I, N. 1353.
²⁵) Bunge, Liv-, Ehst-, Kurländ. Urkbb. I, N. 595, Spalte 769.
²⁶) Sartorius-Lappenberg, a. a. O. II, 286.
²⁷) Bonnell, a. a. O. 125; Sartorius-Lappenberg, II, 156—160; HU, II, N. 599.

²⁸) HU, II, N. 505. Hilbebrand, Die Hansisch-livländische Gesandtschaft nach Moskau in 1494, Baltische Monatsschrift, Neue Folge, II, 118 ff.; Napiersky, a. a. O. S. 55.

²⁹) Bonnell, 126 f.

³⁰) Bonnell, a. a. O.; Sartorius-Lappenberg, I, 121 f.; II, 349 f.

³¹) Abelung, Die Korssunschen Thüren in Nowgorod, Berlin 1825. Die Nowgoroder Chronik führt beim Jahre 1336 an: „Der Wladika (Erzbischof) schaffte für die Kirche der heiligen Sophie kupferne vergoldete Thüren an." Tatitschew wiederholt in seiner russischen Geschichte dieselben Worte und fügt ohne Angabe der Quelle hinzu: „Er ließ sie kommen aus Deutschland und kaufte sie für einen hohen Preis." Die Thüren werden jetzt nicht mehr geöffnet; sie bestehen aus Bronceplatten, die auf Holz befestigt sind. Deutsche Architecten und Bauhandwerker haben sowohl die von Jaroslaw gegründete Sophienkirche zu Kiew, als auch die von dessen Sohn Wladimir in Nowgorod derselben Heiligen gewidmete Kirche erbaut; als der Großfürst Andrei I. Jurgewitsch Bogoljubski (den Gott liebt) der Mutter Gottes in Wladimir an der Kjasma ein prächtiges Heiligthum errichten wollte, erbat er sich von Kaiser Friedrich I. deutsche Baumeister und Künstler. Dem Bischof Iwan von Wladimir wird es besonders zum Ruhm angerechnet, daß er die Kirche in Susdal, die 1194 vollendet wurde, von russischen Bauleuten errichten und mit Metall einbecken ließ, ohne auch nur einen Deutschen zu verwenden. Die innere Ausmalung überließ er griechischen Künstlern. Karamsin, II, 27; III, 179.

Fünftes Kapitel.

¹) Bonnell, a. a. O. 138 f.

²) Sartorius-Lappenberg, II, 289. Vgl. Koppmann, HR, N. 25—28.

³) Hirsch, Danzigs Handels- und Gewerbegeschichte unter der Herrschaft des deutschen Ordens, Leipzig 1858, S. 154 ff.; Koppmann, HR, II, N. 254 § 14; N. 258 § 12; 276 § 14, et passim. III, N. 206; 210 § 2; 380 § 10; 422 § 8; 439 § 3; 456.

⁴) Bonnell, a. a. O. 149, 153.

⁵) Juni 1370. Bonnell, 156 f.; Koppmann, HR, II, N. 32.

⁶) Koppmann, a. a. O. N. 33—35.

⁷) Koppmann, a. a. O. N. 31, 37, 38, 66.

⁸) Bonnell, 158.

⁹) Koppmann, a. a. O. N. 238.

¹⁰) Koppmann, N. 159, 172; Bonnell, 165, 168.

¹¹) Bonnell, 172.

¹²) Koppmann, HR, III, N. 374. Die Beschlüsse wurden am 8. Febr. 1389 gefaßt: Rußland hat der deutsche Kaufmann bis 29. September d. J. zu räumen; nur bis zum 28. März d. J. dürfen in Livland mit den Russen Handelsgeschäfte abgeschlossen werden. Vgl. N. 422; Bonnell, 173 f.

¹³) Koppmann, HR, III, S, 453, N. 451.

¹⁴) Der Vertrag ist abgedruckt in Koppmann, HR, IV, N. 45; Bonnell, 179.

¹⁵) Vgl. Koppmann, HR, IV, N. 1 § 4; N. 26 § 2; N. 42, 47, 193.

¹⁶) HR, IV, N. 331, 333, 380—82.

[17]) HR, IV, N. 47; V, N. 27.

[18]) HR, V, N. 69. Auf der Tagfahrt zu Dorpat im Februar 1402 stellten die livländischen Städten das Begehren, der Kaufmann möge beim Gotenhofe eine Brücke schlagen lassen. Vgl. N. 70. Der Zins für den Gotenhof geht schlecht ein. Vgl. v. d. Ropp, HR, II, N. 422 S. 443; N. 558 S. 468; IV, N, 314 S. 236. Der Hof brannte im Februar 1442 zum großen Theil ab. N. 559 S. 469, ebenso 1453, IV, N. 179 S. 119. Im Jahre 1453 fordert Olaf Axelson, königlicher Hauptmann von Gotland, die Herausgabe des Hofes, dagegen bitten die Livländer um Erneuerung der Pacht auf 10 Jahre zu 5 rhein. Gulden jährlich. 1457 wiederholt Axelson sein Begehren. Vgl. HR, IV, 241; S. 415 f.

[19]) v. d. Ropp, HR, I. 186.

[20]) Voigt, Gesch. Preußens IV, 142 f.

[21]) Bonnell, a. a. O. S. 203. Auf dem Tage zu Dorpat am 19. Februar 1402 erschienen die Sendboten Nowgorods, die sich beklagten über die Kürze der Laken, über Beeinträchtigung beim Einkauf von Honig, Salz und süßen Weinen, sowie beim Verkauf von Wachs und Pelzwerk. Die Städte bringen ebenfalls ihre Klagen über den russischen Kaufmann vor und beschuldigen sie und die Russen einander gegenseitig. Koppmann, HR, V. N. 61, 65. Beschlossen ward: zu Nowgorod und Pskow soll das Silber nur von geschworenen Gießern umgegossen werden; der erhobene Schoß und die Abrechnung wird zweimal jährlich nach Dorpat geschickt; Bauten dürfen nur mit Genehmigung der Städte vorgenommen werden. Mit den Russen, deren Namen in Nowgorod — als schlechte Zahler und Wortbrüchige — an die Treppe genagelt werden, will man es in den Städten wie in Nowgorod halten. Koppmann, HR, V, N. 69. Die Versammlung in Walk, 29. März 1405, beschloß den in Nowgorod zum Verkauf stehenden Wein durch Weinfinder prüfen und die Weinfälscher bestrafen zu lassen. V, N. 238; 240.

[22]) Hirsch, Danzig's Handels- und Gewerbegeschichte S. 154 ff.

[23]) Nach alter Gewohnheit wurde, wenn man den Hof zum St. Peter schloß, der Kirchenschlüssel dem Bischof von Dorpat eingehändigt. v. d. Ropp, HR, II, N. 701 S. 583, § 17.

[24]) Napiersky, Russ.-Livl. Urkd. S. 128.

[25]) Koppmann, HR, V, N. 469 f.; N. 411, N. 477; N. 613 f.; 618. Napiersky, a. a. O. 139.

[26]) Im Anfang des Jahres 1410 begann das Geschäft zu stocken. Die Nowgoroder erwarteten sehnlichst die Ankunft der deutschen Sommerfahrer, aber die Städte waren der Ansicht, den Sommergast zurückzuhalten. Koppmann, HR, V, N. 665 f.; N. 668. Als indeß im April die Nachricht einging, es seien große Geschäfte in Nowgorod abgeschlossen worden, meinten Riga, Reval und Dorpat, die Fahrt nach dem Wolchow dürfe nicht verwehrt werden. HR, V, N. 671—673.

[27]) Strahl, Russ. Gesch. II, 255; 269; Karamsin, 5, 96; Abelung, Reisende I, 441 Anm.

[28]) Willebrandt, Hansische Chronik II, 203.

[29]) Strahl, a. a. O. II, 255; Karamsin, 5, 170; 355.

[30]) Vgl. v. d. Ropp, HR, 1, XVII. Napiersky, a. a. O. 181.

[31]) Willebrandt, a. a. O. II, 206.

[32]) Sartorius, Geschichte des Hansischen Bundes II, 463.

³³) Sartorius, a. a. O. II, 451.

³⁴) B. b. Ropp, HR, I. N. 226 S. 151.

³⁵) So melbet ber beutfche Kaufmann aus Pleßkau unterm 15. April 1436 an Dorpat: er fei feit brei Wochen gefangen gefetzt; er bittet bringenb feine Freilaffung burch bie Abfchneibung aller Zufuhr namentl ich an Salz zu erzwingen. Ropp, HR, 1 N. 581, 582 S. 507.

³⁶) 7. Sept. 1435: „unde [fenbet] je de superscripcien mede, wante wy oren titulum nicht en weten. Lübeck an bie livl. Städte. Hilbebranb in b. Baltifch Monatsh. Neue Folge 2, S. 121.

³⁷) v. b. Ropp, HR, 1, N. 466 f., S. 417.

³⁸) Ropp a. a. O., N. 623 f. S. 520 f. Wisby will bie Anorbnungen Lübecks unb ber livlänbifchen Städte nicht gelten laffen. N. 625.

³⁹) Hilbebranb, a. a. O. 120. Ropp, HR, I, N. 288; 554; II, N. 602 S. 501. Lübeck zählt II, N. 701 (§ 1; § 16—18) bie Befchwerben gegen Reval unb Dorpat auf.

⁴⁰) Schon 1412 war eine Verorbnung ergangen, laut welcher kein Gut in bie Newa eingeführt werben burfte, bevor nicht ein Eib geleiftet worben, baß folches nicht auf Crebit verkauft fei. Napiersky, Ruffifch-livl. Urkunben, S. 144; Ropp, HR, IV, N. 196, S. 135 § 25 ff. Das Gefchäft in Nowgorob fcheint nicht mehr foviel abzuwerfen als früher, benn ber beutfche Kaufmann fchmälert bas Einkommen bes Priefters von St. Peter, wogegen fich ber Gottesmann heftig fträubt; viele Jahre hinburch befchäftigten fich bie Städte mit ber Regelung biefer Frage. Der Priefter foll bekommen: jährlich 5 Stück Silber unb freie Koft, bazu ein halb Stück Silber zu feiner Zehrung im Lanbe unb ein halb Stück aus bem Lanbe. Ropp, HR, II, N. 328 S. 270 ff.; N. 586 S. 490; N. 611 S. 500 f.; N. 702 S. 584; III, S. 570 § 7.

⁴¹) Vgl. über bas Verhalten ber Nowgorober ben Bericht ber Rathsfenbboten Dorpats unb Revals, bie vom 19. Mai bis 19. Juli 1436 wegen bes Friebens unterhanbelten; fie wurden fo lange in Nowgorob aufgehalten in Folge ber gleichzeitigen Verhanblungen mit Pskow. Ropp, HR, I, N. 586, S. 510 § 5; S. 513 ff.; II, N. 132, S. 119 § 7.

⁴²) Ropp, a. a. O. II, N. 325 S. 268. Hilbebranb, a. a. O. 119.

⁴³) Karamfin, 5, 242 f.

⁴⁴) Ropp, HR, II, N. 559, S. 469; N. 701, N. 711 S. 587.

⁴⁵) Ropp, HR, S, 50 ff.

⁴⁶) Ropp, HR, III, N. 156 f. S. 74; N. 227 S. 120.

⁴⁷) Nicolaus V. erließ bem Orben zwei Drittel bes Ablaffes „zur Vereinigung Rußlanbs mit ber katholifchen Kirche" unb beftimmte bas Uebrige zur Hülfsfteuer für bie Ungarn gegen bie Türken. Als bas päpftliche Breve eintraf, war jeboch bie Entfcheibung bereits gefallen.

⁴⁸) Voigt, Gefch. Preußens 8, 139.

⁴⁹) v. Richter, Gefchichte ber Oftfeeprovinzen I, 2 S. 22.

⁵⁰) Ropp, HR, III, N. 417—420, S. 343 ff.

⁵¹) Ropp, III, N. 517.

⁵²) 13. Juli 1449 Ropp a. a. O. N. 518.

⁵³) Zur Deckung ber Gefanbtfchaftskoften warb ein Pfunbzoll eingefetzt. Ropp, IV, S. 237 f.

⁵⁴) Ropp, III, N. 598—601 S. 449 ff.; N. 723 S. 568 ff.

⁵⁵) Ropp, HR, IV, N. 179 S. 119 f. Als im Jahre 1455 abermals ein Brand im St. Peterhof ausbrach, rettete der frühere Hofknecht, Kaufmann Munstebe aus Dorpat, die Kleinobien, verweigerte aber ihre Herausgabe, da er noch Forderungen an den Hof habe. N. 761 S. 531. Die Gebäude des Hofes scheinen zu keiner Zeit in gutem Zustande gewesen zu sein, denn die Klagen über die Nothwendigkeit von Ausbesserung derselben wiederholen sich. Am April 1431 wird gemeldet, die Kirche sei baufällig, die Wasserleitung verstopft. Ropp, HR, I, N. 32 f. S. 146.

⁵⁶) Ropp, IV, N. 478, S. 343 § 5, 6, 9, 11. Im Jahre 1457 treffen wir zum ersten Male Nürnberger in Livland, die nach Rußland Handel treiben wollen. S. 344 § 8.

⁵⁷) Ropp, IV, N. 643 § 1—3.

⁵⁸) Ropp, IV, S. 527 § 1; N. 764, 766 ff. D. Schäfer, HR, 1, N. 88 f. S. 66 ff. 1434 hatten die Städte beschlossen, daß weder Holländer, Zeeländer noch Camper mit den Russen direkt kaufschlagen dürfen; die wendischen Städte zollten diesem Beschluß ihren lebhaften Beifall; um so schmerzlicher waren sie betroffen, als man sie jetzt mit den Niederländern in eine Reihe stellte. Ropp, HR, I, S. 151.

Sechstes Kapitel.

¹) Karamsin 6, 76 ff.; Strahl, II, 321 ff.; 346 ff.

²) D. Schäfer, HR, I, N. 13, 84; 143 f.; 267.

³) Schäfer, a. a. O. Einleitung IX; N. 266.

⁴) Schäfer, a. a. O. N. 364; N. 580.

⁵) Schäfer, HR, II, N. 136.

⁶) Schäfer, a. a. O., N. 258 ff.

⁷) Karamsin, 6, 136 ff.

⁸) Vgl. die historisch=biographische Skizze über Poppel von Joseph Fiebler in den Sitzungsberichten d. K. A. zu Wien. Bd. XXII S. 187 ff.

⁹) Diese ergebnißlose Sendung eröffnet die unabsehbare Reihe von Gesandtschaften und diplomatischen Correspondenzen zwischen den Höfen von Wien und Moskau. Die zarische Kanzlei führte über die dabei gepflogenen Unterhandlungen auf das Genaueste Protokoll; obwohl in den Wirren der Zwischenregierungen von Boris Godunow bis auf Michael Romanow viele dieser Aufzeichnungen verloren gegangen sind, so füllen die noch vorhandenen Schriftstücke doch nicht weniger als 41 Bände. Auf Anregung des Grafen Blubow ließ Kaiser Nicolaus durch die zweite Abtheilung seiner geheimen Kanzlei, deren Leiter Blubow war, dieselben seit 1850 in Druck legen und veröffentlichen in dem Werke: „Denkmäler der diplomatischen Beziehungen des alten Rußland zu den auswärtigen Mächten bis zum achtzehnten Jahrhundert" (russisch) St. Petersburg 1850 ff. Die auf den Verkehr mit Oesterreich bezüglichen umfassen 7 Bände Fol.

¹⁰) Des Kurfürsten Albrecht Achilles jüngster Sohn geb. 28. Sept 1468.

¹¹) Der Rath von Lübeck ließ durch Trachaniotes unterm 5. Juni 1489 ein Sendschreiben an den Großfürsten abgehen, in welchem die Vormacht im Namen der 73 Städte um Erhaltung der dem deutschen Kaufmann zugesagten Rechte bittet. Schäfer, HR, II, N. 264.

¹²) In seinem Gefolge befanden sich auch einige Griechen, denen Lübeck unterm 15. Septbr. 1489 Empfehlungsschreiben an Reval mitgab; der Reval'sche Rath ertheilte ihnen eine Instruktion, wie sie die Rechte des deutschen Kaufmanns gegen die Russen beim Großfürsten wahrnehmen sollten. Schäfer, HR II, N. 267.

¹³) Vgl. über Thurn: Adelung, Reisende, I, S. 154 f.

¹⁴) Ulmann, Maximilian I., Stuttgart 1884 S. 84.

¹⁵) Karamsin, 6, 171 f.

¹⁶) Ulmann, a. a. O.

¹⁷) Ulmann, 137.

¹⁸) Karamsin, 6, 174.

¹⁹) Karamsin, 6, 177.

²⁰) Karamsin, 6, 178; Strahl, II, 379 f.

²¹) Iwan gab dem Snups einen vom 5. Januar 1493 datirten Brief an den römischen König und den Erzherzog mit, in welchem er bemerkt: er habe den Mann um ihretwillen freundschaftlich aufgenommen, ihm jedoch wegen der Gefahren, die mit der Reise in jene Gegenden, wo der Ob fließt, verbunden seien, nicht erlaubt, dorthin zu reisen und da er die Sicherheit des Weges nicht verbürgen könne, sei dem Snups auch nicht gestattet worden, durch Polen und die Türkei heimzukehren. Adelung, Reisende I, 157. Vgl. Michow, das Bekanntwerden Rußlands in Vor-Herbersteinscher Zeit. Verhandlungen des fünften deutschen Geographentages, Berlin, 1885 S. 119 ff.

²²) Karamsin, 6, 211; Strahl, II, 399; Dalin, Gesch. Schwedens II, 632.

Siebentes Kapitel.

¹) H. Hildebrand, Die Hansisch-livländische Gesandtschaft nach Moskau im Jahre 1494. Baltische Monatsschrift, Neue Folge 2, S. 127 ff.

²) Karamsin, 6, 209.

³) Hildebrand, a. a. O. 134, Anm.

⁴) Willebrandt, Hans. Chronik II, 240.

⁵) Sartorius, Geschichte des Hans. Bundes III, 235, 241. Es wird von den Hansen immer von Neuem betont, daß der russische Handelszweig der erste, der wichtigste, das Fundament aller übrigen sei.

⁶) Willebrandt, II, 242.

⁷) Voigt, Gesch. Preuß. 9, 289.

⁸) Richter Geschichte der russ. Ostseeprov. I, 2, S. 237.

⁹) Adelung, Reisende I, 159. Adelung, Meyersberg und seine Reise nach Rußland, St. Petersburg 1827, 211 ff. Karamsin, 6, 262.

Achtes Kapitel.

¹) Karamsin, 7, 449, Anm. 20. Turgenjew, Supplement. ad historiae Russiae monum. p. 340.

²) Napiersky, Russ.-livl. Urk. S. 257, 263.

³) Am 1. Juli 1506 gebar die Königin dem altersschwachen Wladislaw unerwartet einen Sohn, den nachmals bei Mohacz gefallenen König Ludwig, dessen Erbrecht Maximilian anerkannte.

⁴) Karamsin, 7, 22 f.

⁵) Napiersky, a. a. O. 270, 276.

⁶) Napiersky, 274. Die Hansastädte hatten 1511 beschlossen, eine Legation oder wenigstens promotoriales vom Kaiser nach Moskau auszubitten, weil keine gute Antwort daher gekommen. Lübeck änderte das Verbot des Borgkaufs mit den Russen dahin ab, daß derjenige, der auf Borg mit den Russen handeln würde, der Güter nebst der Hansa, Ehr- und Redlichkeit verlustig sein solle. Willebrandt, Chronik II, 244.

⁷) Vgl. das Schreiben des Kaisers an den Hochmeister d. d. Gmünd, 17. Aug, 1514 bei Napiersky, 299.

⁸) J. Fiebler, Die Allianz zwischen K. Maximilian I. und Bassilij Jwanowitsch. Sitzungsb. der K. A. d. W. zu Wien, Bd. 43 (1863) S. 183 ff.

⁹) Schnitzenpaumer hatte den Titel des Großfürsten: „Zar i gossudar wsseya russij" durch „von Gottes Gnaden Kaiser und Herrscher aller Reussen" übersetzt; diese Titulatur ging auch auf die revidirte Urkunde über und schuf ein Präcedenz für Peter I. und seine Nachfolger, den Kaisertitel anzunehmen.

¹⁰) Napiersky, 287, 289, 291.

¹¹) Napiersky, 292.

¹²) Napiersky, 294.

¹³) Willebrandt, Chronik III, 100 f.

¹⁴) J. Fiebler, a. a. O.

¹⁵) Napiersky, 321. Der Vertrag ist am 10. März 1517 unterzeichnet worden. Kurfürst Friedrich Wilhelm I. ließ die Original-Urkunde im Jahre 1665 von Königsberg nach Berlin bringen und in dem Hauptstaatsarchiv niederlegen.

¹⁶) Napiersky, S. 324, 325, 328, 345 f., 348 f., 351. Im Jahre 1519 danken die Kurfürsten dem Zaren für die dem deutschen Orden gewährte Unterstützung. Wassilij hatte an die Kurfürsten geschrieben und ihnen gerathen, Joachim von Brandenburg zum Kaiser zu wählen. Voigt, Gesch. Preußens 9, 604; Martens, Recueil des traités et Conv. St. Petersb. 1880, Tom. V, introd. p. XVII.

¹⁷) Herberstein war im April 1517 in Nowgorod. „Daselbsten haben die Teutschen Khauffleut Ire leger vnnd ein Khirchen der Rhömischen gehorsam. Die erbatten von mir mein Schlitten, den ich von Augspurg mitgefuert und dahin bracht. Setzten den in Ir Khirchen zw ainer gebächtnuß." Herberstein's Selbstbiographie in fontes rer. austriac. Abth. I, Bd. 1, S. 117.

¹⁸) Richter, Gesch. der russ. Ostseeprov. I, 2, S. 422.

¹⁹) Sartorius, Geschichte des H. B. III, 195.

²⁰) Sartorius, a. a. O. III, 197. Willebrandt, Chronik II, 247. Riga erklärt auf dem Hansatage vom 19. Juni 1525: Die Russen, welche sonst gepflegt, zu Naugardt zu kommen, brächten jetzt ihre Güter in andere kleine umliegende Städte. Lübeck beantragt, den Russen den Verkehr, die Passagia in den Hansestädten zu verhindern. Darauf Danzig: Es wäre wahr, daß die Russen durch Polen, durch die Städte Krakau, Breslau und andere ihren Weg nach Antwerpen nehmen; diese Städte, die früher zur Hansa gehört, müßte man wiederum „an sich ziehen", um den Russen die Passagia zu wehren. Wurm, Eine deutsche Colonie und deren Abfall, in Schmidt's Allg. Ztschrft. für Gesch. 6, S. 396.

²¹) Wurm, a. a. O. 6, 138.

²²) Ranke, Deutsche Gesch. III, 412 f.

²³) Sartorius, a. a. O. III, 198.

²⁴) Richter, Geschichte d. r. Ostseeprov. I, 2, S. 423.
²⁵) Sartorius, a. a. O. III, 201.

Neuntes Kapitel.

¹) Vgl. über Schlitte: K. Faber, Preußisch. Archiv, dritte Sammlung, Königsberg, 1810.
²) Joseph Fiebler, Ein Versuch der Vereinigung der russisch. mit der römischen Kirche. Sitzungsber. d. K. A. d. W. zu Wien, Bd. 40 (1862), S. 46 ff.
³) Vgl. Buchholz, Geschichte Ferdinands I., Wien 1838, Bd. 7, 469, Anm.
⁴) Napiersky, a. a. O. 377.
⁵) Fiebler, a. a. O. 219 ff. Lanz, Correspondenz Karls V., 3, 73 f. Der Brief ist datirt vom 13. September 1551.
⁶) Napiersky, a. a. O. 381.
⁷) Sartorius, a. a. O. III, 205.
⁸) Zuerst veröffentlicht in Schmidt-Phiselbeck's Materialien zur russischen Geschichte, Riga u. Lpz. 1777—83, Bd. 1, S. 431, nochmals abgedruckt in Hormayr's Taschenbuch, 1835, S. 11 f., und zwar nach dem Original, das sich im Herberstein=schen Archiv zu Graz befindet.
⁹) Faber's Archiv, S. 14. Unter Schlitte's Papieren befindet sich unter anderen der Vorschlag zur Errichtung einer ständigen Gesandtschaft am Kaiserl. Hofe, deren Kosten er, aufs genaueste specificirt, auf 60,400 Reichsthaler jährlich veranschlagt. Der Herzog Albrecht von Preußen hat von den in Veit Zenge's Händen befindlichen Schriftstücken Schlitte's Abschrift nehmen lassen und sie in seinem Schreibzimmer aufbewahrt. Nach seinem Tode kamen sie in das Archiv zu Königsberg.
¹⁰) Schirren, Neue Quellen zur Geschichte des Untergangs livländischer Selbständigkeit, Reval, 1883, Bd. 1, 30 f.
¹¹) Vgl. den Bericht und das Tagebuch der Gesandten in Schirren, Quellen zur Gesch. des Unterg. livl. Selbständigk. Reval, 1862, Bd. I, 20 ff.; Bd. II, 4 ff.
¹²) Schirren, Neue Quellen u. s. w., Reval, 1883, I, 46 f.
¹³) Schirren, Quellen, Reval, 1862, II, 244.
¹⁴) Schirrmacher, Johann Albrecht I. v. Mecklenburg, Wismar, 1885, I, 393 ff.
¹⁵) Buchholz, Ferdinand I., Bd. 6, S. 468. Der Bericht des Herzogs Johann Albrecht an den Reichstag im Archiv f. d. Gesch. Liv-, Esth- u. Kurlands, Neue Folge, Bd. III, 161 ff. Schirren, Quellen, Bd. III, 249 ff.; Schirrmacher, a. a. O.
¹⁶) Archiv für die Geschichte Liv-, Esth- u. Kurl. VII, 55.
¹⁷) Karamsin, 7, 383, 385.
¹⁸) Droysen, Geschichte der Pr. Politik, II, 2, S. 402 f.
¹⁹) Schirren, Quellen, Bd. 6, 319.
²⁰) Schirren, Quellen, IV, 256, 269, 281, 289, 299.
²¹) Sartorius, III, 214.
²²) Wurm, a. a. O. 6, 432.

Zehntes Kapitel.

¹) Sartorius, a. a. O. III, 218 ff.; Wurm, a. a. O., 424.
²) Richter, Gesch. d. r. Ostseepr., II, 248.

³) Vgl. Livländische Ordenschronik im Archiv für Gesch. Liv-, Esth- u. Kurl., VII, 48 f. Ueber diese angebliche Chronik vgl. Winckelmann, Biblioth. hist. Liv. N. 1963. Diese von Napiersky veröffentlichte Ordenschronik ist eine nicht ganz vollständige Abschrift von der auf Befehl des Churfürsten Clemens August von Köln, als dermaligen Hoch= und Deutschmeisters, im Namen des von ihm vertretenen deutschen Ordens dem Reichstage zu Regensburg am 12./23. October 1737 übergebenen „Kurzen Deduction des ritterlichen teutschen Ordens und des heiligen römischen Reichs auf Livland und Curland, auch Semgallen hergebrachten und annoch unwidersprechlich competirenden Jurium", die nebst den im Archiv fehlenden Beilagen abgedruckt worden ist in Faber's Neue Europäische Staatscancelley, I, 761, II, S. 80—107.

⁴) Karamsin, 8, 59, 311. Willebrandt, Chronik II, 259.

⁵) J. Hansen, Geschichte der Stadt Narwa, Dorpat, 1858, 39 ff.

⁶) Karamsin, 8, 108 f., 324 f.

⁷) Abgedruckt in Monum. Livon. antiq. II, Riga, 1835 ff. Nyenstädt, am 15. August 1540 in der Grafschaft Hoya in Westphalen geboren, kam 1554 nach Dorpat, wo er sich dem Handel widmete, häufige Reisen bis nach Moskau unternahm und den Grund zu seinem nachherigen Wohlstande legte. Er zog 1571 nach Riga, ward dort Bürger und 1583 gegen seinen Wunsch in den Rath gewählt, 1586 mußte er auch das Bürgermeisteramt annehmen. v. Richter, Gesch. d. Ostseeprov. Bd. I, 6.

⁸) Archiv für d. G. Liv-, Esth- u. Kurl. VII, 272 ff.

⁹) Archiv für d. G. Liv-, Esth- u. Kurl. IV, 159; v. Richter, Gesch. d. r. Ostseepr. II, 1, 19.

¹⁰) Wurm, a. a. O. 425.

¹¹) Karamsin, 8, 158 f., 337 f.

¹²) Altmeyer, Hist. des relat. commers. et dipl. des Pays-Bas avec le Nord de l'Europe, Bruxelles 1840, 375.

¹³) Willebrandt, Chronik II, 181.

¹⁴) Sartorius, III, 175 f.

¹⁵) Karamsin, 9, 45 ff.; 56, 346.

Elftes Kapitel.

¹) Karamsin, 9, 129 f.

²) Caro, das Interregnum Polens im Jahre 1587, Gotha 1861.

³) Abelung, Reisende I, 409 f.

⁴) Willebrandt, Chronik II, 277; Sartorius III, 225.

⁵) Napiersky, a. a. O. 397.

⁶) Napiersky, 307, 315.

⁷) Sartorius, III, 225.

⁸) Abelung, Reisende I, 414 f.

⁹) Karamsin, 9, 236.

¹⁰) Willebrandt, Chronik II, 277 f.

¹¹) Minckwitz hatte in Lübeck von dem Zweck seiner Sendung Anzeige gemacht: er habe den Auftrag nach Moskau zu gehen, um die Herstellung des Friedens zwischen Schweden und Rußland vermitteln zu helfen, zugleich sei er beauftragt, das Interesse des Reichs und der Hansa bei den Abmachungen zu wahren. Man möge ihm einen

Bericht über die der Hansa in Rußland zustehenden Freiheiten erstatten; ein solcher ward ihm am 21. Oktober 1594 eingehändigt. Dieses Schriftstück kam aber denen von Reval zu Gesicht, welche sich beeilten, gegen die darin enthaltenen Angaben Verwahrung einzulegen. Sartorius, III, 232; v. Richter a. a. O. II, 1 S. 38.

[12]) Karamsin, 9, 254.
[13]) Karamsin, a. a. O.
[14]) Abelung, I, 469; Karamsin, 9, 237.

Zwölftes Kapitel.

[1]) Willebrandt, II, 285.
[2]) Der Gesandtschaftsbericht von J. Brambach ist abgedruckt bei Willebrandt, III, 121 und im Auszuge bei Abelung, Reisende, II, 137.
[3]) Willebrandt, III, 145.
[4]) Willebrandt, III, 140.
[5]) Willebrandt, III, 158.
[6]) Willebrandt, III, 163.
[7]) Willebrandt, III, 133.
[8]) Willebrandt, III, 174.
[9]) Willebrandt, III, 174, 176.
[10]) Willebrandt, III, 177.
[11]) Sartorius, III, 237.
[12]) Sartorius, III, 241.

Dreizehntes Kapitel.

[1]) Abelung, Reisende II, 161 f.
[2]) Martens, Recueil et convent. V, 82 ff.
[3]) Sartorius, III, 242 f.
[4]) Martens, a. a. O. Vgl. Riesenkampff, 88 u. Marperger, Moskowitischer Kaufmann, Lübeck 1705. Diese Schrift ist gewidmet — „sonderlich an die p. t. Hochansehnlichen und Wohlmeritirten Herren Aeltesten und respectiven Mitglieder des Naugardischen Contores dieser Kaiserlichen freien Reichsstadt Lübeck."
[5]) Martens, a. a. O. V, 76 ff.
[6]) Strahl-Hermann, Russ. Gesch. 3, 545 ff.
[7]) Martens, a. a. O. 77.
[8]) Martens, a. a. O. V, 168.

Vierzehntes Kapitel.

[1]) Bei dem regen gesandtschaftlichen Verkehr, der seit Jwan III. zwischen Rußland und Deutschland unterhalten wurde, ist es befremdlich, in den brandenburgisch-preußischen Archiven keine Andeutung von etwaigen Beziehungen zwischen den Höfen von Berlin und Moskau in der Zeit von 1522 bis 1649 zu finden. Martens, Recueil etc. V, p. XIX glaubt, daß die schriftlichen Zeugen eines solchen Verkehrs in den Wirren des falschen Demetrius zu Grunde gegangen seien, aber Erdmannsdörfer (Urkunden und Aktenstücke zur Gesch. des Kurfürsten Fr. Wilhelm, Bd. 8, S. 4)

macht dagegen mit Recht geltend, daß, wenn in dem genannten Zeitraum ein Austausch von Schreiben stattgehabt hätte, sich in dem Berliner Archive doch ein Nachweis finden müßte.

²) F. Hirsch, die ersten Anknüpfungen zwischen Brandenburg und Rußland unter dem Gr. Kurfürsten, Berlin 1885, S. 4 ff. Martens, Recueil etc. V, p. III ff. Erdmannsdörfer, a. a. O. 6, 700. Reiff nahm als kurfürstliche Geschenke an den Zaren mit: ein großes Stück Bernstein, sechs Confectschaalen aus Bernstein und etliche andere „kleine Galanterien und hübsche aus Bernstein verfertigte Sachen"; außerdem drei schöne Hengste, „so den Kopf hübsch tragen, auch sich zierlich und wohl zäumen", nebst dem dazu erforderlichen Zeug.

³) Martens, Recueil etc. V, 29.

⁴) Martens, a. a. O. V, 40.

⁵) Koppmann, Reiseberichte in den hansisch. Geschichtsbl. 1872, p. XLV.

⁶) Höhlbaum, Reiseber. in d. hans. Geschbl. 1872, p. LXXIII.

Namen- und Sachregister.

A.

Adam, Sendbote Wisbys 31.
Adolf II., Graf von Holstein 2.
Alba, Herzog von 102.
Albrecht I., deutscher König 30.
Albrecht von Baden 55.
Albrecht, Markgraf von Brandenburg, Hochmeister, Herzog von Preußen 74. 78. 90.
Alexander VI., Papst 69.
Alexander, Bischof von Dorpat 26.
Alexander, Großfürst von Litthauen 66. 69.
Alexander Newski, Großfürst 25. 137.
Alexei Michailowitsch 125. 127. 130.
Anna, Herzogin von Bretagne 57. 58. 60.
Andrei Alexandrowitsch 31.
Antwerpen 98.
Archangel 94. 96. 107. 113. 115. 125. 130. 131.
Augsburg 67. 84.
Augsburger Goldschmiede 124.
Aukubinow, Timoschka, angeblicher Sohn des Zaren Schuiski 125.

B.

Bardewiek 3. 137.
Bartholomäus, Buchdrucker in Lübeck 60.
Batory, Stephan, König v. Polen 104.
Bautzen, Friede zu 1.
Bergleute, deutsche, in Rußland 60.
Berlin 107. 131.
Birger, König von Schweden 30.
Biriz, Schalk, 27. 138.
Bocholt, Heinrich von 32.
Boleslaw, Herzog von Polen 1.
Böttiger, zarischer Resident in Hamburg, 127.
Bowes, Hieronymus, englischer Gesandter 105.
Brambach, Johann, Lübischer Rathsschreiber, 114.

Braunschweig 20.
Bremen 14. 20. 115. 132.
Brüggen, Philipp von der, Ordensgesandter, 86.
Brügennoy, Hermann von, Ordensmeister, 84.
Bündnißurkunden, die, zwischen Maximilian I. und Iwan III. 57. 74. 75. 78.

C.

Chancellor, engl. Seefahrer, Entdecker des weißen Meeres 96.
Chaplitz, Johann Reyher von, brandenburgischer kurfürstl. Gesandter 131.
Cholmsski, Daniel, russ. Feldherr 59.
Chorssunschen, Thüren, die, 34. 139.
Chorutscha 11.
Colmogory 113. 115.
Corvinus Matthias, König von Ungarn, 53. 55.
Curing, Jacob 27.

D.

Danzig 30. 41. 82. 97. 115. 129.
Demetrius der Falsche, 124. 147.
Dimitri, Alexandrowitsch, 30.
Dobeln, Dobelspiel, das 18. 48.
Dobricike, Ludolf, 27.
Dohna, Abraham, Burggraf zu 111. 114.
Dolgoruki, Fürst 129.
Dornsen, das 17.
Dorpat 33. 34. 36. 37. 38. 41. 44. 45. 48. 53. 65. 79. 81. 88. 90. 91. 114. 132. 134. 140. 141. 142.
 Bisthum 87. Bischof von 26. 29. 34. 90. 92.
Dortmund 14. 19. 65.
Drellenburg 11.
Düna 5. 133. 134.
Dwina 9. 115.

E.

Eberhard, Prinz von Cleve 45.
Elisabeth, Königin von England 98. 99. 102. 104. 113.
Erich VII. von Skandinavien 45.
Erich XIV. 93. 96.
Erich Menwed, König von Schweden 30.
Esthland, Esthen 5. 26. 29. 30.

F.

Fälscher von Waaren, Strafen gegen, 32. 34. 36. 77.
Fedor Jwannowitsch, Zar 106.
Fellin 33.
Fellowship of english merchants for discovery of new trades 98. 99.
Ferdinand I., Kaiser 88. 92. 95. 97.
Friedrich I., Kaiser 4.
Friedrich III., Kaiser 53. 54. 55. 56.
Friedrich, Kurfürst von Sachsen 60.
Friedrich von Sachsen, Hochmeister 68. 70. 74.
Friedrich von Dänemark 80.
Friedrich Wilhelm I., Kurfürst von Brandenburg 130.
Friedrich III., Kurfürst von Brandenburg 131.
Fugger 89.
Fürstenberg, Ordensmeister 98.

G.

Geld, russisches 42. 61.
Generalstaaten, die, der Niederlande 123.
Germes, Kurt, Bürgermeister von Lübeck, Führer der großen Gesandtschaft nach Rußland 1603, 114. 121.
Gestefeld 11. 27. 138.
Glinski, Michael 71.
Gnadenbrief für Lübeck 119.
Godunow, Boris Fedorowitsch, Reichsverweser 107. 109. 110. Zar 115. 117. 119. 120. 121. 142.
Godunow, Stephan Wassiljewitsch 117. 118.
Goten 3. 40. 132. 138.
Gotland 3. 19. 20. 22. 34. 40. 135. 140.
Greifswald 65. 115.
Griebnisse, die 18.
Griwna, die, russ. Münze, 10. 42. 135. 138.
Gustav Adolf, König von Schweden 125.
Gustav Wasa 92. 93.

H.

Halle 20.
Hamburg 20. 65. 82. 92. 98. 107. 115. 126. 132.
Hammerstedt, Ritter von 69.
Handelssperren gegen Nowgorod 25. 26. 29. 33. 36. 38. 43. 47.
Hansa, die deutsche 7. 46. 53. 63. 66. 67. 72. 77. 78. 88. 91. 97. 101. 103. 112. 122. 132. 133.
Heinrich II., Kaiser 1. 7.
Heinrich der Löwe 2. 3.
Heinrich von Badewide 2.
Heinrich der Lette 6.
Herberstein, Sigmund von 79.
Hochmeister des deutschen Ordens 47. 59. 66. 68. 74. 78.
Hoffmann, Hieronymus, kais. Eilbote 92.
Holland, Holländer 44. 67. 80. 123.
Holste, Heinrich, Rigascher Bürger 31. 137.
Horn, von, lübischer Kaufherr 125.
Horsey, Hieronymus, engl. Gesandter 113.

J.

Jaropkin, russ. Staatssekretär 59.
Jaroslaw Jaroslawitsch 1. 7. 8. 28.
Jaroslaw Wladimirowitsch 11.
Jaroslawshof 10. 33.
Jenkinson, englischer Gesandter bei Jwan IV. 99. 102.
Instruktion für die hansische Gesandtschaft nach Rußland 1603, 117.
Joachim, Erzbischof von Nowgorod 8.
Johann von Sachsen, Prinz 56.
Johann Friedrich, Herzog von Pommern 101.
Johann Albrecht I. von Mecklenburg 92.
Johann, König von Dänemark 61.
Johann III., König von Dänemark 103. 104.
Johanniskirche zu Nowgorod 10. 42.
Jsborsk, Vertrag zu 38.
Julin 3.
Julius III., Papst 87.
Jwan III. 50. 53. 55. 57. 59. 63. 66. 68. 70.
Jwan IV., Wassiljewitsch 83. 87. 89. 90. 92. 96. 97. will nach England fliehen 99. 100. sich mit einer Engländerin vermählen 104.
Jwangorod 59. 91. 115. 118.

K.

Kantiger, Justus, kaiserl. Falkenier 69. 71.
Kap, Normalgewicht, 14. 134.
Karl V., Kaiser, 84. 87.
Karl VIII., König von Frankreich, 59. 60.
Karl, Herzog von Südermannland, 117.
Karl XII., König von Schweden, 125.
Kasan 50. 79.
Kasimir, König von Polen 50.
Kassel, Rolf von, Ritter 13.
Kettler, Gotthard, Ordensmeister 93; Herzog von Kurland 95.
Kiel 20.
Kiew 1. 132. 135.
Kirizin, russ. Staatssekretär 54. 55. 64.
Klete, die 17. 33.
Knub VI. von Dänemark 3.
Knub der Große 7.
Knubson, Thorkel, 31.
Königsberg 82. 131.
Koporje, Schlacht bei, 25.
Kotlin, Insel, die 11.
Kowno (Kauen) 41.
Kretschatoi, russ. Jagdfalken 69.
Kunen (Marderfelle) 17. 36. 135.
Kurakin, Fürst 128.
Kurland 35. 93.

L.

Laboga 11. 27.
Labogasee 9.
Landskrona 31.
Landfahrer 16. 35.
Laskirew, Dimitri, zarischer Abgesandter 74.
Livland, Livländer 5. 29. 30. 35. 37. 40. 44. 47. 49. 52. 59. 80. 82. 88. 90. 94. 95. 134. 137. 139. 140. 142; Meister von, 43. 46. 59. 66. 90.
Löninghof, von, Ordensmeister, 55.
Lothar, Kaiser 2.
Löwenstadt 2.
Lübeck 1. 4. 19. 20. 26. 30. 31. 37. 39. 44. 47. 49. 50. 72. 80. 85. 88. 92. 94. 97. 100. 101. 103. 108. 115. 118. 125. 126. 130. 134. 135. 136. 137. 141. 142. 143. 144. 146. 147.
Lübinghausen, Heinrich von, Vogt 95.
Lüneburg 65. 92. 115.

M.

Magdeburg 20. 115.
Magnus, Herzog von Dänemark, 95; König von Livland 101. 139.
Margarethe von Dänemark 22.
Maria, Königin von England 92.
Marsilius, Hamburgische Kaufleute in Rußland 126. 127.
Mascopei 17.
Maximilian I., Kaiser 50. 54. 57. 59. 66. 69. 71. 73. 74. 76. 78.
Maximilian II. 103.
Maximilian, Erzherzog, König von Polen 107. 110.
Medebach, Stadt in Westf. 5.
Memel 41. 131.
Mengu=Temur, Chan 29.
Menschikow, Fürst 126. 128. 129.
Meyer, Zacharias, Kaufmann und diplomatischer Agent Lübecks 108. 112. 115.
Michael, Fedorowitsch, Zar 124. 126.
Milchingen, Wolfgang von, Administrator des deutschen Ordens 98.
Minckwitz, von, kaiserl. Rath 113. 146.
Moskau 49. 53. 59. 64. 66. 72. 79. 81. 83. 90. 108. 109. 113. 115. 123. 134. 139. 144. 146; englischer Kaufhof in 99.
Mstislaw Dawidowitsch 13.
Mstislaw Romanowitsch 14.
Münchhausen, Johann von, Bischof 95.
Münster 14.

N.

Napeja, erster russischer Gesandter in England 92.
Narowa 30. 43.
Narwa 33. 47. 52. 65. 79. 91. 95. 98. 99. 100. 104.
Nassau, Adolf von, König 30.
Rewa (Ru) 11. 31.
Nicolaus=Hof in Nowgorod 8.
Nibur, Johann, Kaufherr, Bürgermeister von Lübeck 37. 38.
Noresund 30.
Nowgorod=Groß (Naugard, Naugarben, Neugard) 1. 5. 7. 11. 15. 23. 25. 28. 30. 34. 37. 38. 41. 43. 45. 46. 51. 66. 72. 80. 86. 96. 109. 115. 118. 121. 124. 126. 132. 134. 136. 137. 138. 140. 141.
Rowi=Torschof 11.
Nürnberg 67. 142.
Nyenstädt, Kaufherr, Bürgermeister von Riga 100. 146.

O.

Ob, der Fluß 61. 143.
Oesel 34; Bisthum 93. 95. 101.
Olavshof, Olavskirche in Nowgorod, 8. 40. 45. 48. 52. 65.

Olberleute, die, vom St. Petershof 16. 21. 22. 23. 37. 39. 45; Eid, der 77.
Oleg, Ruriks Nachfolger 1.
Osnabrück 20.

P.

Pernau 35. 37.
Peter I., Zar, 126. 127. 131.
Petersburg 132.
Petershof, der, in Nowgorod, 15. 21. 28. 37. 38. 48. 51. 52. 65. 79. 109. 132. 142; Ordnung im 17. 19; Ueberfall des 30. 33. 43. 45 46. 65.
Peterskirche 8. 18. 21. 33. 109; Schätze (Geschmeide) der 41. 42. 48.
Philipp, König, Sohn Maximilians I. 60. 70. 110.
Philipp II., König von Spanien 92.
Pjätinen*), Fünfschaften 9.
Plettenberg, Walter von 68. 69. 76. 79.
Polangen 41.
Polen, die 87. 97.
Polheim, von, Marschall 58.
Polotzk 11. 13. 35. 135.
Poppel, Niclas Ritter von, erster kaiserl. Gesandter an Iwan III. 54. 56. 142.
Possadnik 8. 10. 33. 137.
Preußen 35. 36. 38. 39. 40. 78.
Pskow (Pleskow, Pleskau) 9. 11. 14. 25. 27. 29. 34. 36. 38. 41. 42. 46. 50. 55. 72. 80. 86. 107. 109. 112. 115. 118. 121. 124. 126. 132. 135. 140. 141.

R.

Rainald, Erzbischof von Köln 5.
Randolph, Thomas, engl. Gesandter 99.
Recke, von der, Ordensmeister 86.
Regensburg 1. 67.
Reiff, Heinrich, erster kurfürstl. brandenburgischer Gesandter in Rußland 130.
Remmelingrode, Gottschalk, Führer der hansischen Gesandtschaft an Iwan III. 1494, 64. 65.
Reval 33. 35. 37. 40. 43. 44. 48. 53. 62. 65. 68. 79. 81. 88. 93. 96. 101. 103. 114. 125. 132.
Riga 12. 20. 22. 23. 26. 27. 29. 35. 37. 44. 48. 49. 80. 81. 88. 132. 134. 135.
Rhode, Johann, Syndicus von Lübeck 72.
Robenstein, Otto von, Ordensmeister 26. 27. 28.
Rokom, Burg 9.
Rostock 20. 22. 114. 115.

Rudolf II., Kaiser 107. 109. 110. 111. 115.

S.

Salz 73. 79. 100.
Schalona, Schlacht an der 51.
Schiele, Michael, kaiserl. Eilbote 115. 124.
Schlitte, Hans, aus Goslar, Iwans IV. Bevollmächtigter 83. 85. 88. 90. 145.
Schnitzen-Paumer, Ritter von Soneg, kaiserl. Gesandter 74. 75. 76. 144.
Scholmann, Hugo, Lübischer Abgesandter 124.
Schönberg, Dietrich von 78.
Schröder, Heinrich, zarischer Leibarzt 119.
Schtschelkalow, russ. Kanzler 105. 111. 113.
Schwertritter, die, 12. 24. 25.
Siegel, das, des gemeinen deutschen Kaufmanns 21.
Sigismund I., König von Polen 70. 74. 75. 78 101.
Sigismund II. 107. 110.
Sigismund, Erzherzog von Tyrol 61.
Sigismund, Markgraf von Brandenburg 56.
Sinolin, Schlacht am See 69.
Siriza, Schlacht am Flusse 68.
Skra (Schrage), des Petershofes 15. 16. 20. 31. 35. 36. 48. 76. 112.
Smolensk 11. 13. 29. 107. 110. 132. 135.
Snups, Michael, Reisender 61. 143.
Soest 14. 19. 21.
Sommerfahrer 16. 19. 35.
Sophie, Zarewna 131.
Sophienkirche in Nowgorod 8. 34.
Sophienseite 8.
Sprache, die russische 18. 28. 44.
Steinberg, Johann von, bemüht sich im angeblichen Auftrage Iwans IV. um die Kirchenvereinigung 86. 87.
Stettin 115; Friede zu 101. 103. 113.
Stockholm 22.
Stralsund 45. 114. 121.
Sundern, Hans von 43.
Swend, König von Dänemark 3.
Swend, Sture 22.

T.

Tannenberg, Schlacht bei 42.
Täwsin, Friede zu 113.
Thorn, Friede zu 74.
Thurn, Georg von, kaiserl. Gesandter 57. 58. 61.

---

*) Im Text ist durch ein Versehen die Webische am Ladogasee ausgelassen worden.

— 153 —

Trachaniotes, Georg, russ. Gesandter 56. 58. 60. 142.
Tuche, flandrische, polnische 32. 36.
Tumasch, Michaliowitsch 13.
Tyssabsky 8. 10.

V.

Verträge, mit Nowgorod 11. 27. 34. 37. 38. 43. 46. 47. 48. 53. 72. 76. 79; mit Smolensk 13. 14.
Vermolen, David, Hamburgischer Kaufmann in Rußland, 127.
Vincke, Ordensmeister 46.
Vitalienbrüder, die 22.
Volkwin, Ordensmeister 14.
Vorschkerle, die 27. 138.

W.

Wachs, Wachshändler, Wachsfinder 23. 32.
Wagener, Johann, Ordenssekretär 98.
Waldemar III. von Dänemark 22.
Wantfinder 32.
Warkotsch, Niclas von, kaiserl. Gesandter 107. 108. 110.
Wasserfahrer 16. 35.
Wassilij, Jaroslawitsch 29.
Wassilij, Wassiljewitsch 50.
Wassilij IV., Jwannowitsch 71. 74. 76. 78. 144.
Wassilij, Erzbischof 34.
Welikaja, Fluß 14. 49. 109.
Weljäminow, russ. Abgesandter 111.
Wesenberg, Schlacht bei 26.
Wetsche, Volksversammlung 8. 10. 14. 51.
Wiborg 43. 94.
Wichmann, Erzbischof von Magdeburg 34.

Wilde, Hamburgischer Kaufmann in Moskau 127.
Wilhelm, Markgraf von Brandenburg, Erzbischof von Riga 95.
Wilhelm von Oranien 103.
Willoga 11.
Wilna 41.
Winterfahrer 16. 19. 35.
Wierland 30. 91.
Wisby 3. 4. 8. 11. 14. 19. 20. 23. 30. 37. 40. 136. 137. 138. 141.
Wismar 22. 43. 115.
Witebsk 11. 13. 29. 135.
Witowt, Großfürst von Litthauen 41. 42.
Witte, Johann, Lübischer Unterhändler, 31.
Wladika (Erzbischof von Nowgorod) 10. 34. 48. 51. 65.
Wladislaw, König von Böhmen 78. 143.
Wlassow, Athanasius, russ. Vicekanzler 115. 117.
Wolchow, Fluß 8. 9. 11. 140.
Wolmar, Versammlung zu 48. 49.
Wolok (Land zwischen zwei Flüssen) 13. 134.
Wrangel, Moritz von, Bischof 95.
Wsewolod, Mstislawitsch 9.
Wullenpundt, Heinrich, Lübischer Unterhändler 27. 28.

Z.

Zehender, Johann, Dr. jur., von Schlitte für Jwan IV. als Kanzler der deutschen und lateinischen Sprache angeworben 84.
Zenge, Veit 90. 145.
Zwolle 20. 136.

www.ingramcontent.com/pod-product-compliance
Lightning Source LLC
Chambersburg PA
CBHW020053170426

43199CB00009B/267